기독교
영성
산책

정병준 지음

기독교 영성 산책

초판인쇄 2021년 2월 22일
초판발행 2021년 2월 28일
지은이 정병준
펴낸이 채형욱
펴낸곳 한국장로교출판사
주　　소 03129 / 서울시 종로구 대학로 19, 409호(연지동, 한국기독교회관)
전　　화 (02) 741-4381 / 팩스 741-7886
영 업 국 (031) 944-4340 / 팩스 944-2623
등　　록 No. 1-84(1951. 8. 3.)
ISBN 978-89-398-4417-9 / Printed in Korea

편 집 장 정현선
교정·교열 이슬기, 김은희　　**표지·본문 디자인** 최준호
업무국 부국장 박호애　　　　**영업국 부국장** 박창원

값 17,000원

※ 이 출판물은 저작권법에 의해 보호를 받는 저작물이므로 무단전재와 무단복제를 할 수 없습니다.

머리말

　초대교회의 기독교인들에게 영성과 신학은 분리되지 않았다. 신학자는 기도하는 사람이었고, 기도의 원리는 신학의 원리였다. 오늘날 신학교육 현장과 한국교회에서 신학과 영성이 유기적이지 못한 것은 기독교인의 삶과 신앙의 진리가 유리된 현실을 반영한다.

　교회사 안에서 정교회, 로마 가톨릭교회, 성공회, 개신교의 영성은 매우 풍요롭고 다양하다. 그러한 기독교 영성의 다양성 안에는 성경과 기독론과 삼위일체론, 예배공동체라는 공통분모가 있기 때문에 영성은 매우 에큐메니컬적이다. 이러한 풍요로운 영성 경험을 신학교육과 목회 현장에서 공유하지 못하는 점은 아쉬운 부분이다.

　영성사에 관해 개론적으로 훌륭한 서적들이 이미 시중에 여럿 출판되었다. 그중 하나가 필자가 번역한 필립 쉘드레이크의 『미래로 열린 영성의 역사』(서울 : 한국장로교출판사, 2020)다. 이런 개론적 영성사는 짧은 분량 안에 광범위한 내용을 포함하고, 거시적으로 시대별 영성의 특징을 설명하는 관점으로 기록된다. 반면, 개별 영성가에 관한 연구들은 미시적으로 깊이가 있지만, 전문적인 지식이 부족한 경우 접근하기가 쉽지 않다.

　이 책의 목적은 대중성과 전문성 사이 중간 지점에서 신학생들과 목회자들을 포함한 기독교인들이 영성의 풍요로운 경험에 접근할 수 있도록 돕는 것이다. 그래서 다양성은 대폭 축소하고, 개별 영성의 경험을 조금 더 깊이 있게 다루었다. 또한 개신교, 정교회, 로마 가톨릭교회의 영성 경험과 영성운동과 영성가를 시대별로 골고루 담으려고 노력했다. 이 책이 포함한 인물과 영성은 필자 자신의 선호도에 크게 의존했다. 그래서 제목을 『기독교 영성 산책』이라고 했다. 산책에는 특별한 규칙이 없다. 오래 머물러 있고 싶은 곳에서는 그렇게 하고, 지나치고 싶은 곳은 지나치는 것이 산책의 장점일 것이다. 독자께서 중요한 부분을 놓쳤다고 야단치면 인정할 수밖에 없다.

이 책의 1~3장은 영성 신학의 기초에 해당한다.

제1장 "기독교 영성 이해"에서는 영성 신학 혹은 영성사를 산책하는데 필요한 기초 개념인 영성의 정의, 기독교 영성의 특징과 오해, 영성과 신학의 관계를 다뤘다.

제2장 "영성과 성경"에서는 신구약성경이 각각 담고 있는 영성의 특징을 다루면서 초대교회 영성의 기초가 된 주기도문의 영성을 살폈다.

제3장 "관계적 영성"에서는 기독교인들을 둘러싸고 있는 하나님, 자아, 이웃, 창조세계라는 관계망을 다루고, 영성 유형과 균형의 중요성에 대해 언급했다.

이 책의 4~11장은 영성의 역사를 다루었다.

제4장과 제5장 "고대 기독교의 영성"에서는 기독교 영성이 예배와 성례, 성도의 공동생활, 은사, 순교 안에서 발전되었음을 설명했다. 영성가들은 죄와 싸우기 위해 수덕주의를 발전시켰고, 순교 및 수덕주의 영성은 사막 교부를 통해 수도원 운동으로 이어지는 것을 볼 수 있다. 특별히 리용의 이레니우스는 영지주의와 신학적 투쟁을 하면서 몸과 자연 구원의 타당성을 발전시켰고, 기독교 신비주의는 성경, 예전, 관상을 통해 하나

님과 연합했다. 아우구스티누스의 영성을 통해 고대 서방교회 영성의 종합적 특징을 볼 수 있다.

제6장 "동방정교회의 영성"은 고대 7차 에큐메니컬 공의회의 정통신학(삼위일체, 기독론, 테오토코스, 이콘신학)과 영성의 관계를 설명했다. 정교회 영성의 최종 목적인 '신화'(theosis)와 14세기 그레고리오 팔라마스가 종합한 '예수 기도'와 '헤지카즘'의 중요성을 소개했다.

제7장 "중세 서방교회의 영성"에서는 베네딕토회, 시토회, 탁발수도회의 영성을 다뤘다. 개별적으로는 베네딕토, 베르나르, 보나벤투라, 에크하르트, 줄리안의 영성의 특징과 그것이 현대에 주는 의미를 정리했다.

제8장 "새로운 경건운동"은 14세기 네덜란드와 독일에서 일어난 새로운 영성운동이다. 평신도들의 영적 요구를 수용하는 내면의 경건, 공동생활, 교육의 혁신을 다뤘다. 특히 토마스 아 켐피스의 『그리스도를 본받아』가 지닌 영성의 특징과 의미에 무게를 두었다.

제9장 "종교개혁 시대의 영성"은 루터와 칼뱅을 중심으로 한 개신교 종교개혁 영성뿐만 아니라 이냐시오 로욜라, 아빌라의 테레사, 십자가의 요한의 영성과 그 영향력을 살펴보았다.

제10장 "근대의 영성"은 17~19세기에 나타난 가톨릭과 개신교의 영성을 살폈다. 17세기 청교도, 퀘이커, 경건주의, 18세기 복음주의, 감리교 영성을 읽을 수 있다. 17세기 프랑스 가톨릭 영성운동에서 프랑스 영성 학파의 창시자 피에르 드 베륄, 살레시오 영성을 대표하는 프랑수아 드 살, 『하나님의 임재연습』으로 알려진 로렌스 형제, 얀센주의자 코르넬리우스 얀센과 블레이즈 파스칼, 정적주의자 몰리누스, 귀용 부인, 프랑수아 페늘롱의 영성을 살폈다.

제11장 "20세기의 영성"에서는 20세기 예언자적-사회참여 유형의

영성을 잘 드러내는 인물과 운동을 선택했다. 개별 인물로는 나치와 영적 전투를 했던 본회퍼, 같은 시대 미국의 가톨릭 백인 수사 토머스 머튼과 침례교 흑인 인권운동가 마틴 루터 킹의 영성을 고찰했다. 그리고 해방신학, 페미니스트 운동, 에큐메니컬 운동, 오순절 운동이 지닌 영성을 검토했다.

깊은 전문성은 약하지만, 이 책이 쓰임이 있기를 바랄 뿐이다.

2021년 1월
서울장신대학교
정병준 교수

기독교 영성 산책

머리말 _ 3

제1장 기독교 영성 이해

1. 영성과 목마름 _ 12
2. 영성에 대한 정의 _ 15
3. 기독교 영성에 대한 오해 _ 17
4. 기독교 영성의 특징 _ 19
5. 영성 형성과 영성훈련 _ 22
6. 영성과 신학 _ 23

제2장 영성과 성경

1. 구약의 영성 _ 27
2. 신약의 영성 _ 36
3. 주기도문의 영성 _ 42

제3장 관계적 영성

1. 하나님의 형상과 영성 _ 50
2. 하나님과 나의 관계 _ 53
3. 나와 나의 관계 _ 60
4. 나와 이웃의 관계 _ 63
5. 나와 창조세계의 관계 _ 64

제4장 고대 기독교의 영성 I

1. 예배와 성례 _ 69
2. 공동생활과 섬김 _ 73
3. 은사 _ 75
4. 순교 _ 77

제5장 고대 기독교의 영성 II

1. 리용의 이레니우스 _ 86
2. 수덕주의 _ 91
3. 사막 교부와 초기 수도회 _ 103
4. 신비주의 _ 112
5. 아우구스티누스 _ 115

제6장 동방정교회의 영성

1. 고대 에큐메니컬 공의회 _ 123
2. 신화(神化) _ 124
3. 예수 기도 _ 132
4. 이콘 _ 138
5. 헤지카즘 _ 141
6. 그레고리오 팔라마스 _ 144
7. 필로칼리아 _ 147

차례

제7장 중세 서방교회의 영성

1. 배경 _ 153
2. 성례에서 관상으로 _ 154
3. 베네딕토회 _ 155
4. 시토회 _ 158
5. 탁발수도회 _ 162
6. 보나벤투라 _ 166
7. 에크하르트 _ 169
8. 줄리안 _ 174

제8장 새로운 경건운동

1. 새로운 경건운동의 기원 _ 181
2. 공동생활 형제회와 자매회 _ 182
3. 『그리스도를 본받아』 _ 184
4. 공헌 _ 189

제9장 종교개혁 시대의 영성

1. 루터교회 _ 193
2. 개혁교회 _ 199
3. 종교개혁 시대의 영성 _ 203
4. 가톨릭의 개혁 영성 _ 207

제10장 근대의 영성

1. 청교도 _ 227
2. 퀘이커 _ 232
3. 경건주의 _ 236
4. 복음주의 _ 239
5. 감리교 _ 243
6. 프랑스 _ 246

제11장 20세기의 영성

1. 본회퍼 _ 261
2. 토머스 머튼 _ 267
3. 마틴 루터 킹 _ 273
4. 해방신학 _ 279
5. 페미니스트 운동 _ 283
6. 에큐메니컬 운동 _ 287
7. 오순절 운동 _ 293

부록

참고문헌 _ 300
찾아보기 _ 308

1

기독교 영성 이해

제1장
기독교 영성 이해

기독교 영성 길을 산책하는 데 필요한 기초개념을 정리한다. 영성의 출발지점, 기독교 영성의 정의, 기독교 영성에 대한 오해와 기독교 영성의 특징, 영성 형성과 영성훈련, 영성과 신학의 관계를 간단하게 살핀다.

1. 영성과 목마름

여리고부터 사해(死海) 길을 따라 내려가면 유대 광야, 엔게디 골짜기, 마사다가 나타난다. 오른쪽으로 메마른 붉은 바위와 흙이 이어지고, 왼쪽으로 하얀 소금이 깔린 푸른 사해가 펼쳐진다. 광야와 사해는 목이 마르고 생명이 살 수 없다는 공통점이 있다.

성경에 등장하는 하나님의 백성은 광야에서 훈련받았다. 아브라함, 이

삭, 야곱, 요셉은 광야 체험을 했다. 모세와 함께 출애굽 한 이스라엘 백성도 40년 광야를 거쳤다. 다윗은 사울을 피해 광야로 도망쳤고 거기서 만난 하나님 경험을 시편에 남겼다. 세례 요한은 광야에서 메시아의 도래를 준비했고, 주님도 광야에서 40일 금식한 후 마귀의 시험을 받았다. 사도 바울도 회심한 후 아라비아 광야에서 3년간 영적 훈련을 받았다.

기독교인이 광야 훈련을 받아야 하는 이유는 가장 무력한 상태에 처해야 하나님과 참 자아를 발견하기 때문이다. 광야에는 문명, 쇼핑, 정치, TV가 없다. 인간의 힘의 상징인 돈과 군대조차 광야에서는 무력해진다. 광야에서는 생존, 안전 그리고 자기실현을 하나님께만 의존해야 한다. 여기서 비움과 순종이 생긴다.

하나님을 향한 갈증은 영적인 실존을 표현하는 상징이다. 인간은 하나님과 교제하면서 살도록 하나님의 형상(מֶלֶךְ)으로 창조되었기 때문이다.

> 하나님이여 사슴이 시냇물을 찾기에 갈급함같이 내 영혼이 주를 찾기에 갈급하니이다 내 영혼이 하나님 곧 살아 계시는 하나님을 갈망하나니 내가 어느 때에 나아가서 하나님의 얼굴을 뵈올까(시 42 : 1-2)

영의 갈증을 해결하는 유일한 길은 삼위일체 하나님과 교제하는 것이다. 성경은 '생명수'라는 은유로 이 사실을 설명한다(아 4 : 15, 렘 2 : 13, 17 : 13, 슥 14 : 8, 요 4 : 10-11, 7 : 38, 계 7 : 17, 21 : 6, 22 : 1, 17). 특히 성전에서 흘러나오는 물(겔 47장)과 생명수(계 22장)는 영적 갈증을 해갈하는 구원을 상징한다. 예수 그리스도는 생명수다(요 4장). 예수님은 영적 갈증을 겪고 있는 수가성 사마리아 여인을 찾아가 물을 구했다. 그리고 이렇게 말씀하셨다.

이 물을 마시는 자마다 다시 목마르려니와 내가 주는 물을 마시는 자는 영원히 목마르지 아니하리니 내가 주는 물은 그 속에서 영생하도록 솟아나는 샘물이 되리라(요 4 : 13-14)

여인은 갈증을 느끼며 "그런 물을 내게 주사 목마르지도 않고 또 여기 물 길으러 오지도 않게 하옵소서."라고 말했다. 하지만 여인은 갈증의 본질을 육체적인 것으로 오해하고 있었다. 많은 사람들이 하나님을 향한 영적 갈증을 느끼지만, 그것을 하나님이 아닌 다른 것으로 해결하려고 시도한다.

내 백성이 두 가지 악을 행하였나니 곧 그들이 생수의 근원되는 나를 버린 것과 스스로 웅덩이를 판 것인데 그것은 물을 가두지 못할 터진 웅덩이들이니라(렘 2 : 13)

목마른 사람이 그 부족을 허기로 착각하고 빵을 먹는다면 상황은 더 심각해진다. 우리의 잘못된 욕망은 더 큰 갈증을 일으킨다.

예수님은 여인의 죄를 드러내셨다. "네 남편을 불러오라." 이 여인은 자신의 죄성이 드러나자 대화 주제를 갑자기 예배로 바꾼다. "우리 조상들은 이 산(그리심산)에서 예배하였는데 당신들의 말은 예배할 곳이 예루살렘에 있다 하더이다." 하나님과 만나는 장소, 속죄의 장소를 찾으려는 몸부림을 보게 된다. 주님은 바른 예배, 속죄는 장소의 문제가 아니라 대상과의 관계의 문제라는 것을 알려 주셨다. "하나님은 영이시니 예배하는 자가 영과 진리로 예배할지니라"(요 4 : 24). 영성은 성부와 성령과 진리이신 예수님과 바른 관계를 맺는 것이다.

기독교 영성은 영적 목마름에 대한 이해에서 출발해 삼위일체 하나님과의 교제로 이어진다. 아우구스티누스는 『고백록』에서 "당신은 우리를 당신을 향하게 지으셨기에 당신 안에서 쉼을 찾기까지 우리의 마음은 안식을 얻지 못합니다."라고 고백했다. 파스칼은 『팡세』에서 "모든 사람에게는 오직 하나님만 채울 수 있는 하나님이 만드신 공간이 있다."라고 말했다.

2. 영성에 대한 정의

1) 기독교 영성의 어원

성경에서 '영'을 뜻하는 말은 히브리어 '루아흐'(רוח)와 그리스어 '프뉴마'(πνεύμα)다. '루아흐'는 하나님의 '영', '바람', '숨', '호흡', '생명의 원리', '하나님의 능력'을 뜻한다. 인간은 하나님의 영으로부터 생명의 호흡을 받아서 살아간다. 그리스어 '프뉴마'는 '소마'(σωμα) 혹은 '몸'과 반대되는 말이 아니다. 성령을 거스르는 '사르크스'(σαρξ) 혹은 '육'의 반대말이다. 따라서 성경에서 영과 육을 대조하는 것은 영과 몸을 대조한 것이 아니라 삶에 대한 두 가지 태도, 즉 성령에 대한 순종과 불순종을 대조한 것이다(고전 2 : 12, 14). 영성을 뜻하는 영어 '*Spirituality*'는 라틴어 '스피리투알리타스'(*spiritualitas*)에서 기원했다.

2) 영성에 대한 정의

영성학자 샌드라 슈나이더스(Sandra M. Schneiders)는 영성이란 **궁극적 가치를 향하여 자기 초월을 통해 온전한 삶을 추구하는 경험**이라고 정의한다.[1] 영성은 첫째, 궁극적 가치를 지향한다. 자아와 자기 사랑에 몰두하는 것이 아니다. 둘째, 자기 초월과 온전하고 통합된 삶을 추구한다. 약물, 알코올, 소비 등으로 자기 초월을 시도하는 것은 온전하고 통합된 삶을 파괴하기 때문에 영성을 구성하지 못한다. 셋째, 영성은 전 생애를 포함하는 삶의 경험과 여정이다. 순간적 감정 변화와 흥분 상태를 영성이라고 칭하는 것은 부적절하다.

3) 기독교 영성에 대한 정의

슈나이더스는 영성에 대한 일반적 정의에 근거하여 기독교 영성을 다음과 같이 구체적으로 정의한다.

> 궁극적 가치의 지평이 예수 그리스도 안에 계시되고, 성령을 통해 전달되는 삼위일체 하나님일 때 그리고 자기 초월의 프로젝트가 교회공동체 안에서 십자가와 부활의 삶일 때, 그 영성은 기독교적 영성이고, 하나님과 이웃과 모든 실재와 연결된다. 예를 들면, 삼위일체적 유일신론, 성육신, 하나님의 형상으로 창조된 인간의 존엄성에 근거한 도덕, 성례는 기독교 영성의 구성적 특징이다.[2]

필립 쉘드레이크(Philip Sheldrake)는 기독교 영성을 영적 변형(trans-formation)이라는 실천적 차원에서 정의한다.

---

1) *The New Westminster Dictionary of Christian Spirituality*, ed. Phillip Sheldrake (Lousville : Westminster John Knox Press, 2005), 1. (이후 *NWDCS*로 표기)
2) Ibid.

기독교 영성이란 인간 변형의 맥락인 하나님, 인간 정체성 그리고 물질세계에 대해 우리가 특별히 이해한 것을 우리의 근본 가치, 생활 방식, 그리고 영적 실행 안에 반영하는 방식이다.[3]

두 학자의 정의를 종합하면 기독교 영성이란 삼위일체 하나님을 궁극적 가치로 삼고, 하나님, 이웃, 자연과 통합적 관계를 맺고 교회와 사회 안에서 십자가와 부활로 변형되는 삶을 살아가는 것이다. 이상의 논의에 기초해서 기독교 영성을 새롭게 정의할 수 있다.

기독교 영성이란 성령의 능력으로 예수 그리스도의 형상을 본받고, 하나님의 사랑과 연합하는 삶의 자세다. 기독교 영성은 전인적으로 영과 몸을 포함하고, 하나님, 이웃, 자연과 통합적 관계를 갖는다. 그리고 신앙공동체와 세상 안에서 신앙체험, 훈련, 봉사를 통해 일생 성장한다.

3. 기독교 영성에 대한 오해

하나님의 형상으로 창조된 인간은 하나님과 교제를 원하는 보편적이고 본성적인 갈망이 있지만, 그것은 죄로 인해 왜곡된 형태로 드러난다. 기독교 역사 속에 나타난 비성경적인 영성 이해는 다음과 같다.

---

3) Philip Sheldrake, 『미래로 열린 영성의 역사』, 정병준 옮김(서울 : 한국장로교출판사, 2020), 24.

1) 심령주의(Spiritualism)

심령주의는 영과 몸(물질)을 분리적, 대립적으로 보는 영성 이해다. 이것은 금욕적 방법으로 물질세계를 벗어나 하나님을 만나는 것을 영적 태도로 여긴다. 심령주의는 플라톤의 이원론 사상에서 기원했다. 플라톤은 우주를 형상의 세계와 물질세계로 구분했다. 그는 인간의 영혼이 본래 형상의 세계에 속했으나 타락해서 물질세계의 포로가 되었다고 본다. 그는 철학의 역할은 물질의 포로가 된 영혼에게 돌아갈 고향을 알려 주어 해방을 돕는 것이라고 말한다. 영혼은 윤리적, 지적 정화(淨化)를 통해 물질을 초월해서 신과 동화(同化)할 수 있다는 것이다. 그러나 심령주의는 물질을 창조하시고, 육체로 성육신하신 하나님을 믿는 기독교의 사상이 아니다.

2) 도피주의(Escapism)

도피주의는 현실 세계를 떠나 영적 세계로 도피하는 경향을 지닌다. 도피주의는 물질세계를 부정적으로 여긴다는 점에서 심령주의와 유사성이 있지만, 당면한 삶의 책임을 피하고 은둔을 택한다는 점이 두드러진다. 하나님과 돈독한 관계를 위해 잠시 세상의 문을 닫는 것은 건강한 영성이지만(고전 7:5), 현실과 삶의 과제와 책임에서 도피하는 것은 잘못된 영성이다.

3) 열광주의(Enthusiasm)

열광주의는 이성의 통제를 벗어나 심리적 흥분 상태에 머무는 체험을 강조한다. 신앙은 신비와 열정이 필요하고, 부흥집회와 성령운동은 어느 정도의 열광주의 경향성을 띤다. 그러나 하나님과 영적 교제를 하는 방법으로 열광주의를 택하면 본질에서 벗어나기 쉽다. 영성은 감성으로 표현할 수 있지만 감성에 종속되면 안 된다.

4) 경험적 신비주의(Experientialism)

경험적 신비주의는 주관적 체험에 지나치게 의존하는 영성 이해다. 이것은 그리스도 안에서 인간을 향해 오시는 하나님의 여정에는 관심하지 않고, 나의 체험 안에서 하나님을 발견하려는 노력이다. 성취할 목표를 정해 놓고 자기에게 몰두하는 것은 오히려 영성 성장에 방해가 된다.

5) 지성주의(Intellectualism)

지성주의 영성은 하나님을 이성적이고 합리적으로 이해하고 해석하는 것을 중요하게 여긴다. 중세 지성주의 영성은 13세기 스콜라주의에서 두드러지게 나타났고, 개신교 지성주의 영성은 17세기 개신교 정통주의에서 크게 나타났다. 이러한 영성은 교리를 지적으로 승인하는 것을 중요하게 생각하고, 감정과 경험으로 하나님을 체험하려는 주관주의를 경계한다. 영성은 지성, 감성, 의지가 통합적으로 작용하기 때문에 지성만 중요하게 여기면 균형과 조화가 깨진다.

4. 기독교 영성의 특징

기독교 영성은 성경과 교리, 그리고 예배공동체인 교회의 삶에 근거해서 건강성을 식별하는 특징이 있다.

1) 삼위일체적 영성

기독교 영성은 삼위일체 하나님과 관계를 맺는다. 기독교인은 성령을 통해 그리스도 안에서 하나님께로 인도된다. 기독교 영성은 성령의 요구에 순종하고, 그리스도의 제자직을 따르며, 하나님과 깊은 교제를 갈망한다. 삼위일체적 영성은 영과 진리로 하나님을 예배한다(요 4 : 24).

2) 통전적 영성

영성을 지닌 인간은 몸과 인격(知, 情, 意)을 지니고 살아간다. 우리의 영과 몸은 상호 보완적이고 협력한다. 건강한 기독교 영성은 영, 몸, 인격이 통전적으로 작용한다.

3) 관계적 영성

영성은 하나님, 이웃, 자연과 통합적 관계를 맺으면서 변형을 이루어 간다. 건강한 영성은 하나님과의 교제, 인간이 살아가는 사회문화적 영역, 그리고 자연세계와 관계를 맺는다.

4) 공동체적 영성

신앙공동체와 보편교회와 단절되고 고립된 사람의 영성은 성숙하기 어렵다. 영성은 그리스도의 몸인 교회공동체 안에서 자란다. 말씀과 기도, 세례와 성찬, 성도의 교제는 영성에 필수적이다. 영성은 공동체적인 특성이 있어서 문화, 교파, 개성 및 은사에 따라 다양하다.

5) 성령에 순종하는 영성

바울은 사람의 영성을 '육신을 따르는 자'와 '영을 따르는 자'로 구분했다(롬 8 : 5). 이것은 영 – 육 이원론이 아니다. '영을 따르는 자'는 성령의 인도에 인격적으로 순종하는 사람이고, '육을 따르는 자'는 성령을 거역하고 자기 욕심을 따르는 상태의 사람을 뜻한다.

> 육에 속한 사람은 하나님의 성령의 일들을 받지 아니하나니 이는 그것들이 그에게는 어리석게 보임이요, 또 그는 그것들을 알 수도 없나니 그러한 일은 영적으로 분별되기 때문이라(고전 2 : 14)

> 내가 이르노니 너희는 성령을 따라 행하라 그리하면 육체의 욕심을 이루지 아니하리라(갈 5 : 16)

위에서 언급한 올바르지 못한 영성과 건강한 이해의 특징을 잘 이해하고, 그것에 기초해서 우리 삶 속에서 '영적 식별'(spiritual discernment)을 하는 것이 중요하다. 영적 식별이란 우리 마음속에 일어나는 영감이나 충동이 하나님으로부터 온 것인지, 사탄으로부터 온 것인지, 아니면 내 생각에서 나온 것인지 분별하는 것이다. 일반적으로 식별은 합리적 사고와 이성적 판단이 기준이 되지만, 영적 식별에서는 사고 작용뿐만 아니라 영적인 감각에서 비롯되는 느낌과 직관도 그 대상이 된다.[4]

---

4) 유해룡, 『하나님 체험과 영성수련』(서울 : 장로회신학대학교출판부, 1999), 222.

5. 영성 형성과 영성훈련

인간은 죄로 인해 '하나님의 형상'이 손상되었으나 성령의 능력으로 믿음 안에서 그리스도와 연합해 '그리스도의 형상'으로 변형(transformation)되고 재형성(reformation)되는 것을 '영성 형성'(Spiritual formation)이라고 한다.[5] 우리가 '하나님의 형상'을 회복할 수 있는 것은 그리스도께서 "보이지 아니하는 하나님의 형상"(골 1 : 15)이고, 성령께서 우리 안에 그리스도의 형상을 이루기 때문이다.

> 주는 영이시니 주의 영이 계신 곳에는 자유가 있느니라 우리가 다 수건을 벗은 얼굴로 거울을 보는 것같이 주의 영광을 보매 그와 같은 형상으로 변화하여 영광에서 영광에 이르니 곧 주의 영으로 말미암음이니라(고후 3 : 17-18)

바울은 "너희 속에 그리스도의 형상을 이루기까지 다시 너희를 위하여 해산하는 수고를 하노니"(갈 4 : 19)라고 말했다. 또한 "마음을 새롭게 함으로 변화를 받아 하나님의 선하시고 기뻐하시고 온전하신 뜻이 무엇인지 분별하도록 하라"고 말한다(롬 12 : 2). 바울의 말을 종합하면 영성 형성은 '그리스도의 형상'으로 변화되고, 예수의 마음(빌 2 : 5)으로 변화를 받아서 영적 식별을 하는 것이다.

영성훈련이란 영성 형성을 돕기 위해 기독교 전통에서 발전된 여러 실천적인 훈련을 뜻한다. 영성훈련은 기능과 방법을 훈련하는 것이 아니라 존재의 영성 형성을 이루어 그리스도의 제자를 만드는 것이 목적이다.

---

5) 영성 연구회 평상, 『오늘부터 시작하는 영성 훈련』(서울 : 두란노, 2017), 28.

6. 영성과 신학

사막의 교부 에바그리오스(Evagrios Ponticos, 345-399)는 "신학자는 진실로 기도하는 사람이고, 진실로 기도하는 사람은 신학자가 될 것이다." 라고 말했다.[6] 초기 교회와 교부들은 신학과 영성을 분리하지 않았다. 신학은 영성을 설명하는 일이었고, 영성은 살아 있는 신학이었다. 신학과 영성을 구분하기 시작한 것은 13세기 스콜라주의 시대다. 토마스 아퀴나스는 『신학대전』(Summa Theologiae)에서 신학과 도덕신학(영적 삶)을 분리했고, 그 후 도덕신학에서 영성신학이 독립하게 된다. 이것이 서방교회 신학의 패턴이 되었다. 신학은 학문의 분야가 되었고, 영성신학은 수도회의 실천이 되었다.

근대의 계몽주의와 합리주의를 거치면서 서방신학은 스콜라적 훈련이 되었고, 영성은 비학문적 경건의 실천 혹은 신비적 기도의 양육으로 의미가 축소되었다. 18세기 로마 가톨릭 영성신학자 죠반니 스카라멜리(Giovanni B. Scaramelli, 1687-1752)는 영성신학을 다시 수덕신학과 신비신학으로 구분했다. 수덕신학이란 완덕을 추구하는 인간의 능동적 차원(정화와 조명)을 다루는 분야고, 신비신학은 하나님 편에서 이끌고 가서 만나는 수동적 차원(관상을 통한 연합)을 다루는 분야를 뜻한다.

20세기 중반에 이르기까지 가톨릭 신학교에서 영성신학을 가르쳤으나 그것은 하부 신학훈련으로, 신학생들의 개인적 영성의 완덕을 추구하는 공부였다. 영성신학은 조직신학과 윤리신학에서 그 원리를 가져왔고,

---

6) Evagrius Ponticus, *On Prayer* (61), in A. M. Casiday, *Evagrius Fontius* (London : Routledge, 2006), 192.

스콜라주의 패턴을 따라 조직되었다.

1970년대와 1980년대에 이르러 '영성'은 보편적인 학문으로 발전했다. 그 배경에는 다양한 원인이 있다. 경제적 공황, 세계대전, 냉전으로 인해 과학과 물질문명에 대한 공허감이 증가했고, 심리학과 정신분석학이 발전하면서 사람의 내적 공간에 대한 탐구가 활성화되었다. 또한 서구 사회에서 초월, 개인의 완성, 의미 탐구에 대한 관심이 증가했다. 제2차 바티칸 공의회(1962-1965) 이후 로마 가톨릭교회는 교회론이 크게 변했고 신학의 폭이 넓어지면서 영성 연구가 활성화되었다.

한편 기존 교회로부터 영적 탐구에 대한 답을 찾지 못하고, 동양의 신비 종교, 약물, 새로운 종교운동, 신비체험, 색다른 신앙과 실천의 종합을 추구하는 사람들이 나타났다. 또 다른 사람들은 오랫동안 무시되어 온 신비 문학, 수도회의 실천, 피정, 개인적 영적 지도, 그룹 영성 실행과 같은 전통을 재발견했다. 교회의 학자들은 문화와 교회 안에서 생성되는 영성을 연구하는 것에 흥미를 갖기 시작했다. 기독교 종교 경험을 연구하면서 학문으로서 영성 연구가 탄생했고, 1993년 '기독교영성학회'가 창립되어 2001년 학술잡지 *Christian Spirituality Bulletin*을 발간했다.

2

영성과 성경

제2장
영성과 성경

　기독교 영성은 예수 그리스도 안에 나타난 하나님의 계시를 만나고 하나님께 응답하면서 성장한다. 따라서 기독교 영성은 본질상 성경적이다. 제2장은 구약과 신약의 영성 그리고 주기도문의 영성을 살펴본다. 슈나이더스에 따르면 성경은 세 가지 차원의 영성을 제공한다. 첫째, 성경 저자의 영성이 있다. 구약에는 하나님 백성의 영성이 있고, 신약에는 사도와 그들의 계승자의 영성이 있다. 둘째, 성경 본문에 포함된 영성이다. 하나님을 만난 경험에서 나오는 영성은 다양하고 풍요롭지만 놀라운 통일성이 있다. 셋째, 성경을 통해 개인과 공동체 안에 형성되는 영성이 있다.[1]

---

1) Sandra M. Schneiders, "Biblical Spirituality," *Interpretation : A Journal of Bible and Theology* vol 70(4) (2016) : 417-430.

1. 구약의 영성[2]

1) 토라

(1) 창세기의 영성

하나님은 말씀으로 우주를, '하나님의 형상'으로 남자와 여자[3]를 창조하셨고, '숨'을 불어넣어 생령이 되게 하셨다(창 2 : 7). 이 사실은 영성 이해의 중요한 출발점이다. 하나님의 형상이 무엇인가에 대한 다양한 해석이 있지만 '자연을 다스리고 땅에 번성하라'라는 복과 임무를 받는 대리자의 자격을 뜻하는 것은 분명하다(창 1 : 26-28).[4] 즉, 창조주와 다른 피조물의 중간에 있는 인간(시 8편)은 하나님과 함께 창조세계를 보살피는 노동에 참여함으로써 하나님과 친교한다.[5] 하나님의 형상을 지닌 인간은 자유와 자발적 의지가 있고, 하나님의 명령과 초대에 응답할 책임이 있다. 이것은 선악과를 먹지 말라는 명령과 동물의 이름을 지으라는 초대에서 잘 나타난다(창 2 : 16-19).

그러나 인간의 반역과 범죄는 하나님과 인간의 관계성을 파괴했다. 인간은 하나님을 피해서 숨고, 남자와 여자는 서로에게 수치심을 느꼈다. 창조 위임명령을 방해하는 거룩한 저주(인간과 자연의 생산 고통)가 임했다.

---

2) Mark J. Boda, "Old Testament Foundations of Christian Spirituality" in *Dictionary of Christian Spirituality*, ed. Glen G. Scorgie (Michigan : Zoderban, 2011), 40-45의 내용을 참조했다. (이하 *DCS*로 표기)
3) 남녀 창조의 순서는 시간의 순서이며 지위의 순서로 해석되면 안 된다.
4) '다스리라'라는 의미는 하나님의 형상을 지닌 인간이 자연의 노예가 되면 안 된다는 것을 의미한다. 바벨론 포로기에 자연을 신성화했던 이교사상에 대항하는 창조신앙이 반영되어 있다. 그러나 계몽주의 이후 인간이 자연을 정복하고 지배하고 착취하는 것으로 잘못 해석되었다.
5) 노동은 하나님의 창조 행위를 모방하는 인간의 능력이며 축복이다. 고대 바벨론 신화에서 신은 노동하기 싫어서 인간을 창조했고, 인간의 노동은 신을 섬기는 기능으로 해석되었다.

인간과 자연 사이, 여자의 씨와 뱀 사이에 적대감이 나타났다. 창조세계는 직접 죄를 짓지 않았으나 인간의 범죄로 인해 하나님으로부터 소외되었다.

창세기 3장 이후, 하나님은 하나님을 찾는 인간공동체를 주시고 깨어진 관계를 회복시킨다. 가인과 아벨의 제사는 하나님과 교제를 갈망하는 인간의 영적 욕구를 나타낸다. 창세기 4~11장에는 가인과 셋의 족보가 나타난다. 가인의 족보는 하나님께 반역하는 인간의 독립적 특징을 나타내고, 셋의 족보는 하나님과 친밀한 관계를 지닌 사람의 특징을 나타낸다. 셋의 족보에 속한 사람들은 '여호와의 이름'을 부르는 존재다(창 4 : 26, 12 : 8). 인간의 반역과 죄가 가져온 홍수 심판(창 6 : 1-7)은 우주를 창조 이전의 무질서 상태(창 1 : 2)로 되돌려 놓았으나 하나님은 관계를 갱신할 기회를 주었다. 하나님이 주신 '무지개 언약'에는 인간과 자연이 모두 포함된다(창 8 : 20-9 : 17).[6] 그러나 죄 문제는 해결되지 않았다.[7]

창세기 12~50장에서 하나님은 셈의 족보에 속한 아브라함, 이삭, 야곱을 통해 구속사(救贖史)를 열어 가신다. 하나님은 한 가족과 언약 관계를 맺고(창 12장, 15장), 인간에게 신앙과 순종의 응답을 요구하신다(창 17장, 22장). 아브라함은 믿음으로 언약의 파트너가 되었지만(창 15 : 6) 늘 믿음과 불신 사이를 허우적거린다(창 16장). 야곱은 하나님과 씨름을 해서 '이스라엘' 민족을 대표했다(창 32 : 24-32). 하나님께서는 언약을 통해 구속의 미래를 보여 주셨다. 족장들은 '제단'을 쌓고 '여호와의 이름'을 부른다

---

6) "너와 함께한 모든 혈육 있는 생물 곧 새와 가축과 땅에 기는 모든 것을 다 이끌어내라 이것들이 땅에서 생육하고 땅에서 번성하리라 하시매"(창 8 : 17).
7) "…… 이는 사람의 마음이 계획하는 바가 어려서부터 악함이라 내가 전에 행한 것같이 모든 생물을 다시 멸하지 아니하리니"(창 8 : 21).

(창 13 : 4, 21 : 33, 26 : 25).

(2) 출애굽기의 영성

창세기의 족장사가 구속받은 공동체를 형성하는 기초를 제공했다면, 출애굽기는 하나님과 구원받은 공동체 사이에 영적 관계성을 형성하는 구속적이고 계시적인 사건을 보여 준다. 출애굽기 1~15장은 히브리 백성의 출애굽과 구원이 소개된다. 그 구원의 목적은 시내산에서 하나님과 언약 관계를 맺는 것이다(출 3 : 12, 9 : 1, 10 : 3). 십계명은 머리말에서 하나님의 구원 은혜에 근거해 언약을 맺는다고 명시한다.

나는 너를 애굽 땅, 종 되었던 집에서 인도하여 낸 네 하나님 여호와니라 (출 20 : 2)

하나님은 구원하신 이후에 하나님의 백성으로 만들어 가기 위해 율법을 주신다. 율법은 구원을 성취하는 수단이 아니지만, 영성의 중요한 요소다. 십계명에는 네 가지 영성적 기초가 있다. 첫째, 하나님의 구원 은혜에 대한 감사, 둘째, 하나님이 주신 신학적이고 윤리적인 모범에 뿌리내리기, 셋째, 하나님과 친밀한 영적 관계 추구하기, 넷째, 하나님이 주신 말씀대로 순종하기다. 출애굽기에 나타나는 십계명(출 20 : 3-17)과 언약 법전(출 21 : 1-23 : 33)은 하나님과 백성의 영적 관계를 구조화한 것이다. 영성에서 가장 위험한 것은 나를 위해 하나님을 상대화하고 통제하고 길들이려는 시도다.[8] 따라서 하나님 외에 다른 신을 두지 말고, 우상을 만들지

---

8) Walter Brueggemann, "The Book of Exodus," in *The New Interpreters' Bible, Vol. 1* (Nashville : Abingdon, 1994), 842.

말고, 하나님 여호와의 이름을 망령되게 부르지 말라는 계명이 가장 중심에 있다. 하나님과 그 백성의 관계는 선교의 차원을 포함한다. 이스라엘은 세상 나라 가운데서 제사장 기능을 수행함으로 하나님과 온 인류 사이에 관계성을 맺도록 부름을 받는다.

> 세계가 다 내게 속하였나니 너희가 내 말을 잘 듣고 내 언약을 지키면 너희는 모든 민족 중에서 내 소유가 되겠고 너희가 내게 대하여 제사장 나라가 되며 거룩한 백성이 되리라(출 19 : 5-6)

시내산 언약 설립 이후에 장막에 대한 계시와 건설(출 25-40장)이 기록되어 있다. 성막은 하나님께서 언약공동체와 항구적으로 함께하신다는 것을 보증한다. 하나님의 임재 장소는 시내산(출 19 : 18)에서 장막(출 40 : 34-38)으로 이동한다. 이것은 이스라엘이 출발하는 중요한 영적 원리를 설립했다.

출애굽기의 성막 기사의 중심에 금송아지 숭배라는 반역 기사가 있다(출 32-34장). 그리고 그 무서운 심판의 한가운데서 하나님의 가장 위대한 속성이 계시된다. 하나님께서는 모세에게 여호와의 이름을 알려 주시며 "여호와, 스스로 있는 자"의 속성이 사랑이며 공의인 것을 선포하셨다(출 34 : 5-7). 하나님의 백성은 하나님의 사랑을 찬양해야 하며, 공의로우신 하나님 앞에서 참회해야 한다. 이러한 찬양과 참회의 신학적 기초는 구약에서 반복해서 나타난다(민 14 : 18, 느 9 : 17, 시 86 : 5, 욜 2 : 13). 하나님의 자기 계시는 기독교 영성의 근거가 된다.

(3) 레위기와 민수기의 영성

레위기와 민수기의 영성에는 제의적 미학이 나타난다. 이 책들에 포함된 율법은 시내산에서 맺은 하나님과 그 백성의 언약 관계(출 19-24장)를 가르치고 하나님의 영원한 임재를 보장하는 데(출 25-40장) 목적이 있다. 레위기는 '희생제사법'을 통해 영적 관계성을 양육한다. 자발적으로 드리는 번제, 소제, 화목제는 하나님께 찬양, 헌신, 감사를 표현하게 한다(레 1-3장). 속죄제(레 4-6장)는 죄 사함을 위한 제사이고, 속건제는 성물과 계명에 대해 실수로 범죄한 것을 배상하는 제사다. 가난한 사람은 번제와 속죄제에서 짐승 대신 곡식을 바칠 수 있다. 이것은 하나님과의 영적 관계에서 가난한 사람을 소외시키지 않으려는 섬세한 배려다.

희생제도는 하나님과 그의 백성의 영적 관계를 양육하는 수단이었다. 레위기 1~7장의 제사법은 개인 가족에게 초점을 두었지만, 이것은 국가적 차원에서 공동체 단위로 실천되었다. 제사법의 제의적 차원은 모든 생명으로 확대된다. 레위기 10:10~11은 거룩한 것과 속된 것, 부정한 것과 정한 것을 구별한다. 제사법은 여호와의 임재를 드러내는데 가장 가까운 것을 거룩한 것으로, 그것에서 가장 먼 것을 부정한 것으로 분류해서 이스라엘의 중심에 하나님의 임재에 의해 규정되는 제의적 세계(ritual world)를 창조한다. 인간의 죄와 더러움은 이스라엘을 거룩성에서 멀어지게 했다. 따라서 제사법(희생제사, 기름 바르기, 모발 밀기, 목욕 및 세탁)은 이스라엘을 거룩성으로 인도하는 역할을 했다. 이러한 분류는 생명과 피조물의 모든 영역, 임신, 유출과 월경, 출생, 음식에 이르기까지 확대되었다. 제사법은 이처럼 상징적이고 제의적인 우주를 만들어 냈고, 그 안에서 이스라엘은 하나님의 임재를 기억하고 언약 관계 안에서 하나님과 교제하는 기회를 얻었다.

(4) 신명기의 영성

　신명기는 모세 오경의 마지막 책이면서 나머지 구약성경의 신학적 전망과 연속성을 제공한다. 신명기의 영성신학은 제사법과는 다르다. 하나님과 맺은 언약에 대해 응답할 것을 강조한다. 하나님은 그 백성을 사랑해서 선택하고, 언약을 신실하게 지키며, 그 백성을 훈련하신다. 특히 자기 백성의 우상숭배에 대해 질투하시는 거룩한 행동을 하시는데, 그것은 언약에 응답하라는 요청이다. 모세는 이스라엘 백성이 가나안 땅에 들어가서 해야 할 일을 다음과 같이 설교한다.

> 이스라엘아 네 하나님 여호와께서 네게 요구하시는 것이 무엇이냐 곧 네 하나님 여호와를 경외하여 그의 모든 도를 행하고 그를 사랑하며 마음을 다하고 뜻을 다하여 네 하나님 여호와를 섬기고 내가 오늘 네 행복을 위하여 네게 명하는 여호와의 명령과 규례를 지킬 것이 아니냐(신 10 : 12-13)

　신명기는 누가, 어디서, 어떻게 예배하는지에 관심을 둔다. 예배는 오직 하나님께만, 하나님이 정한 장소에서, 올바른 방법을 따라 실행되어야 한다. 시내산 언약은 과거 사건만이 아니라 현재 살아 있는 실재다. 현재 우리 앞에 있는 우리와 함께하는 관계성이다(신 29 : 14-15). 신명기 27~28장은 우리 앞에 저주와 복, 징계와 특권이 놓여 있음을 알려 주면서 우리의 선택에 책임이 따른다고 강조한다.

> 네가 네 하나님 여호와의 말씀을 삼가 듣고 내가 오늘 네게 명령하는 그의 모든 명령을 지켜 행하면 네 하나님 여호와께서 너를 세계 모든 민족 위에 뛰어나게 하실 것이라 네가 네 하나님 여호와의 말씀을 청종하면 이 모든

복이 네게 임하며 네게 이르리니(신 28 : 1-2)

2) 예언서

(1) 전기 예언서의 영성

신명기가 강조한 언약에 근거한 관계적 영성은 전기 예언서(여호수아, 사사기, 사무엘, 열왕기) 전체를 지배한다. 예언자들은 이스라엘 백성이 우상숭배, 산당 제사, 이교적 관행에 빠졌을 때 하나님과의 언약 관계를 수호하려고 투쟁한다. 하나님은 토라, 직접 음성, 예언을 통해 신앙공동체에게 말씀하신다. 이때 신명기의 '복과 저주'의 방식을 사용하신다(신 30장). 예언자, 제사장, 일반 지도자도 언약의 관계성을 양육하는 데 중요한 역할을 한다. 모세, 여호수아, 사사, 왕으로 지도력이 교체되면서 신정정치는 군주제로 바뀌었다. 다윗 왕권은 이상적이지는 않았지만 희망을 제공했다. 특히 왕권이 신명기적 영성을 붙잡고 예배에 대한 열정과 순결성을 지킬 때 그랬다. 신명기에서 "여호와께서 택하실 그곳"(신 12 : 11)은 궁극적으로 솔로몬이 건축한 예루살렘 성전으로 확인된다. 솔로몬의 성전 봉헌기도(왕상 8장)에 따르면 이 성전의 기능은 이스라엘과 여호와 사이의 관계성을 양육하는 것이다. 그것은 주로 이스라엘 백성이 하나님을 찾을 수 있는 기도의 장소를 만드는 것이다.

(2) 후기 예언서의 영성

후기 예언서는 이스라엘을 향해 신앙의 관계성 안에서 하나님을 선택하라고 권하고 격려한다. 예언자들은 일관되게 토라에 명시된 기본 요구 조건이 위반되는 것을 심각하게 우려한다. 특히 우상숭배(하나님 사랑 위반)와 사회적 불의(이웃 사랑 위반)를 고발한다.

이사야는 여러 민족의 위협에 직면해서 하나님만 의지하라고 호소한다.[9] 예레미야는 마음의 회개로 응답하라고 요구한다(렘 4 : 1-4). 에스겔은 세상 속에 드러나는 하나님의 영광을 강조한다(겔 39 : 21, 43 : 5). 12 소선지서는 백성을 징계하면서 돌아오라고 요청하는 하나님의 사랑에 응답하라고 호소하며, 오직 회개만이 하나님의 은총을 회복할 수 있는 희망이라고 전했다. 그러나 이스라엘 안에서 그러한 회개는 이루어지지 않았다. 그래서 예레미야는 새 언약(렘 31 : 31-33, 32 : 40)으로, 에스겔과 요엘은 성령(겔 36 : 26, 욜 2 : 28)으로 때가 되면 하나님과 이스라엘 사이에 언약의 관계성이 충분히 경험될 수 있다는 신학을 발전시켰다.

후기 예언서는 예언자의 소명 이야기(사 6장, 렘 1장, 겔 1-3장)에서 하나님을 만난 영성 체험을 설명한다. 창조주 하나님의 임재 앞에서 예언자는 자기의 죄성을 비판하면서 사명을 감당할 수 없음을 호소한다. 하지만 하나님은 예언자들에게 소명을 주어 언약 백성을 향해 은총을 확대하시려고 한다. 예언자는 종종 비극적인 인물로 묘사된다. 예언자의 모습을 통해 하나님과 이스라엘의 관계를 정직하게 보게 된다. 이사야는 "주여 어느 때까지니이까"(사 6 : 11)라는 질문으로, 예레미야는 '탄식'(렘 4 : 19)으로, 하박국은 '항의'(합 1 : 13)로 하나님께 반응한다. 예언자들은 폭력과 부정의 앞에서 하나님의 정의와 사랑을 증언하는 저항의 영성을 보인다.

---

9) "너희는 인생을 의지하지 말라"(사 2 : 22), "흑암 중에 행하여 빛이 없는 자라도 여호와의 이름을 의뢰하며 자기 하나님께 의지할지어다"(사 50 : 10), 참조 : 사 3 : 1, 27 : 5, 31 : 1, 36 : 6, 47 : 10, 48 : 2, 51 : 5, 59 : 16.

3) 시가서

잠언에는 지혜 전통의 영성이 나타난다. 하나님을 경외하는 것이 지혜의 시작이고(잠 1 : 7) 목적(잠 2 : 5)이다. 그것은 모든 지혜의 언약적 기초다. 잠언 1~9장의 기본 토대는 모든 일상 속에서 영성을 추구하는 것이다. 잠언 10~31장은 여호와를 경외하는 것을 관계성, 상업, 리더십의 영역에 적용한 실용주의적 영성을 보여 준다. 전도서는 청년들에게 젊을 때 하나님을 경외하고 율법을 준수하며 창조주를 기억하라고 권한다(전 12 : 1-2). 욥기는 지적 정서적 한계에 도달했을 때, 유일한 해결 방법이 인간의 이해를 넘어서는 하나님과 만나는 것임을 보여 준다(욥 42 : 3-6).

시편에서는 다양하고 광범위한 예배의 영성이 나타난다. 평화 가운데 사는 사람, 평화가 깨진 시대를 사는 사람, 새로운 질서 속에 사는 사람의 경험이 개인과 공동체의 영성으로 표현된다. 많은 경우에 개인 영혼의 탄원은 공동체 전체를 향해 움직인다. 가령 시편 51편의 죄 고백은 전체 공동체에 영향을 주었다. 시편은 다양한 인간의 삶의 정황에서 하나님을 향한 인간의 기도와 찬양이 지배적이다. 그러나 가끔 하나님의 음성이 시편 기자들 안으로 들어온다. 그러면 시편 기자들은 그 안에서 대화 영성을 고무하며 하나님과 대화한다. 시편에는 영적 인간론이 돋보인다. 인간은 하나님의 보호 없이는 소멸하는 '육체'이고, 영감과 내면의 작용이 이루어지는 '영혼'이다. 인간의 중심은 은밀한 정신작용이 일어나는 '마음'(혹은 양심)이다(시 16 : 7-10). 히브리어로 콩팥을 의미하는 '마음'은 은밀한 감정의 자리고 악의 장소였다. 하나님은 우리의 마음을 관찰하신다(시 7 : 8, 26 : 2, 32 : 2).[10]

---

10) H.-J. Kraus, 『시편의 신학』, 신윤수 옮김(서울 : 비블리카 아카데미아, 2004), 351.

역대기는 예루살렘 성전에서 실행되었던 예배의 영성을 설명한다. 제사장과 레위인들은 다윗 왕가의 지원을 받으며, 성전에서 공동체 예배를 위해 제사와 찬양에 대한 책임을 맡았다(대상 24 : 1-19 ; 26 : 1-19). 여기서 레위 지파 음악가의 감독을 받는 음악 전통이 발전했다. 그들은 인간의 경험에 맞는 영광스러운 음악으로 성소를 채웠다(대상 16 : 4). 또한 역대기는 왕조 이야기를 통해 바벨론 포로기의 악몽에서 살아가는 청중에게 겸손하게 기도하고, 하나님의 얼굴을 찾고, 악한 길에서 돌이킬 것을 권고한다(대하 6 : 38, 7 : 13-15). 그리고 하나님께서 새로운 세대에게 언약의 친밀성을 통해 새 생명의 기회를 주신다고 약속한다. 역대기의 영성은 에스라-느헤미야의 회복 이야기에서 잘 나타난다. 포로에서 귀환한 이스라엘 공동체는 성전 건축과 성전 예배에 초점을 맞추고(스 1-6장), 회개의 영성을 보인다(스 9장, 느 1 : 9). 그 회개는 신명기 30장의 모세의 설교와 역대하 6장의 솔로몬의 기도가 제공하는 회복의 약속에 근거한 것이다.

구약성경은 다양한 영성신학과 하나님과 관계를 맺는 다양한 방법을 제공한다. 그 중심에는 마음과 성품과 힘을 다해 하나님을 사랑하는 백성을 열정적으로 찾으시는 하나님의 사랑이 있다.

2. 신약의 영성[11]

구약에 나타난 언약은 관계적, 공동체적, 선교적인 특징을 갖는다. 첫

---

11) 참조 : Jeannine K. Brown, "New Testament Foundations of Christian Spirituality," DCS, 46-50, Philip Sheldrake, 『미래로 열린 영성의 역사』, 55-59를 참조했다.

째, 하나님께서 자기 백성과 맺은 언약은 관계적이다. 비록 우상숭배의 경향성이 강한 백성이지만, 하나님은 그 백성에게 당신의 임재를 경험하게 하신다(출 19 : 3-6). 둘째, 하나님의 언약은 공동체적이다. 그것은 가족, 성전, 토라 등 공동체적 구조를 통해 중재된다(신 6 : 1-9). 셋째, 하나님의 언약은 선교적이다(창 12 : 1-3, 신 4 : 5-7). 언약은 늘 이방 민족을 향해 열려 있다. 이러한 세 가지 특징은 신약과 연속성을 갖는다. 하지만 신약의 영성은 예수 그리스도와 인격적 관계를 맺는 새 길을 열었고, 하나님 나라의 종말론과 관계되며, 성령에 순종하는 영성이었다. 그리고 공로주의와 영지주의와 투쟁하는 영성이었다.

1) 예수 그리스도와 연합하는 영성

신약에서 영성의 중심은 예수 그리스도다. 예수님은 구약에서 예언된 메시아, 언약의 완성자, 하나님의 계시고 구원자다. 마태복음은 예수님을 구약의 완성으로, '임마누엘' 하나님의 임재로 증언한다(마 1 : 23, 28 : 20). 제자는 회개하고 하나님 나라의 백성으로 살아야 하는 의(義)의 영성을 가져야 하고, 하나님 사랑과 이웃 사랑의 계명에 헌신해야 한다(마 5 : 38-42). 마가복음은 예수님을 섬기러 오셨고(막 10 : 45), 십자가에서 고난받는 메시아로 소개한다(막 8 : 31). 예수의 행동, 치유, 가르침은 오직 십자가의 조명 아래서만 이해될 수 있다. 제자는 자기를 부인하고 자기 십자가를 지고 예수를 따르는 영성을 가져야 한다(막 8 : 34). 누가복음은 예수님을 가난하고 주변화 된 사람에게 복음을 확대하는 메시아로 소개한다(눅 4 : 16-21, 6 : 20-26). 제자는 성령 충만과 기쁨으로 약자를 환대하고 복음을 증언하는 영성을 가져야 한다.

공관복음서가 역사적 예수의 인격과 가르침에 관심을 가졌다면, 요한복음은 선재(先在)하신 하나님 아들의 신분을 강조한다. 예수는 육신이 되신 하나님의 말씀과 지혜다. 제자는 성령으로 거듭나서 성부와 성자의 연합의 관계성에 참여하는 영성을 가져야 한다. 그리고 그들은 예수님과 '친구'된 모든 사람과 연합한다(요 15 : 12-15). 요한복음은 그리스도와 신자의 연합을 은유로 표현한다. 예수님은 우리의 '떡'(요 6 : 35)과 '물'(요 4 : 10)이다. 신자는 포도나무인 예수의 '가지'로서 예수로 인해 지탱된다(요 15 : 1-8). 또한 예수님은 '길', '진리', '생명'(요 1 : 4, 14 : 6)이며, '선한 목자'와 '양들의 문'(요 10 : 1-18)이고, 세상의 '빛'이며, 지식과 능력의 근원이다(요 1 : 4-5, 8 : 12, 9 : 5). 요한복음 17장에서 예수님의 기도는 또한 이러한 관계의 친밀성을 전달한다.

> 내가 비옵는 것은 이 사람들만 위함이 아니요 또 그들의 말로 말미암아 나를 믿는 사람들도 위함이니 아버지여, 아버지께서 내 안에, 내가 아버지 안에 있는 것같이 그들도 다 하나가 되어 우리 안에 있게 하사 세상으로 아버지께서 나를 보내신 것을 믿게 하옵소서(요 17 : 20-21)

바울은 부활하신 예수 그리스도를 만나 사도가 되었기에 바울서신의 영성적 근거는 '부활하신 메시아'다. 하나님께서는 십자가에 달리신 예수를 부활시켜 인류 공동체의 희망인 부활의 첫 열매가 되게 하셨다(롬 8 : 29, 고전 15 : 20, 고후 5 : 17). 제자는 '예수의 마음'을 품어야 한다(빌 2 : 5-8). 그것은 그리스도와 연합하는 세례를 받음으로, 옛사람이 죽고 새 생명으로 부활하는 것이다(롬 6 : 3-6). 바울은 그리스도와 성도의 관계를 '코이노니아'(*koinonia*)와 '그리스도 안에서'(*en Christo*)라고 표현하는데, 순종하는 사람의 삶 속에 들어와 다스리는 그리스도의 능력의 범위를 의미한다.

복음서와 바울서신은 예수의 십자가 사건에서 자기를 비우는 하나님의 본성을 계시한다(막 8 : 31, 9 : 31, 10 : 33-34, 15 : 21-24, 빌 2 : 5-11). 예수님은 "하나님의 본체"이지만 "자기를 비워" 인간이 되셨고, "낮추시고 죽기까지 복종하셨으니 십자가에서 죽으셨다". 그리스도와 연합하는 영성은 이러한 자기 비움에서 비롯된다.

바울의 영성은 기독론뿐만 아니라 교회론과도 관련된다. 부활의 주님은 '첫 열매'이기 때문에 인류의 종말론적 목적은 주님과 연결된다. 인류의 구원은 그리스도의 몸인 교회공동체의 구성원 됨을 통해 이루어진다. 따라서 바울의 영성은 교회공동체 중심이다(고전 12-14장).

2) 종말론적 영성

신약성경은 예수 그리스도가 하나님의 구원사역을 완성했다고 본다. 따라서 종말론적 영성으로 충만하다. 예수님 설교의 중심은 임박한 '하나님 나라'다(마 4 : 17, 막 1 : 15, 눅 4 : 43, 8 : 1). 누가복음은 예수의 귀신 추방을 "하나님 나라가 이미 임했다"는 증거로 설명한다(눅 11 : 14-20).

기독교인은 '이미' 시작되었으나 '아직 완성되지 않은' 종말론적 시간을 살아간다. 따라서 신약의 영성은 소망 중 긴장을 유지한다. 마태복음의 '팔복'(the Beatitude)은 제자가 갖춰야 할 영성이다(마 5 : 3-10). 이미 시작되었으나("천국이 그들의 것임이요", 마 5 : 3, 10), 아직 완성되지 않은 하나님 나라에 대한 경험도 강조된다("그들이 위로를 받을 것임이요", 마 5 : 4, 6-9). 산상설교의 나머지 부분도 이러한 '이미'와 '아직'의 긴장 상태를 살아가야 하는 제자의 영성을 다룬다. 제자는 온전해야 하고(마 5 : 14-48), 구제, 기도, 금식에 위선이 없어야 한다(마 6 : 1-18). 하나님과 재물을 함께 섬기지 않고, 염려하지 말아야 하며(마 6 : 19-34), 거룩한 것을 개에게 주지 않는 영적 식별을 해야 하고, 좁은 문을 택하고(마 7 : 1-14), 행동으로 열매를 맺어야 한다(마 7 : 15-27).

바울서신도 종말론적 영성을 강조한다. 제자는 옛 사람의 구습을 벗고 그리스도로 새 사람이 되어야 한다(골 3 : 9-10). 그는 이미 '그리스도 안에' 있는 '새 피조물'이다(고후 5 : 17, 갈 6 : 15). 하나님의 백성과 모든 창조세계는 최종 완성을 소망해야 한다(롬 8 : 18-22).

신약성경의 영성은 종말론적 소망 중 강한 고통을 수용한다. 베드로는 고난을 받고 죽임을 당하는 교회가 산 교회고, 역사에서 특권을 받는다고 확신했다(벧전 1 : 10-12). 하나님은 그리스도 때문에 고난받는 사람을 옹호해 주신다(벧전 4 : 12-19, 참조 4 : 7). 바울도 성도의 고난을 그리스도의 남은 고난에 참여하는 것으로 이해한다(롬 8 : 17-18, 고후 4 : 16-18, 빌 3 : 10-11). 그래서 고난을 피하려는 고린도 교인들을 책망했다(고전 4 : 8-13).

3) 성령 안에 사는 영성

구약의 예언자들은 하나님의 영을 받아 이스라엘의 회복에 대한 종말론적 희망을 예언했다(사 42 : 1-4, 겔 36 : 26-27, 욜 2 : 28-29). 신약성경은 예수님을 통해 모든 신자에게 성령을 부어 주시는 시대가 시작되었고, 하나님의 회복이 나타났음을 증언한다. 베드로는 오순절 성령강림 사건을 요엘의 예언이 성취된 것이라고 설교했다(행 2 : 16-21). 사도행전에서 성령(혹은 예수의 영, 행 16 : 6-7)은 교회가 모든 사람에게 복음을 증언하고 삶으로 구현하도록 인도한다(행 10 : 36). 그리스도의 시대는 또한 성령의 시대다.

기독교 영성은 성령을 통해 부활하신 그리스도를 경험하는 신비에 참여하는 것을 포함한다. 바울은 성령이 구원과 완성을 확신케 하는 보증이라고 한다(고후 1 : 22, 5 : 5, 엡 1 : 13-14). 바울은 성령을 따라 행하는 것(롬 8 : 4)과 성령으로 행하는 것을 강조했는데(갈 5 : 25), 성령의 요구에 순종하는 것이 영성의 본질이다(고전 2 : 13, 갈 6 : 1).

성령은 교회가 증언하고 선교하도록 인도한다(행 1 : 8, 10 : 19-20, 44, 16 : 6-7). 신자는 개인 혹은 집단으로 성령의 교통함을 통해 삼위일체 하나님의 임재를 경험하고, 성령의 9가지 열매(갈 5 : 22-23)를 맺도록 인도받는다.

4) 공로주의, 영지주의와 투쟁하는 영성

성경에서 유대문화의 공로주의(율법주의)와 헬라문화의 영지주의는 기독교 영성에 가장 위험한 적이었다. 사도 바울은 복음을 수호하기 위해 할례파의 공로주의와 싸웠다. 육체를 자랑거리로 삼는 것(갈 6 : 13)은 믿음과 은혜의 복음을 파괴했고, 그리스도의 몸인 교회를 분열시켰다. 바울은 이들을 "거짓 사도", "가만히 들어온 거짓 형제"라고 불렀다(고후 11 : 13, 26, 갈 2 : 4).

요한공동체에서 적그리스도는 영지주의 세력이었다. 이들은 "예수 그리스도께서 육체로 오심을 부인하는" "미혹하는 자"였다(요이 1 : 7). 예수의 육체를 부인하는 것은 그리스도의 대속 죽음과 부활 승리를 부정하는 것이다. 그리스도의 육체에는 인류의 구원과 종말론적 부활과 창조세계의 완성이 달려 있다. 성경은 육체에 관련된 영성의 두 원리를 강조한다. 기독교 영성은 육체를 의지하지 않고, 육체를 부정하지 않는다.

3. 주기도문의 영성

1) 주기도문의 기원과 역사적 발전

예수님은 오직 하나의 기도를 가르쳤다. 주기도문은 마태복음과 누가복음에 각각 다른 형태로 보전되었다. 마태복음의 주기도문은 산상수훈의 한가운데 기록되었고, 유대인의 위선적인 기도와 이방인의 중언부언하는 잘못된 기도를 지적한 다음에 나타난다. 누가복음의 주기도문은 세례 요한이 제자들에게 한 것처럼 우리에게도 기도를 가르쳐 달라는 제자의 요청에 대한 응답으로 나타난다. 여기서 기도는 정체성의 표현이었다. 주기도문에는 예수 공동체의 신학과 정체성이 담겨 있다.

〈표1〉 주기도문 비교

누가복음 11 : 2~4	마태복음 6 : 9~13
아버지여 (당신) 이름이 거룩히 여김을 받으시오며 (당신) 나라가 임하옵시며	하늘에 계신 우리 아버지여 (당신) 이름이 거룩히 여김을 받으시오며 (당신) <u>나라</u>가 임하시오며
	(당신) <u>뜻</u>이 하늘에서 이룬 것같이 땅에서도 이루어지이다
(우리)에게 날마다 일용할 양식을 주시옵고	오늘 (우리)에게 <u>일용할 양식</u>을 주시옵고
(우리)가 우리에게 죄지은 모든 사람을 용서하오니 우리 죄도 사하여 주시옵고	(우리)가 우리에게 <u>죄지은 자</u>를 <u>사하여</u> 준 것같이 우리 죄를 사하여 주시옵고
(우리)를 시험에 들게 하지 마옵소서	(우리)를 시험에 들게 하지 마시옵고
	다만 <u>악</u>에서 <u>구하시옵소서</u>
	(나라와 권세와 영광이 아버지께 영원히 있사옵나이다 아멘)

주기도문 아람어 원전이 65~80년 사이에 서로 다른 교회 전통에서 발전한 결과 다른 본문이 나온 것으로 보인다. 누가복음의 주기도문이 훨씬 간결하지만, 마태복음의 주기도문이 교회에서 더 널리 사용되었다. 원문에는 송영이 없다.

2) 주기도문의 구조

주기도문에는 하나님의 이름, 하나님의 나라, 하나님의 뜻, 일용할 양식, 죄 용서, 시험과 악에서 구원이라는 여섯 가지 내용이 담겨 있다. 이 내용은 교리적, 종말론적, 윤리적 차원이 포함되어 있다.

주기도문의 구조에 관한 세 가지 견해가 있다. 첫째, 하나님의 목적과 영광에 대한 청원과 우리의 필요에 대한 청원으로 구분된다. 둘째, 하나님을 위한 것, 육체를 위한 것, 영적 유익을 위한 것으로 구분된다. 셋째, 구해야 할 좋은 것과 피해야 할 악한 것으로 구분된다.

당시 유대교 관행에서 송영 없이 끝나는 기도는 없었다. 따라서 누가복음의 주기도문도 사용될 때는 송영을 첨가했을 것으로 추정된다.

〈표 2〉 주기도문의 구조

내용	구조 A	구조 B	구조 C
하나님의 이름	하나님의 목적과 영광에 대한 청원	하나님을 위한 것	구해야 할 좋은 것
하나님의 나라			
하나님의 뜻			
일용할 양식	우리의 필요에 대한 청원	육체를 위한 것	피해야 할 악한 것
죄 용서		영적 유익을 위한 것	
시험과 악에서 구원			

3) 주기도문의 영성적 의미

하늘에 계신 우리 아버지,
아버지의 이름을 거룩하게 하시며
아버지의 나라가 오게 하시며,
아버지의 뜻이 하늘에서와 같이 땅에서도 이루어지게 하소서.

'하늘에 계신'이라는 말은 하나님의 초월성과 인간의 경외심을 표현하는 최상의 인간 언어다. 예수님은 아람어 '아바'라는 호칭으로 하나님과의 친밀한 관계를 나타내셨다. 당시 하나님을 감히 아버지라고 부를 수 있는 사람은 하나님의 아들 예수뿐이었다. 예수님은 제자들이 이 호칭을 사용할 수 있게 허락하셨다. 우리의 영성은 하나님을 향한 친밀한 사랑과 신뢰의 호칭에서부터 시작된다.

처음의 세 청원(하나님의 이름, 나라, 뜻)은 창조세계 안에서 하나님의 영광과 목적이 이루어지길 기도하는 것이다. 하나님의 이름은 하나님의 인격과 본성을 나타낸다. 하나님은 본질에서 거룩하지만, 사람에 의해 '이름이 거룩하게' 되는 것은 다른 차원이다. 하나님의 백성은 하나님의 이름을 높이는 과정에서 자신들의 영과 육이 거룩해진다.

'하나님의 나라'는 하나님의 주권과 통치가 이루어지는 나라이고, 예수님의 메시지의 핵심이다. 하나님의 나라는 '이미' 시작되었으나 '아직' 완성되지 않았다. 하나님 나라의 완성을 위해 기도하는 것이 하나님 나라 백성의 의무다. 교회는 이 땅의 책임을 버리고 하늘로 피할 수 없다. 그렇다고 교회가 이 땅을 유토피아로 만들 수도 없다. 하늘과 땅이 연합해 하나님의 통치 아래 있게 되는 것은 하나님의 주권에 속하고 종말에 이루어질 일이다(계 21장).

하나님의 '뜻'($\theta\grave{\epsilon}\lambda\eta\mu\alpha$)이 이루어지길 기도해야 한다. 예수님은 겟세마네 동산에서 "나의 원대로 마시옵고 아버지의 원($\theta\grave{\epsilon}\lambda\omega$)대로 하옵소서"(마 26:39)라고 기도하셨다. 하나님의 뜻은 예수 그리스도를 통해 이 땅에서 완성하려는 하나님의 구원 계획이며, 하나님 나라의 완성으로 볼 수 있다. 우리의 영성은 우리의 삶 속에서 하나님의 이름을 높이는 것과 하나님의 나라와 그 뜻을 성취하는 것과 관계된다. 우리의 관심이 이것에서 멀다면 재조정되어야 한다.

> 오늘 우리에게 일용할 양식을 주시고,
> 우리가 우리에게 잘못한 사람을 용서하여 준 것같이
> 우리 죄를 용서하여 주시고,
> 우리를 시험에 빠지지 않게 하시고, 악에서 구하소서.

우리가 간절히 구해야 하는 첫 번째는 '하루의 양식'이다. 우리는 창조주 하나님께 의존하면서 살아간다. 마태복음에는 '오늘'(today) 하루의 양식을, 누가복음은 '날마다'(daily) 하루의 양식을 위해 기도하게 한다. 표현의 차이는 있으나 미래의 삶을 하루 단위로 생각하라는 것은 미래를 '염려하지 말라'(마 6:31)는 주님의 가르침과 연결된다.

마태복음에서는 '빚진 자'를 용서하오니 우리 '빚'을 용서해 달라고 했고, 누가복음에서는 우리가 '빚진 자'를 용서하오니 우리의 '죄'를 용서해 달라고 했다. 그러나 신학적으로는 같은 의미다. '죄 용서'는 예레미야와 주님의 최후 만찬에서 '새 언약'으로 표현된다(렘 31:34, 마 26:28). 새 언약의 백성은 죄 용서의 증거를 타인의 잘못을 용서하는 것으로 드러내야 한다(마 6 : 15, 18 : 21-35). 죄 용서의 주체는 하나님이기 때문에 우리의 용서 행위가 나의 죄를 용서받는 조건이 될 수는 없다. 이 내용은 하나님께 죄 용서를 구하면서 하나님의 성품을 본받겠다는, 엄청난 영적인 존재 변화를 결단하는 것이다. 주기도문의 영성은 예수의 인격적 신앙을 자기 것으로 받아들이는 것이다. 따라서 기독교 영성은 삶 속에 화해와 값비싼 용서의 자리를 두어야 한다.

예수님 당시 유대 전통에는 하나님의 나라가 완성되기 전에 사탄이 하나님의 뜻을 좌절시키려는 마지막 시도를 한다는 생각이 있었다. 따라서 이 간구는 사탄의 시험에서 보호받고자 하는 것이다. 주님이 겟세마네 동산에서 기도하실 때, 잠든 제자들을 향해 "시험에 들지 않게 깨어 기도하라 마음에는 원이로되 육신이 약하도다"(마 26 : 41)라고 하셨다. 우리의 영성은 연약함에 대한 자각으로 시험에 대비해야 한다. 시험(유혹)은 악으로 인도하기 때문에 하나님과 신앙을 부정하게 하는 본질적 악에서 구원해 달라고 기도하는 것이다. 예수님은 이것을 위해 늘 기도했다.

> 내가 비옵는 것은 그들을 세상에서 데려가시기를 위함이 아니요 다만 악에 빠지지 않게 보전하시기를 위함이니이다(요 17 : 15)

4) 주기도문 영성의 역사

주기도문은 기독교 최초의 성무(聖務)였다. 그러나 개인이 함부로 주기도문을 드린 것은 아니다. 1세기 초대교회의 새신자들은 교리문답 교육을 마치고 주기도문을 배웠고, 세례를 받고 첫 성찬에 참여한 후 단체로 주기도문을 드렸다. 2세기 문서 『디다케』(8 : 11)는 하루에 세 번 주기도문으로 기도하라고 가르쳤다.[12] 4세기 교부 암브로시우스, 케사리우스(Caesarius of Arles), 아우구스티누스는 매일 반복해서 주기도문으로 기도하라고 권고했다. 주기도문에는 '나'라는 대명사가 없고 '우리'를 사용했기 때문에 공적인 의미가 강했다.

주기도문은 매일 기도, 세례, 성찬에 포함되었고, 수도원의 기도생활의 핵심이었다. 서방교회에서도 세례와 성찬에 주기도문이 사용되었다. 주기도문은 기도의 모범이 되었다. 기도의 일반적인 순서가 찬양, 하나님 통치에 대한 갈망, 물질적 청원(일용할 양식), 영적인 청원(용서와 시험), 영광송으로 끝이 나는데, 이것은 주기도문을 따른 것이었다.

그리고 예배 순서는 기도의 삼중형태를 따라 조직되었다. 첫째, 찬양과 기원, 노래, 성경 봉독으로 시작하고, 둘째, 설교, 기도, 헌금과 성찬을 통해 자신의 삶, 필요, 헌신과 관련을 맺고, 셋째, 하나님 찬양으로 마친다. 주기도문은 교회 영성의 기초를 놓았다.

성경은 영성을 위한 양식이다. 성경 묵상, 설교, 성경 영화나 그림 감상은 영혼의 양식이 될 수 있다. 다양하고 특별한 방법으로 시편을 노래하고 주기도문을 드리는 것은 영성에 힘을 준다. 성경은 영성과 관계되는 신학과 윤리학, 기독교 저술의 표준이다.

---

12) "The Teaching of the Twelve Apostles," *Ante Nicene Fathers Vol. 7* (NY : Christian Literature Publishing Co., 1886). 『디다케』는 '열두 사도의 가르침'이라는 뜻으로 초대 기독교회에서 사용된 문서다. 이 문서는 마태복음을 인용했고 사도와 선출직 감독이 언급되는 것으로 보아 약 110년경에 작성된 것으로 추정된다.

3

관계적 영성

제3장
관계적 영성

　성경에는 영성을 형성하는 네 가지 관계, 하나님과 나, 나와 나 자신, 나와 이웃, 나와 창조세계와의 관계에 대한 가르침이 있다. 이것이 제3장에서 다룰 내용이다. 또한 영성신학을 이해하는 기초가 되는 영성의 네 가지 유형과 영성에서 긍정의 방법과 부정의 방법, 관상기도에 대해 살핀다.

1. 하나님의 형상과 영성

　인간은 하나님의 형상이 있어서 관계를 맺을 수 있다. 영성이 추구하는 '생명의 풍요'(요 10 : 10)는 "관계들이 꽃피는 삶"이다.[1] 성경은 창조세

---

1) 영성 연구회 평상, 『오늘부터 시작하는 영성훈련』, 25.

계가 올바른 관계로 회복되는 것을 '샬롬'으로 본다.

호세아 2 : 21~23은 '관계적 영성'의 특징을 잘 보여 준다. 호세아 2장의 전반부에는 우상숭배에 대한 하나님의 심판 예언이 있고, 이어서 회복의 말씀이 나타난다. 이 본문은 하나님과 이스라엘 백성의 관계가 회복될 때 일어날 자연 현상에 대해 말한다.

> 여호와께서 이르시되 그날에 내가 응답하리라 나는 하늘에 응답하고 하늘은 땅에 응답하고 땅은 곡식과 포도주와 기름에 응답하고(하나님과 자연의 관계 회복)
>
> 또 이것들은 이스르엘[2]에 응답하리라(자연과 사람의 관계 회복)
>
> 내가 나를 위하여 그를 이 땅에 심고 긍휼히 여김을 받지 못하였던 자를 긍휼히 여기며 내 백성 아니었던 자에게 향하여 이르기를 너는 내 백성이라 하리니 그들은 이르기를 주는 내 하나님이시라 하리라 하시니라(하나님과 사람의 관계 회복)

하나님과 이스라엘 백성의 관계가 회복되면, 하나님과 자연의 관계가 회복되고, 자연은 곡식을 맺어 사람들에게 공급한다. 이스라엘은 하나님의 백성이 되고, 하나님은 그들의 하나님이 되신다.

---

[2] 이스르엘은 하나님이 흩으신다는 뜻으로, 이스라엘의 멸망을 의미한다.

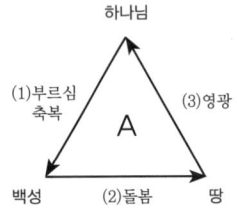 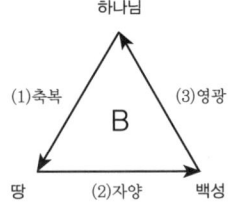 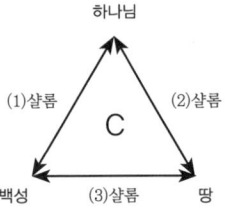

그림 A는 하나님께서 자기 백성을 선택하여 부르시고, 그 백성은 자연을 보살피고, 자연은 하나님께 영광을 돌리는 관계의 도식으로 에덴동산의 모형이다. 그림 B는 호세아 2장 본문의 관계성으로 이스라엘 백성의 회개 이후 회복된 관계성 모형이다. 그림 C는 하나님과 인간과 자연 사이에 진정한 샬롬(평화)이 완성되는 관계의 도식이다. 이것은 새 하늘과 새 땅에서 완성되는 모형이다. 에덴동산에서는 '하나님의 형상'이 손상되지 않았고 생명나무 열매가 허락되지 않은 상태였으나, 새 하늘 새 땅에서는 '하나님의 형상'이 완전히 회복되고(계 21 : 3-4) 풍성한 생명나무 열매가 제공되고 그 잎사귀들은 만국을 치료한다(계 22 : 2). 따라서 에덴동산과 새 하늘 새 땅은 질적으로 차이가 있다.

하나님께서 이스라엘 백성을 선택하신 것은 특권만이 아니라 선교적 목적이 있다.[3] 그들은 하나님과 온 인류 그리고 온 창조세계의 관계 안에 하나님의 은총이 확장되게 하는 매개자로 선택된 것이다. 그 관계는 다음의 그림으로 표현될 수 있다. 선교적 관점으로 볼 때, 선택은 하나님께 배타적 권리를 요구할 수 있는 특권이 아니다.[4]

---

[3] Lessilie Newbigin, *A Faith for This One World?* (London : SCM Press, 1961), 77.
[4] Lessilie Newbigin, 『다원주의 사회에서의 복음』, 홍병룡 옮김(서울 : IVP, 2007), 163-167.

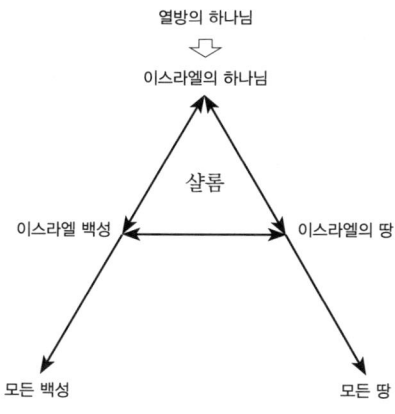

2. 하나님과 나의 관계

1) 크고 첫째 되는 계명

네 마음을 다하고 목숨을 다하고 뜻을 다하고 힘을 다하여 주 너의 하나님을 사랑하라(막 12 : 28-31, 신 6 : 4-5)

하나님은 삼위의 코이노니아(관계성)로 존재하시는 사랑의 하나님이다. 기독교 영성의 특징은 삼위일체 하나님의 사랑 관계에 참여하는 것이다. 하나님은 자기 백성을 사랑하시지만, 그 사랑은 우상숭배의 반역에 대해 진노와 심판으로 작용한다. 하나님은 사랑을 위해서 자신을 포기하시는 분이다. 영성은 이러한 하나님의 사랑을 우리의 삶 속에 기쁘게 수용하면서 하나님을 사랑하는 것이다. 하나님의 사랑에 대해서는 찬미로, 하나님의 공의에 대해서는 참회로 응답한다.

2) 지성적 이해와 감성적 느낌

기독교 영성은 하나님에 대한 지성적 이해와 감성적 느낌에서 시작된다. 영성은 교리 공부와 찬미와 기도를 통해 성장한다. 신앙 교리를 공부하면서 하나님의 속성과 활동을 지성적으로 이해하게 되고, 찬양과 기도를 통해 기쁨과 슬픔 같은 다양한 감성으로 하나님과 교제할 수 있게 된다.

하지만 우리는 하나님에 대해 지성적으로 알 수 있는 부분과 알 수 없는 부분이 있다. 이 둘 사이에는 긴장이 있다. 하나님은 우리의 눈높이에 맞게 계시를 조정해서 알려 주시지만, 초월적인 하나님을 지성으로 온전히 아는 것은 불가능하다. 예를 들면, 하나님은 모세와 친구처럼 대면해 말씀하셨지만(출 33 : 11), 모세가 주의 영광을 보여 달라고 했을 때 "나를 보고 살 자가 없음이니라"(출 33 : 20)라고 말씀하셨다. 사도 바울도 하나님의 불가해성을 고백했다. "깊도다 하나님의 지혜와 지식의 풍성함이여, 그의 판단은 헤아리지 못할 것이며 그의 길은 찾지 못할 것이로다 …… 이는 만물이 주에게서 나오고 주로 말미암고 주에게로 돌아감이라 그에게 영광이 세세에 있을지어다 아멘"(롬 11 : 33, 36).

마찬가지로 하나님에 대해 감성적으로 느낄 수 있는 부분과 느낄 수 없는 부분이 있고 둘 사이에는 긴장이 있다. 예수님은 기도에 대해 알아듣기 쉽게 가르치고 설명하셨다. 모세와 아브라함은 하나님과 대화하면서 논쟁하기도 했고, 심지어 거래도 했다(창 18 : 22-23, 출 32 : 7-14). 욥은 담대하게 하나님께 불만을 토로했다. 시편에는 기쁨과 탄식의 찬송이 있다. 예수님은 감사기도, 치료기도, 하나님의 뜻을 구하는 기도, 십자가에서 버림받은 고통의 기도를 하셨다. 하지만 바울이 셋째 하늘을 다녀온 것에 대해서 설명할 수 없었던 것처럼(고후 12 : 2-4), 사람의 감성은 하나님을 온전히 느낄 수 없다.

3) 영성의 두 방법

영성신학은 하나님께 접근하는 방법을 '긍정의 방법'과 '부정(不定)의 방법'으로 구분한다. 긍정의 방법은 지성, 감성, 이미지를 사용해서 하나님에 대해 알 수 있는 부분에 접근하는 것이다. 이것을 카타파틱(kataphatic) 혹은 정념적(情念的) 방법으로 부른다. 부정의 방법이란 인간은 어떤 지성, 감정, 이미지를 사용해도 하나님의 신비를 알 수 없기에 인간의 노력을 멈추고 수동적으로 하나님이 부어 주시는 것을 의지하는 것이다. 이것을 '아포파틱'(ἀπόφασις, apophatic) 혹은 무정념적(無情念的) 방법으로 부른다. 우리 입장에서 긍정의 방법은 능동적이지만, 부정의 방법은 완전히 수동적이다. 그래서 부정의 방법을 주부적(注賦的, infused) 관상기도라고 부르기도 한다.

기독교 영성에서 지성과 감성, 긍정과 부정의 방법을 사용하는 다양성에 따라 네 가지 방식의 영성 유형이 나타난다.

〈표 3〉 기도의 현상학[5]

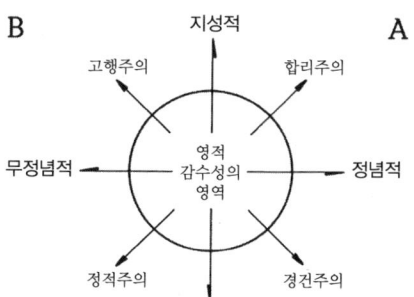

---

5) Urban T. Holms, *A History of Christian Spirituality : An Analytical Introduction* (NY : Seabury, 1980), 3-5.

어번 홈스(Urban T. Holms)가 분류한 〈표 3〉 기도의 현상학은 사람들이 지닌 영성의 다양성을 이해하는 데 도움을 준다. 그는 영성을 네 가지 A. 지성적-정념적 유형, B. 지성적-무정념적 유형, C. 정서적-정념적 유형, D. 정서적-무정념적 유형으로 분류했다. A 유형에서 나타나는 가장 나쁜 형태의 모습은 합리주의 영성이다. B 유형에서는 고행주의, C 유형에서는 체험적 경건주의, D 유형에서는 정적주의가 가장 건강하지 못한 영성의 형태다. 홈스는 건강한 영성은 원의 바깥쪽으로 극단화되는 것이 아니라 원의 중심으로 들어와서 다른 유형의 영성들을 이해하고 공감하는 것이라고 말한다.

홈스는 또한 이러한 네 가지 영성의 유형을 교회사 속에 나타난 다양한 영성에 적용해서 분석했는데 그것을 도표로 정리하면 〈표 4〉 기독교 영성의 유형이 된다.

〈표 4〉 기독교 영성의 유형[6]

	부정의 방법 (emptying)	긍정의 방법 (imaging)
지성적	B형 : 지성적/무정념적	A형 : 지성적/정념적
	알렉산드리아 영성(신플라톤주의), 사막의 교부, 디오니시오스, 4~5세기(로마 멸망), 14세기(중세 붕괴), 에크하르트, 마틴 루터, 십자가의 요한	유대교, 오리게네스, 안셀무스, 도미니코회, 칼뱅, 이냐시오 로욜라, 대 그레고리우스(A와 C의 경계)

---

6) Ibid., 8-10.

	D형 : 정서적/무정념적	C형 : 정서적/정념적
정서적	『무지의 구름』(1370) 토마스 뮌처, 조지 폭스, 17세기 프랑스 영성 (살레시오, 얀센주의), 존 카시안(D, C, A)	베네딕토회, 프란체스코회, 리처드 롤, 노리치의 줄리안, 15세기 새로운 경건운동, 17세기 경건주의, 18세기 복음주의 부흥운동, 1960년대 급진신학, 마틴 루터 킹

4) 명상기도와 관상기도

영성을 관계의 문제라고 볼 때, 영성을 실현하는 가장 일반적인 행위는 기도다. 그래서 영성과 기도는 거의 동일 언어로 취급된다.[7] 기도는 음성기도, 명상기도, 관상기도로 구분할 수 있다. 명상기도와 관상기도는 음성을 사용하지 않는 기도지만, 명상과 관상은 크게 다르다.

명상기도(*meditatio*)는 "일반적으로 어떤 주제에 대한 이성적 추리를 강조하면서 하나님과 대화를 추구"하는 기도다.[8] 하나님과 기도하기 전에 성경 말씀을 포함한 기독교 진리와 개인적 경험을 성찰하는 단계를 거친다. 진리를 깊게 이해하고 그것을 개인에게 적용하려는 목적으로 논리적 전개를 따라 언어와 개념을 사용한다. 혹은 어떤 결정을 내리거나, 하나님의 뜻을 깨닫거나, 신앙의 재확신을 얻기 위해 신앙의 조명 아래 일부 경험을 적용하기도 한다.

관상기도(*contemplatio*)는 "이성적인 사고보다 사랑에 의해 하나님의 임재를 경험하는 그 자체"를 말한다.[9] 관상을 뜻하는 라틴어 '콘템플라치

---

[7] 유해룡, 『하나님 체험과 영성수련』, 79.
[8] Ibid., 90.
[9] Ibid.

오'는 '템플럼'(templum)에서 유래했는데, 이 말은 예언하기 위해 지정된 공간을 뜻했다. 이 말에서 사원(temple)이 나왔다. 이 말은 실체의 내면을 바라보면 거기서 하나님을 보게 된다는 뜻이 있다. 관상은 이성과 사고를 사용하지 않고 주체와 객체가 하나가 되는 하나님의 임재 체험을 뜻하는 것이다. 관상 중 마음은 명상과 반대로 작동한다. 통찰을 얻고 어떤 결정을 할 목적으로 언어, 생각, 성찰을 논리적으로 사용하는 것은 마음에 방해가 된다. 마음이 원하는 것은 하나님을 향한 믿음, 소망, 사랑 그리고 감사를 표현하는 것이다. 관상기도에는 이냐시오 로욜라(Ignatius of Loyola, 1491-1556)가 상상력을 사용하여 경험하도록 한 '이냐시오식 관상기도'가 있고, 또한 부정의 방법을 사용하는 카르멜 수도회의 관상기도가 있다. 전자는 '불완전 관상', 후자는 '완전 관상'으로 칭한다.

　　기도는 명상에서 점차 관상으로 발전했다. 생빅토르의 리처드(Richard of St. Victor, 사망 1173)는 "명상은 탐구하고, 관상은 감탄한다."라고 말했다. 영국의 청교도 토마스 화이트(Thomas White)는 "명상은 불을 점화하는 것과 같고, 관상은 완전히 점화되었을 때 불이 타오르는 것과 같다. 명상은 신부가 그리스도를 찾는 것과 같고, 관상은 신부가 그리스도를 즐거워하는 것과 같다."라고 말했다. 리처드 포스터는 관상은 "영혼이 우리를 사랑하시는 하나님을 한결같이 응시하는 것"이라고 했다.[10] 관상은 단계가 있고, 최고 단계를 하나님과의 연합으로 본다. 이때를 '영적인 결혼'(spiritual marriage)이라고 말한다.

　　신앙생활에서 명상과 관상은 서로 보완적이다. 명상만으로는 자기 몰두에 빠질 수 있기에 언어 없는 사랑의 자유가 필요하다. 또한 관상만으

---

10) "Contemplation," *DCS*, 371.

로는 불안정하고 땅의 것과 접촉하는 것을 놓칠 수 있다. 영성은 분석과 자기-관련성을 찾는 균형이 필요하다.

묵상(黙想)기도는 명상기도를 의미한다. 그러나 음성기도가 아니라는 점에서 묵상은 명상과 관상에 두루 사용되기도 한다. 스페인 출신 예수회 신비가 알바레즈 드 파즈(Alvarez de Paz, 1560-1620)는 묵상기도를 추리적 명상(discursive meditation), 정감 기도(affective prayer), 불완전 관상(inchoate contemplation), 완전 관상(perfect contemplation)으로 구분했다. 추리적 명상은 지성이 초자연적 진리를 깨닫기 위해 은총의 도움을 의존하며 추리하는 것이다. 정감 기도는 지성보다 하나님을 사랑하는 의지로 기도하는 묵상이다. 불완전 관상은 수덕적 기도의 한 형태로 신비적 기도로 넘어가는 다리 역할을 한다. 완전 관상은 주부적 요소가 확대되고 추리적이고 탐구적인 지식이 아니라 직관적이고 사랑의 지식을 맛보게 되는 기도의 최종 단계다.[11]

5) 렉시오 디비나

기독교 영성의 발전은 지성적 훈련과 분리될 수 없다. 영적 실행은 독서, 탐구와 성찰, 대화, 언어공부 같은 지적 훈련과 연결된다. 기독교 신비 전통은 예배공동체 안에서 성경을 해석하는 '독특한 주석적 특징'을 갖고 있다.[12] 영성훈련에서 이러한 지적 훈련은 사람을 겸손하게 만드는데, 이는 사람을 약하게 만들어 하나님을 경험하도록 하는 데 목적이 있기 때문이다.

---

11) 유해룡, Ibid., 93-95.
12) Bernard McGinn, *The Foundations of Mysticism : Origins to the Fifteenth Century* (NY : Crossroad, 1992), 3.

성경 읽기와 명상은 기독교 영성에서 가장 중요한 기초다. 이것은 훗날 '렉시오 디비나'(lectio divina)로 체계화된다. 12세기 카르투시오 수도회(Carthusian order)의 귀고 2세(Guigo II)는 '렉시오 디비나'를 다음과 같이 설명했다. "독서(lectio)는 땅에서 하늘로 뻗은 수사의 사다리의 첫 가로대다. 독서는 수사를 명상(meditatio)으로 인도하는데, 명상을 통해 성경 본문에서 지성적 자료를 가져온다. 명상은 아주 자연스럽게 기도(oratio)로 인도된다. 기도는 우리를 연약하게 만들어 하나님의 현존에 대한 관상으로 이끈다."[13] 유해룡은 다음과 같이 설명한다.

성서를 읽는 동안 자아를 그 말씀에 고정시키고, 보다 깊은 의미를 추적하기 위하여 그 말씀을 명상하는 동안 지성과 감성이 하나로 연결되어지면서 하나님과의 교제 형태로 연결됨으로써 기도가 형성된다. 독서를 통한 명상적 기도는 말씀으로 전 존재를 사로잡고 그 말씀 안에 참여케 한다.[14]

3. 나와 나의 관계

1) 하나님 안에서 자아 사랑

칼뱅은 『기독교강요』(1559) 첫 부분에서 모든 사람은 하나님과 인간에 대한 이중지식을 갖고 있는데, 이 둘은 깊이 연결되어 한 편을 모르면 다른 한 편도 알 수 없다고 했다. 하나님께서 창조주이며 구원주라는 것을

---

13) "Intellectual Life and Spirituality," NWDCS, 369.
14) 유해룡, Ibid., 41.

알게 되면 인간은 피조물이며 구원받아야 할 죄인이라는 것을 알게 된다. 하나님께서 나를 사랑하신 것을 알고 하나님을 사랑하게 되면, 나의 소중함을 깨닫고 나를 사랑할 수 있게 된다.

12세기 시토회의 베르나르(Bernard of Clairvaux, 1090-1153)는 『신애론』(*On Loving God*)에서 하나님의 사랑이 인간의 사랑을 어떻게 지도할 수 있는지 네 단계로 분석했다.[15]

1단계 : 자기를 위한 자기 사랑의 단계
2단계 : 자기를 위한 하나님 사랑의 단계
3단계 : 하나님 자신으로 인한 하나님 사랑의 단계
4단계 : 하나님을 위한 자기 사랑의 단계

사랑의 1단계에서 인간은 육적이고 이기적인 욕망으로 가득한 사랑을 한다. 이 사랑은 절제의 한계를 넘어 방종에 빠지게 된다. 그래서 하나님은 "이웃을 네 몸과 같이 사랑하라."는 의무를 부여하신다. 다른 사람을 사랑하기 위해서는 하나님을 사랑해야 한다. 하나님은 인간의 이기심에도 불구하고 인간을 유지하고 보호하신다. 하나님께 사랑을 많이 받을수록 사람은 이기적 사랑을 정화해 간다. 하나님의 도우심으로 모든 것을 성취할 수 있다는 것을 배우기 시작하면 2단계로 발전한다.

사랑의 2단계의 특징은 자기의 복을 위해 하나님을 사랑한다. 여전히 자기를 위한 사랑이지만, 범죄로 하나님을 거스르지 않으려 하고, 죄에 넘

---

15) Bernard of Clairvaux, 『하나님의 사랑』, 심이석 옮김(서울 : 크리스천다이제스트, 1988), 214-225.

어질 때는 어쩔 수 없이 돌이켜 하나님의 도움을 구하게 된다. 결국, 하나님의 사랑으로 인해 이기적인 동기에서 벗어나 하나님을 사랑하게 된다.

사랑의 3단계의 특징은 하나님 자신으로 인하여 하나님을 사랑한다. 빈번한 인간의 결핍은 하나님을 의존하게 하고 하나님의 임재를 경험하게 한다. 하나님의 선하심을 체험하게 되면 하나님과의 친교가 하나님을 사랑하도록 도와준다. 그리고 주님이 우리를 사랑하신 것처럼 예수 그리스도에게 속한 것을 사랑하게 되며, 하나님의 사랑을 송축한다.

베르나르는 여기서 멈추지 않고 그 이상의 사랑의 단계를 말한다. 사랑의 4단계에서 인간은 하나님을 위해서 자기를 사랑한다. 오직 "하나님 안에서만 자신을 사랑"하게 되는 것이다. 영혼이 하나님과 연합하고, 자기가 완전히 비워지기까지 자신을 내어 버린다. 이것은 인간의 노력으로 얻을 수 있는 것이 아니고 오직 하나님이 주시는 체험이다. 베르나르는 이 사랑의 완성은 부활의 때에 체험될 수 있지만, 지상에서 하나님의 은총으로 인해 그 사랑을 잠시 맛보는 특권을 누린 자는 복되고 거룩하다고 한다. 이것은 신비적 혹은 관상적 연합이다.

2) 자아 사랑과 이기심의 차이

하나님과의 관계가 배제된 상태에서 자아 사랑은, 자기 평가의 기준이 자신이기 때문에 위장된 이기주의가 될 수밖에 없다. 이기적 자기 사랑의 극단은 타인을 희생시키는 우상숭배가 된다. 성경의 바벨탑 사건은 이것을 잘 보여 준다(창 11 : 1-9).

시날 평지에서 인간들이 도시와 탑을 건설하는 목적은 세 가지다. 하늘에 닿는 것, 이름을 날리는 것, 온 땅 위에 흩어지지 않는 것이다. 첫째는 인간이 직접 신과 만나는 자리를 세우는 것으로 하나님의 권위에 도전하는 것이다. 둘째는 원어상 '우리를 위해 우리 이름을 만들자'라고 직역된다. 이것은 하나님의 주권을 거부하는 명예욕이다. 셋째는 "생육하고 번성하여 땅에 충만하라"(창 1 : 28, 9 : 7)는 하나님의 명령에 거부하고 강력한 통제와 착취에 기초한 대중 동원으로 인간의 제국을 건설하려는 것이다.[16)]

하나님 사랑과 관계된 건강한 자아 사랑과 이기심에 근거한 자기 사랑은 구별되어야 한다. 건강한 자아 사랑에는 보살핌, 양육, 책임, 충성이 포함되며, 자기의 욕구 충족을 위해 남의 것을 빼앗지 않고, 다른 사람을 위한 영적, 심리적, 육체적 보살핌에 태만하지 않는다.

4. 나와 이웃의 관계

기독교 영성의 세 번째 관계는 나와 이웃의 관계다. "네 이웃을 네 자신과 같이 사랑하라."는 주님의 두 번째 계명(막 12 : 31, 레 19 : 18)은 하나님께 사랑받은 사람만이 준수할 수 있는 계명이다. 이웃 사랑도 자아 사랑을 전제로 한다. 기독교 영성 전통에서 개인 영성은 공동체 영성과 분리되지 않는다. '선한 사마리아 사람 비유'(눅 10 : 25-37)는 이웃 사랑 없이 교리에만 충실한 종교에 구원이 이루어지지 않는다는 것을 간접적으로 말하고 있다. 이웃 관계가 없는 영성은 현실 도피적인 영성, 타인을 희생시켜 자기 행복에 빠지는 악한 영성으로 빠지게 한다.

영성은 윤리적이어야 한다. 영성은 친구와 영적 지도자들의 도움이 필

---

16) Nahum M. Sarna, *The JPS Torah Cmmentary Genesis* (Philadelphia : The Jewish Publication Society, 1989), 82-83.

요하다. 가정의 영적 양육은 기도하는 법, 성경 읽는 법, 서로 용서하는 법, 자신의 책임을 이행하는 법을 가르친다.

5. 나와 창조세계의 관계

1) 선하게 창조된 세계

하나님은 창조세계를 선하게 지으셨다. 예수님이 성육신하면서 입으신 육체는 선한 것이다. 예수님을 통해 몸은 신성한 부활체가 되었다. 성례(Sacraments)는 물질을 통해 하나님의 거룩한 은총을 표현한다. 신약성경의 많은 부분은 물질 자체를 악하게 보는 영지주의와 투쟁하는 과정에서 형성되었다. 영성은 창조세계를 올바른 성경적 관점으로 보아야 한다.

2) '세상'을 부정적으로 보는 배경

기독교 역사에서 물질세계를 악하게 보았던 이단들은 영지주의, 마르시온주의, 마니교, 카타리파가 있다. 이들 사상의 기원은 신플라톤주의와 마니교다. 성경에도 세상을 악하게 표현하는 부분이 있다. 예를 들어 "이는 세상에 있는 모든 것이 육신의 정욕과 안목의 정욕과 이생의 자랑이니 다 아버지께로부터 온 것이 아니요 세상으로부터 온 것이라"(요일 2 : 16). 여기서 언급되는 '세상'($\kappa \acute{o} \sigma \mu o \varsigma$)은 물질세계가 아니라 하나님을 대적하는 인류의 성향을 지칭하는 것이다. 요한복음 3 : 16에서의 '세상'도 창조세계가 아니라 죄지은 인류를 언급하는 것이다.

3) 창조세계를 보전하는 영성

세계선교협의회(WCC)의 선교문서 『함께 생명을 향하여』(2012)는 창조 영성과 선교의 관련성을 중요하게 다루었다.

"창조세계는 인간을 향한 선교를 수행한다. 예를 들면 자연세계는 인간의 마음과 몸을 치유할 수 있는 능력이 있다. 성경의 지혜문서는 창조세계가 자신들의 창조주를 찬양한다고 확증한다(시 19:1-4, 66:1, 96:11-13, 98:4, 100:1, 150:6). 창조세계 안에 있는 창조주의 즐거움과 경이로움은 우리 영성의 근거 가운데 하나가 된다(욥 38-39장)"(22항).[17]

위에서 설명한 영성의 네 가지 관계망은 서로 분리된 것이 아니라 함께 엮여 있다. 이 부분에 대해서 WCC 선교 성명은 다음과 같이 표현한다.

"우리가 선교에 참여하는 것, 창조세계 안에 존재하는 것, 성령의 삶을 실천하는 것은 상호 변혁적이기 때문에 함께 엮여 있어야 한다. 나머지 둘 없이 하나를 추구해서는 안 된다. 그렇게 할 경우, 우리가 이웃에 속하지 않고도 하나님께 속할 수 있다고 잘못 믿도록 인도하는 개인주의적 영성으로 빠져들게 되고, 창조세계의 다른 부분이 상처받고 신음하는 동안에도 그저 우리의 기분을 좋게 만드는 영성에 물들게 될 것이다"(21항).[18]

복음주의 로잔운동 『케이프타운 서약 신앙고백과 행동』(2012)에서도

---

17) "함께 생명을 향하여," 『에큐메니컬 선교학』, 한국에큐메니컬학회 옮김(서울: 대한기독교서회, 2018), 543-544.
18) Ibid., 543.

창조와 선교를 연결한다.

"우리는 성경이 창조세계에 대한 하나님의 구속적 목적을 선포하고 있음을 확신한다. 총체적 선교란 그리스도의 죽음과 부활을 통한 복음이 죄로 인해 깨지고 고통당하고 있는 개인과 사회, 창조세계 전체를 향한 하나님의 기쁜 소식이라는 성경적 진리를 명확하게 인식, 이를 선포하고 삶으로 살아내는 것이다. 개인과 사회와 창조세계 모두 하나님의 구속적 사랑과 선교의 대상이다. 또한, 이것은 하나님의 백성의 총체적 선교의 일부가 되어야 한다"(7항 A).[19]

---

19) 로잔운동 사이트, https : //www.lausanne.org/ko/content-ko/ctc-ko/ctcommitment-ko.

4
고대 기독교의 영성 I

제4장
고대 기독교의 영성 Ⅰ

복음은 처음 유대 문화에 성육신했다. 70년 예루살렘 성전이 파괴된 이후 85년에 유대교인들은 기도문에 기독교인들(나사렛인들)에 대한 저주 문구를 넣고 회당 출입을 금지했다. 하지만 기독교는 그리스-로마, 콥트, 에티오피아, 켈트, 페르시아 문명으로 전파되었다.

콘스탄티누스 황제는 기독교를 공인(313)하고, 콘스탄티노플로 수도를 옮겼다(330). 로마는 서로마(라틴제국)와 동로마(비잔틴제국)로 구분되었고, 그에 따라 교회의 신학과 예전도 강조점이 달라졌다. 서방교회는 십자가의 속죄와 용서를 강조했고, 동방정교회는 죽음에 대한 승리로서 부활과 인간의 신화(神化, *theosis*)를 강조했다. 기독교는 로마의 국가종교가 되었고, 로마와 충돌하는 제국들 특히 페르시아가 기독교를 박해했다.

기독교의 첫 6세기에 기독교 영성과 관련된 중요한 주제들, 즉 예배와 성례, 공동생활, 은사(카리스마), 순교, 수덕주의, 수도회 운동, 신비주의가 발달했다. 제4장과 제5장은 이 부분들을 살펴본다.

1. 예배와 성례

성 아우구스티누스의 제자였던 프로스퍼(Prosper of Aquitanus, 390-455)는 "기도의 규칙이 신학의 규칙"(Lex orandi, lex credendi)이라고 말했다. 신조나 교리가 확립되기 전 초대교회의 신앙과 영성은 예배 안에 포함되어 있었다는 뜻이다. 그래서 이단에 대처할 때, 기도와 예전이 정통 교리를 결정하는 데 중요한 역할을 했다.

1) 공동예배

공동예배는 하나님과 신앙공동체의 관계를 양육했다. 예배는 기도의 학교였고, 영성생활의 언어와 태도를 제공했다. 예배자는 하나님 앞에서 철저히 정직함으로 영적 치유와 성장을 얻었다. 인간은 예배하면서 하나님, 동료 인간, 자연과의 관계를 늘 재조정한다. 예배는 인간이 만든 모든 권력과 제도를 상대화하고 하나님 앞에서 자유와 평등을 경험하게 한다.

초대교회는 주일에 공동예배를 드렸다. 주일은 유대인 안식일 다음 날로, 하나님이 빛을 창조하신 날이고 주님이 부활하신 날이기에 새 창조의 날이었다. 주일은 '주님의 날'이라는 뜻이다. 초대교회는 황제가 아닌 그리스도를 주님으로 칭했다. 『디다케』(14 : 1)에서 주일은 "함께 모여 떡을 떼고 감사하라."고 했다. 요한복음 20 : 26과 『바나바 서신』은 이날을 '제8일'(여드레를 지나서)이라고 표현했다. 이 전통을 따라 비잔틴 교회에서는 세례반과 교회를 8각형으로 구성했다.

공동예배의 기본 요소는 기도, 시편 낭송, 성경 봉독, 설교, 찬송, 성찬(애찬)이었다.[1] 예배 순서는 1부와 2부로 구분되었다. 1부는 성경 봉독, 설교, 기도, 찬송, 평화의 입맞춤, 축도로 구성되었고, 2부는 세례교인들이 성찬을 떼고 주기도문을 드렸다.

초대교회 성도들은 처음에 유대교 성전과 지역 회당에서 예배를 드렸다. 회당이 없는 곳이나 유대인의 박해가 있는 곳에서는 개인의 집(고전 16 : 19, 롬 16 : 5)에서 예배를 드렸다.

가버나움 베드로 집터 위의 비잔틴 교회

비잔틴 교회의 세례반

2) 기도

신약성경의 복음서, 서신서, 계시록에는 기도문이 포함되었고, 주님을 비롯해 성경 저자들은 "항상 기도하라."라고 권면한다(눅 18 : 1, 살전 5 : 17, 약 5 : 13-16). 초대교회에서 공동기도는 예배의 중심이었다. 기도는 찬양, 감사, 죄 고백, 소원 간구, 중보기도로 구성되었다. 금식할 때는

---

1) 사도 바울은 초대교회 예배의 특징을 다음과 같이 말한다. "그리스도의 말씀이 너희 속에 풍성히 거하여 모든 지혜로 피차 가르치며 권면하고 시와 찬송과 신령한 노래를 부르며 감사하는 마음으로 하나님을 찬양하고"(골 3 : 16).

겸허와 참회를 나타내기 위해 무릎을 꿇고 기도했고, 주일에는 기쁨과 확신을 표현하기 위해 서서 기도했다. 교부 크리소스토무스는 "기도는 하나님과의 대화"라고 했고, 오리게네스는 "신자의 전 생애는 하나의 기도"라고 말했다.

3) 시편 찬양과 설교

기독교 전통에서 시편 사용은 예수님부터 시작된다. 예수님은 논증에 신빙성을 더하거나, 가르칠 때나, 필요할 때 시편을 자주 인용했다(마 22 : 42-44, 시 110 : 1, 눅 12 : 24, 시 147 : 9, 마 4 : 5-7, 시 91 : 9-13, 눅 23 : 46, 시 31 : 5). 시편은 기도의 방법으로 사용되었다. 아타나시오스는 「마르셀리누스에게 보낸 편지」에서 시편은 찬양할 때 거울처럼 자신과 자기 영혼을 보게 한다고 말한다.

초대교회는 주일에 구약성경(그리스어 70인역)과 사도의 글을 읽고 그것을 예배자에게 설명했다. 시편 기도는 초기 기독교 찬양의 중심이었다. 초기 수도원 공동체는 하루에 시편 전체를 기도했고, 6세기 베네딕토 시대 수도원은 7일 동안 전체 시편을 기도했다.

성경 봉독 후에 설교자는 앉아서 설교했고, 회중들은 서서 하나님의 말씀을 들었다. 설교는 1시간 이상이었고, 설교자는 강해 설교를 했다. 때로는 주교의 설교문을 대독했다.

4) 평화의 입맞춤

초대교회에서 성도들 사이에 평화의 입맞춤이 있었으나 점차 제단, 이콘, 성경에 대한 입맞춤으로 대체되었다.

5) 애찬

애찬은 가난한 사람을 구제할 목적으로 시작되었다. 초기에는 애찬과 성찬이 구분되지 않았으나 3세기 중반에 성찬이 제도화되고, 중세에 유럽이 기독교화되면서 애찬이 사라졌다.

6) 성찬

성찬은 그리스도의 몸과 피에 참여하는 예전으로 모든 공동예배에서 거행되었고, 예배의 중심이었다. 성찬은 그리스도 희생의 구현(고전 10 : 16-17), 그의 죽음에 대한 기억과 선포(고전 11 : 23-26), 그리스도 안에서 교회 일치의 근거로 강조되었다(고전 10 : 16-17, 11 : 17-22).

『디다케』(9 : 10)에 의하면 성찬은 세례자에게만 허락되었다. 그리고 다툼이 있을 때 성찬 거행 이전에 화해하도록 했다(14 : 2). 주교 혹은 주교가 지명한 사람이 성찬을 집례했다. 2세기 일부 교회공동체에서 성찬에 떡과 물 탄 포도주를 사용했는데, 3세기에는 이것이 일반화되었다. 이는 요한복음에서 예수님을 "생명수"로 표현한 것에서 기인한다(요 4 : 7-15, 7 : 37-39).[2] 물 탄 포도주는 그리스도와 성도의 연합을 상징했다. 에비온주의자는 성찬에서 물만 사용했다. 그들은 거룩한 포도주에 이물질을 섞는 것을 거부했다.[3] 고대교회의 성찬은 상징설과 실재론이 주류였다.

구약에서 예배는 하나님의 임재 안으로 들어가는 것이다(출 24 : 2, 시 132 : 7, 대상 16 : 29). 반면, 신약에서 예배는 성찬에 참여해 '성도의 교제'

---

2) Margaret M. Daly-Denton, "Water in the Eucharistic Cup : A Feature of the Eucharist in Johannine Trajectories through Early Christianity," *Irish Theological Quarterly* 72 (4) (2007) : 356.

3) Irenaeus, *Against Heresies* (V.1.3), in *Ante Nicene Fathers Vol. 1* (NY : Christian Literature Publishing Co., 1885).

의 일부가 되는 것이다. 『디다케』와 순교자 유스티누스는 예배를 신비적 실재에 공동으로 참여하는 것이라고 이해했다.

7) 세례

세례는 회개하고 죄 용서를 받고 거듭나서 신앙공동체에 입교하는 것으로 공동예배 중 거행했다. 세례는 성령의 은사로서 신자가 예수 그리스도의 십자가와 부활에 참여하는 언약의 징표였다(롬 6 : 3-4, 골 2 : 11-12). 교회에서는 유대인과 헬라인, 노예와 자유자, 남자와 여자가 세례를 통해 그리스도 안에서 하나가 되었다(갈 3 : 26-29, 참조 계 7 : 9-10). 세례 후에 지은 죄는 용서받을 길이 없다고 생각해서 세례를 연기하는 일이 자주 일어나기도 했다. 헤르마스의 『목자』(the Shepherd)는 세례 후 지은 죄는 한 번 용서 받을 수 있다고 했다(Ⅱ.4.3). 그래서 공개적인 죄 고백이 등장했다. 『디다케』(7 : 1-7)에 의하면 세례는 찬 물을 사용했고, 흐르는 물 혹은 고인 물에서 거행했다. 물이 귀한 곳에서는 머리에 세 번 뿌렸다. 세례 예비자는 세례를 받기 전에 하루이틀 금식했다.

2. 공동생활과 섬김

초대교회의 영성은 공동예배 외에 공동식사와 환대, 증언과 선교, 봉사와 구제를 통해서도 나타났다. 이러한 영적 실행은 하나님 나라 사역의 구체적 표현이었다. 교회 안에서는 로마 사회의 신분 장벽이 무너졌다.

1) 공동식사와 환대(hospitality)

공동식사와 광범위한 환대는 1세기 교회 영성의 표현이었다(롬 12 : 13, 히 13 : 2, 벧전 4 : 9). 예수님이 '세리와 죄인들'과 함께 식사하던 모범(눅 5 : 30, 7 : 34, 15 : 1-2)은 초대교회 안에서 사회·문화적 장벽을 허물고 공동식사를 하게 했다. 공동식사는 신자들이 공동으로 그리스도의 몸에 참여한다는 인식에 근거한 것이었다(고전 10 : 16-17). 그것은 "하늘의 은사"(히 6 : 4)와 "주의 인자하심"(벧전 2 : 3)을 맛보는 경험이고, "부활하시고 살아 계신 주 예수 그리스도의 임재"와 친교를 포함한다.[4]

2) 복음 증거와 선교

복음 증거와 선교는 또한 신약성경의 영적 실천이었다. 하나님과 언약의 관계성은 선교를 발생시키는데(마 5 : 14-16), 그것은 성령에 의해 촉진된다(행 1 : 8). 베드로전서는 기독교인의 행동을 범죄로 해석하는 경향이 있는 사회적 맥락에서 경건하게 살 것을 권고한다(벧전 2 : 11-12, 4 : 1-3). 그리고 신자에게 예수님에 대한 자신의 신실성을 실천으로 보이라고 요청한다. 그러면 사람들이 기독교인이 지닌 소망에 관심을 두게 될 것이고, 그 이유를 증언할 기회를 얻게 된다(벧전 3 : 15).

3) 공동생활

기독교가 3세기 동안 급성장하게 된 두 가지 이유가 있었다. 첫째, 기독교인들은 가정에서 모였고 그들의 친구와 가족에게 쉽게 접근할 수 있

---

4) L. T. Johnson, *Religious Experience in Earliest Christianity* (Minneapolis : Fortress Press, 1998), 140, 179.

었다. 둘째, 그들은 로마 사회와는 차원이 다른 엄격한 윤리를 지켰다. 그들은 여성을 잘 대우했고, 아이를 보살폈으며, 과부와 고아의 필요를 채워 주었다. 특히 165년과 250년에 전염병이 로마 전역을 휩쓸었을 때 병자와 죽어 가는 사람을 치료했다. 교회공동체의 존재 그 자체로 그리스도의 주권을 증언했다.

3. 은사

초대교회에서 은사(카리스마)는 성령에 의해 교회공동체의 유익을 위해 개별 성도에게 주어졌다. 은사는 종류가 다양했고 직분으로 연결되었다. 사도행전은 주님의 승천부터 바울의 로마 도착(30-60년)까지, 성령에 의해 초대교회가 확대되는 역사를 기록했다. 이 시기 성도들은 공동생활을 하며 물질을 공유했고 "성령과 지혜가 충만한" 사람을 집사로 세워 구제활동을 했다. 이로써 사도와 장로 외에 집사 직제가 생겨났다.

1) 성경에 나타난 은사

사도 바울은 고린도전서에서 '사도', '선지자', '교사' 세 가지 직분을 언급하고, 열 가지의 은사를 열거한다. 그리고 로마서와 에베소서에서는 또 다른 은사에 대해 말한다.

<표 5> 성경에 나타난 은사

고전 12 : 7-11, 28-31	롬 12 : 6-8	엡 4 : 11-13
사도, 교사, 선지자 다스리는 자	가르치는 자 다스리는 자 예언하는 자	목사, 교사, 사도, 복음 전하는 자, 선지자
지혜의 말씀 지식의 말씀 믿음, 병 고침, 능력 행함, 예언, 영 분별, 방언과 통역	섬기는 자 위로하는 자 구제하는 자 긍휼을 베푸는 자	
각 사람에게 성령을 나타내심은 유익하게 하려 하심이라	그리스도 안에서 한 몸이 되어 서로 지체가 되었느니라	성도를 온전하게 하여 봉사의 일을 하게 하며 그리스도의 몸을 세우려 하심이라

2) 사도 바울의 은사 이해

고린도 교회는 개인이 받은 은사를 교회공동체의 공동 이익을 위해 사용하지 않고 오히려 교회를 분열시켰다. 바울은 고린도전서 13장에서 은사가 있어도 사랑이 없으면 무익하다고 말한다.

> 내가 사람의 <u>방언</u>과 <u>천사의 말</u>을 할지라도 …… 내가 <u>예언</u>하는 능력이 있어 모든 <u>비밀</u>과 <u>모든 지식</u>을 알고 또 산을 옮길 만한 모든 <u>믿음</u>이 있을지라도 …… 내가 내게 있는 모든 것으로 <u>구제</u>하고 또 내 <u>몸을 불사르게 내줄</u>지라도 사랑이 없으면 내게 아무 유익이 없느니라(고전 13 : 1-3)

방언, 유창한 언변, 예언, 지식, 믿음, 구제, 몸을 불사르게 내줌과 같은 은사는 모두 일시적이지만 믿음, 소망, 사랑은 영원하다(고전 13 : 13). 은사를 사용할 때 사랑으로 오래 참고, 온유하며, 겸손해야 한다. 방언의 은사는 두 가지 기능이 있는데, 하나님께 영으로 말하는 것(고전 14 : 2)과 복음을 전하기 위한 표적(고전 14 : 22)이다. 모든 은사는 교회의 덕을 세우는 것이어야 한다(고전 14 : 26).

3) 은사의 부정적 현상

은사가 활발한 현상은 2세기에 약화된 것으로 보인다. 『디다케』(11 : 15-17)는 사도는 누구든지 받아들이라고 했으나 3일 이상 머물지 못하게 했다. 그가 3일 이상 거주하려 하면 그는 거짓예언자라고 했다. 그것은 거짓예언자들이 교인으로부터 물질을 얻고 거짓 예언 하는 것을 방지하려는 것이었다. 2세기 중반 소아시아에 출현한 이단자 몬타누스는 '새로운 예언'을 강조하고, 임박한 종말론을 선포했으며, 주님이 약속한 보혜사가 자신이라고 주장했다. 그는 두 명의 여자 조수 막시밀라와 프리스킬라를 예언자로 선포했다. 그들은 강한 윤리적 교훈을 준수했기 때문에 상당한 영향력을 행사했다. 몬타누스 이후 은사적 영성은 약화되었다.

4. 순교

순교(Martyr)라는 말은 '증인'을 뜻하는 그리스어 마르투스($\mu\acute{\alpha}\rho\tau\upsilon\varsigma$)에서 기원했다(행 1 : 8, 22). 그것은 신앙을 증언하면서 목숨을 희생한 기독교인에게 주는 명예로운 칭호였다. 그리스도는 제자들의 운명에 대해 성경에서 이미 말씀한 바가 있었다(마 5 : 11-12 ; 막 13 : 9 ; 눅 6 : 22, 요 15 : 19). 스데반의 죽음은 순교의 모델이었다. 신약성경에는 박해와 순교에 대한 많은 증언이 있다. 예수님은 '친구'를 위해 목숨을 버리는 것이 최대의 사랑이라 했고(요 15 : 13), 베드로는 그리스도를 본받는 삶에는 고난이 있다고 했으며(벧전 2 : 21), 히브리서는 돌과 톱과 칼에 죽임당하는 순교자의 모습을 설명했다(히 11 : 35-37).

기독교의 성장은 로마 당국을 두렵게 했다. 1세기 말 기독교인의 숫자는 로마제국 인구 약 6,000만 명의 1%에도 미치지 못했다. 하지만 기독교인들이 예수 그리스도의 주권을 믿고 배타적인 헌신을 했기 때문에, 로마제국과 교회의 충돌은 4세기에 이르기까지 지속되었다. 안디옥의 이그나티오스(St. Ignatios), 서머나의 주교 폴리갑(St Policarp), 순교자 유스티누스(Justinus Martyr), 리용의 블랜디나(Blandina of Lyons), 성녀 페르페투아(Vibia Perpetua), 성녀 체칠리아(Sancta Caecilia)는 대표적인 순교자다. 이 시기 순교는 제자직의 완성이며 신성함의 표현이었다. 순교자에 대한 교회의 공경은 성자 존숭의 기원이 되었고, 순교자와 관련된 장소는 성지가 되었다. 초기 기독교인들은 순교자가 영생을 얻은 생일로 그들의 순교일을 기념했고, 순교자의 무덤에서 고난에 관한 이야기를 전했다.

1) 이그나티오스

안디옥의 주교 이그나티오스(사망 110년 또는 117년)는 순교를 앞두고 로마로 압송되면서 여섯 교회에 편지를 보냈는데,[5] 그것은 2세기 초 '사도적 교부시대' 교회의 삶과 순교 신학을 보여 준다. 이그나티오스의 편지는 고난을 받는 이유와 교회의 고난에 참여하시는 하나님의 고난을 성찰했다.[6]

---

5) Ignatius, "The Epistle of Ignatius to the Ephesians, the Magnesians, the Trallians, the Romans, the Philadelphians, and the Smyrnaeans" in *Ante Nicene Fathers Vol. 1* (NY : Christian Literature Publishing Co., 1885).
6) Rowan Williams, *The Wound of Knowledge : Christian Spirituality from the New Testament to Saint John of the Cross* (London : Darton, Longman & Todd, 1990), 24-25.

첫째, 예수의 십자가 고난은 하나님 자신의 고난이다. 이것은 순교자의 죽음을 의미 있게 하는 것이다. 둘째, 순교자는 하나님과 가장 가까운 존재가 된다. "야수 중에 있는 것은 하나님과 함께 있는 것이다"(서머나 교회에 보내는 편지 Ⅳ). 하나님의 자녀가 되는 것은 십자가의 열매이기에 순교자의 현재 고난은 그리스도의 십자가의 내용을 채워 가는 것이다. 그리고 고난 속에서 하나님을 만나는 것은 화해와 치료가 나오기 때문에 순교자는 고난을 견디는 능력의 근원인 십자가를 보게 된다. 셋째, 순교는 교회를 위해 바치는 희생제물이다(로마교회에 보내는 편지 Ⅱ). 교회는 이타적인 자기 헌신을 배워야 하는 장소다. 넷째, 순교는 그리스도 안에 있는 하나님의 형상을 인간에게 새겨 넣는 최종 단계다(마그네시아 교회에 보내는 편지 Ⅴ). 이그나티오스는 하나님께서 자신을 떡과 잔으로 내어 주신 것처럼, 순교를 통해 자기 죽음을 동료 성도들에게 선물로 주려고 했다. 로완 윌리엄스(Rowan Williams)는 기독교 영성은 처음부터 인간 세상의 경험과 대조를 이루었고, 하나님과 만나는 특별한 경험을 호소했지만, 완전히 개인적이거나 황홀한 경험에 근거하지 않았다고 말한다.[7]

'동료를 위한 선물'로서의 순교

---

7) Ibid., 31.

2) 폴리갑(사망 155년)

폴리갑은 사도 요한의 제자였고, 서머나의 주교였다. 폴리갑은 배교를 강요받았을 때 "나는 86년을 주님을 섬겼지만, 그분은 단 한 번도 나에게 잘못한 적이 없으셨다. 내가 어찌 나를 구원하신 나의 왕을 저주할 수 있겠는가?" 하며 거절했다.[8] 서머나의 군중들은 폴리갑에 대해 다음과 같이 고발했다. "이 사람은 아시아의 교사요, 기독교인들의 아버지이며, 심지어 많은 사람에게 희생을 드리지 말고 예배하지 말라고 가르치는 우리 신들의 파괴자다."[9] 그의 순교 이야기는 많은 기적이 일어났다고 전해진다. 그는 복음을 전하며 편안한 죽음을 맞이했는데, 이것은 당시 교회를 먹이고 살찌우는 일종의 유사 성례적 헌신이었다. 그의 불타는 몸은 "구워지는 빵"과 같았다.[10] 테르툴리아누스는 "순교자의 피는 교회의 씨앗"이라고 썼다.

3) 페르페투아(사망 203년경)

페르페투아는 카르타고에서 순교한 평신도 귀족 여성이다. 그녀는 감옥에서 일기를 남겼는데, 목격자의 재편집을 통해 『성 페르페투아, 성 펠리시타스, 그들의 동료들의 수난』이라는 책이 라틴어와 그리스어판으로 전해졌다. 페르페투아는 당시 22세로 젖먹이의 어머니였고, 학습 교인이었으나 투옥되기 직전에 세례를 받았다. 그녀와 함께 순교한 5명은 임신한 노예 펠리시타스(Felicitas), 한 명의 남성 노예, 두 명의 자유인 남자,

---

8) "The Martyrdom of St Polycarp," in *Early Christian Fathers*, ed. Cyril C. Richardson (London : SCM Press, 1995), 152.
9) Ibid., 153.
10) Ibid., 155.

자발적으로 당국을 찾아가서 신앙을 밝힌 사투루스(Saturus)였다. 이 박해는 카르타고의 총독에 의해 일어났고, 세베루스 황제(Septimus Severus, 193-211)의 생일에 원형경기장에서 군인들의 게임으로 처형되었다.

페르페투아는 사다리를 타고 낙원에 올라가는 환상을 통해 순교할 것을 깨달았다. 순교 전날의 환상에서 그녀는 이집트 야만인을 물리쳤는데, 그것을 사탄과의 전투로 해석했다. 처형 당일 순교자들은 군중의 요구로 채찍을 맞았고, 남자들에게는 멧돼지, 곰, 표범을, 여성들에게는 들소를 풀었다. 상처 입은 그들은 서로에게 평화의 입맞춤을 하고 칼에 처형되었다. 페르페투아는 두려워하는 초보 검투사의 칼끝을 자신의 목으로 이끌어 주었다.

페르페투아가 남긴 감옥일기는 순교, 도덕성, 영성이 서로 관련됨을 보여 준다. 그녀는 순교를 준비하면서 하나님께 담대하게 요청해서 환상 중 덕의 사다리(벧후 1 : 5-7) 위에 있는 하늘로 올라가 성례의 만찬에 참여했고, 순교자의 중보적 기도의 능력을 깨달았으며, 순교를 사탄과 싸우는 성공적 전투라고 인식하게 된다. 따라서 담대한 기도, 효과적 중보, 관상의 비전은 순교자가 받는 영적 특권이라는 신앙을 후대에 남겼다.

폴리갑의 순교

페르페투아와 그의 동료들의 순교

4) 성녀 체칠리아(사망 230년경)

체칠리아는 로마의 귀족 가정에서 태어났다. 부모에 의해 강제로 결혼했으나 남편 발레리아누스에게 자신의 동정을 지켜 줄 것을 간청했다. 체칠리아는 자기의 수호천사를 보고 싶어 하는 남편을 교황 우르바누스 1세에게 보냈고, 그는 기독교 교리를 공부하고 개종했다. 발레리아누스는 자기 동생과 함께 재산을 팔아 빈민을 구제하고 노예를 해방하면서 선교 활동을 하다가 행정관 알마치우스에 의해 로마 근교, 아피아 가도(Via Appia)에서 참수되어 순교했다.

체칠리아는 그 순교자들을 장사지낸 뒤 체포되었고, 알마치우스로부터 사형을 언도받았다. 전승에 의하면 체칠리아는 욕실에서 열로 질식시키는 처형법이 적용되었으나 24시간이 지나도 죽지 않아서 다시 참수형을 당했다. 세 번이나 목을 친 후에도 목이 잘리지 않고 3일을 고통 속에 살면서 삼위일체 신앙을 고백하다가 4일째 순교했다. 성녀 체칠리아는 로마 가톨릭교회에서 음악의 수호성인으로 잘 알려져 있다.

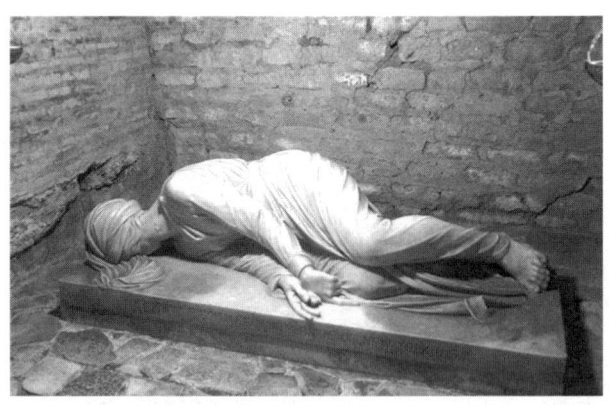

성녀 체칠리아의 순교 모습

5) 순교 영성의 계승

초대교회의 순교 영성은 4세기 초 콘스탄티누스 황제의 회심 이후 사막 교부들로 이어졌다. 그들은 자신들의 생명을 내려놓기를 열망하면서 광야로 들어가 스스로 부과한 금욕과 헌신의 시기를 보냈다. 그들의 고행에 대해서 '백색의 순교'라는 이름이 붙여졌다.

순교 영성은 8세기 독일의 사도 보니파티우스(Bonifatius, 사망 754년)에게 나타났다. 12세기 영국 캔터베리 대주교 토마스 베켓(Thomas Becket, 사망 1170년)은 교회를 장악하려는 헨리 2세에게 반대하다가 왕의 기사들에 의해 성당에서 살해당했다. 이후 순교 영성의 형태가 복음 전도뿐만 아니라 교회의 권리를 수호하는 희생에도 적용되었다. 선교 확장의 과정에서 많은 순교자가 나왔는데, 신세계 선교와 일본의 막부시대에 많은 가톨릭 순교자가 생겼다. 또한 16세기 가톨릭과 개신교 사이에 서로를 죽이는 형태의 순교가 일어났다.

20세기에는 교회에 대해 적대적인 권력과 이념의 박해로 인해 이전보다 더 많은 순교자가 나왔다. 독일의 나치 정권, 소련과 중국의 공산당 그리고 멕시코와 스페인의 반 성직자 세력에 의해 많은 기독교인이 살해당했다. 또한 순교에 대한 이해도 확대되었다. 폴란드의 막시밀리안 콜베(Maximilian Kolbe) 신부는 아우슈비츠 수용소에서 희생자를 대신하여 자발적으로 처형되었다. 로마 가톨릭교회는 그를 순교자로 시성했다. 이것은 복음 전도, 신앙과 예배의 자유를 위한 죽음뿐만 아니라 복음적 대의를 위한 죽음에도 순교가 적용된 것이다. 오늘날 순교는 신앙의 양심 때문에 정의와 평화, 인권, 약자와의 연대를 위해 헌신하다 죽은 사람에게도 적용된다. 예를 들면 마틴 루터 킹 목사는 기독교 신앙으로 흑인인권운동과 반전운동을 하다가 암살된 순교자다. 엘살바도르의 대주교 오스카 로메로(Oskar Romero, 1917-1980)는 정권을 향해 "살인하지 말라."고 비판했고, 공무원들에게 "사람을 죽이라는 명령에 복종하지 말라."고 설교하다가 1980년 미사 중 암살되었다. 오늘날 순교에 대해 에큐메니컬적인 새로운 인식이 일어나고 있는데, 초교파적으로 다른 교단의 순교자들을 서로 인정하는 현상이다.

신앙 때문에 순교한 사람만이 진실한 제자가 되는 것은 아니다. 어떤 의미에서 기독교인에게 일상의 환경은 넓은 의미로 순교의 환경이 될 수 있다. 억울한 일을 당하는 사람의 권리를 옹호하는 것, 사람들이 좋아하지 않는 진리의 원칙을 지키는 것, 불의한 일에 대해 용기 있게 말하는 것 등은 순교적 의미가 있다.

모든 시대의 순교자는 그리스도와 그의 부활을 증언했다. 그들은 우리의 복음 증언이 그리스도에 대한 궁극적 충성을 증명하기 위해 때로는 당면한 문화, 사회, 국가와 충돌한다는 사실을 상기시킨다. 순교 영성을 잃은 교회는 그리스도와 그의 증인에 대한 기억을 잃은 교회다.

5

고대 기독교의 영성 Ⅱ

제5장
고대 기독교의 영성 II

앞 장에서 고대 기독교의 예배 영성, 공동생활 영성, 은사 영성, 순교 영성을 살펴보았다. 제5장은 그 뒤를 이어 영지주의와 투쟁하며 발전한 이레니우스의 영성, 수덕주의 영성, 수도회 영성, 신비주의 영성을 살핀 후 서방교회의 고대 신학을 종합한 성 아우구스티누스의 영성을 고찰한다.

1. 리용의 이레니우스

2세기 중엽 강력하게 성장한 영지주의는 (중기) 플라톤주의 영향을 받은 혼합주의 운동이었다. 영지주의는 불완전한 신 데미우르고스(Demiurgos)

가 감각적 물질세계를 창조했고, 타락한 인간의 영혼은 지성세계에서 떨어져 물질세계의 포로가 되었다고 말한다. 따라서 영혼은 비밀리에 전수되는 영지(靈智, gnosis)를 받아 각성하고 지성세계로 복귀해야 하는데, 그것을 구원이라고 가르쳤다. 영지주의자에게 역사와 자연세계는 영혼의 그림자일 뿐 어떤 의미도 없었다. 인간의 불행은 죄 문제가 아니라 지성세계에 대한 무지였다. 예수는 하나님께로 복귀하는 영지를 전하러 온 영적 존재이고, 그의 육체와 삶은 다 거짓 현실(假現)이다. 19세기 독일 신학자 하르낙은 영지주의는 우주적 무질서 가운데 안전한 길을 찾기 위한 실천적 기술(영지)을 능력으로 믿었다고 지적했다.[1] 다시 말해 인간의 본성을 지성으로 보고, 영적인 기술을 구원으로 대치했던 영지주의 사고는 현대 문명의 구조와 아주 유사하다.

    이레니우스(Irenaeus of Lyons, 130-200)는 소아시아 서머나에서 태어났고, 사도 요한의 전승을 이어받은 폴리갑에게 신앙교육을 받았다. 폴리갑은 제자 폰티우스(Pontius)를 고울 켈트족에게 선교사로 파송했고, 폰티우스는 성공적으로 선교하여 리용의 주교가 되었다. 이레니우스는 170년 경 리용의 장로가 되어 폰티우스의 사역을 도왔다. 177년 리용에 큰 박해가 일어났고, 이레니우스는 성장하는 이단의 폐해에 대한 항의서한을 전달하기 위해 로마로 갔다. 그는 로마 주교가 몬타누스를 옹호하는 것과 폴리갑 학파 출신의 친구가 영지주의자 발렌티누스 사상을 신봉하는 것을 보고 큰 충격을 받았다. 이레니우스가 리용에 돌아왔을 때 폰티우스 주교는 이미 순교한 상태였다. 그는 리용의 주교가 되어 박해 상황에 있는 교회를 돌보고, 남부 고울 지역(현 프랑스)에서 선교하며, 이단을 연구하

---

1) Williams, *The Wound of Knowledge*, 35, 38.

여 신학적으로 논박했다. 그의 가장 중요한 작품은 『이단 논박』(*Adversus Haereses*, 182-188년 기록)과 『사도적 가르침의 논증』(*Demonstration of Apostolic preaching*)이다. 이레니우스는 202년 세베루스(Severus) 황제가 저지른 살육에서 수천 명의 교인들과 함께 순교했다.

이레니우스는 교회사에서 사도 시대(1세기)와 속사도 시대(2세기 전반)를 지나 변증가 시대(2세기 후반)에 활동했다. 그러나 당대의 철학으로 신앙을 변증한 변증가들과는 달리 이레니우스는 성경과 사도적 전통으로 이단에 대처하며 교회의 신앙을 지켰다. 영지주의는 기독교에 심각한 지적인 위협을 가했는데, 그는 정교한 신학적 용어를 발전시켰고 사도적 전승의 범위를 한정하면서 소위 "교회 최초의 조직신학자"가 되었다. 이레니우스는 동방과 서방교회의 교량 역할을 했고, 서방 신학의 기초를 놓은 테르툴리아누스에게 큰 영향을 주었다.

영성사에서 이레니우스의 중요한 공헌을 살펴보자. 그는 구약과 신약의 연속성을 주장했고(『이단 논박』 Ⅳ.7-8),[2] 창조에서 종말로 이어지는 하나님의 구속사를 강조했다. 하나님은 역사 밖의 '원리'가 아니라 결정적 사랑으로 역사(시간)와 자연 속에 들어와 구원하시는 인격적인 분이다. 그는 가현설을 논박하면서 성자의 성육신을 방어했다. 성육신하신 말씀은 신 – 인으로 하나님과 사람 사이를 중재하고 관계성을 회복시킨다(Ⅲ.18.7).

> 육체를 입은 말씀이 우리와 친교로 들어오지 않았다면…우리가 어떻게 아들의 양자 됨에 참여할 수 있었을까? 또한, 그는 삶의 모든 단계를 통과하면서 하나님과 모든 친교를 회복하셨다(Ⅲ.18.7).

---

[2] Irenaeus, *Against Heresies in Ante Nicene Fathers Vol. 1*.

이레니우스는 성육신이 인간의 육체 구원을 위한 것임을 강조해서 정교회의 신화(*theosis*, deification) 구원론의 기초를 놓았다(Ⅴ.14.1). 그는 육체 구원이 없다면 그리스도의 피와 성찬의 떡과 잔은 우리의 구원과 무관하다고 말한다(Ⅴ.2.2).

그는 인간의 운명에 대해 상대적으로 낙관적이다. 이것은 인간 본성의 완전 타락과 노예 의지를 강조하는 서방교회 영성과는 차이가 있다. 하나님의 섭리는 인간이 최종적으로 하나님을 보게 하는 것이다. 창조 때 부여된 '하나님의 형상'은 순종으로 하나님과 관계 맺는 능력이다. 비록 범죄 후에 생명나무가 있는 낙원에서 추방되었지만, 하나님은 인간에게 연민을 갖고 육체의 죽음을 통해 영원한 죄짓기를 멈추게 하셨다(Ⅲ.23.6). 그리고 그리스도 안에서 인간의 손상된 '하나님 형상'은 회복되는 것이고(Ⅲ.28.2), 성장을 통해 완성에 이르는 것이다(Ⅳ.37.7).

이레니우스의 성육신, 육체 구원의 신학은 총괄갱신론으로 종합된다. 그것은 그리스도의 사역을 새로운 인간성의 총화로 표현하는 것이다. 이 계획은 하나님의 창조 때부터 계획되어 있는 것이고, 그리스도를 통해 이미 완성되었으나 종말에 완전히 드러난다.

> 한 사람의 불순종으로 인해 죄가 들어왔고 죄를 통해 죽음이 [세상을 : 역주] 장악했다. 또한, 마찬가지로 한 사람의 순종으로 인해 의가 들어왔고, 의가 과거에 죽었던 그 사람 안에 생명의 열매를 맺게 할 것이다. …… 말씀 하나님은 당신 안에 아담을 모아서 아담을 총괄갱신하면서 동정녀 마리아로부터 태어나셨다. …… 첫째 아담이 흙으로 지어졌고 하나님이 그의 창조주인 것처럼, 자기 안에서 총괄갱신하시는 두 번째 아담도 하나님에 의해 사람으로 지어졌고, 그는 첫째 아담의 유형이다. 그러면 하나님은 왜 다시

흙을 취하지 않고 마리아를 통해 육체를 취하셨는가? 그것은 구원받아야 할 새로운 육체를 창조하지 않기 위함이다. 아담 안에 존재했던 그 육체가 그리스도 안에서 완성되어야 하기 때문에 그 유형이 보전된다(Ⅲ.21.10).

이레니우스의 총괄갱신교리에는 창조세계의 구원도 포함된다. 창조세계는 갱신되고 생명력을 회복하며(Ⅴ.32.1, 33.3-4), 하나님께서 설립하신 창조세계의 본성과 본질은 멸망하지 않고 세상적 풍조는 사라지게 된다(Ⅴ.36.1). 하나님의 아들들의 자유 안에서 창조세계도 속박으로부터 자유롭게 된다(Ⅴ.36.3).

이레니우스는 삼위일체론이 완성되기 전에 성령신학을 발전시켰다. 그는 하나님께서 말씀과 성령을 통해 세상을 창조했고(Ⅳ.20.1), 성경도 말씀과 성령에 의해 이루어졌다고 말한다(Ⅱ.28.2). 그리고 종말에 그리스도 안에서 총괄갱신은 성령이 그리스도인과 연합하고 그 안에 거주함으로써 이룰 수 있다(Ⅴ.20.2).

이레니우스의 신학은 역사와 자연을 영적으로 다시 해석하게 했고, 영성의 본질이 지성이 아니라 관계성이라는 것을 회복시켰다. 또한, 육체 구원이 기독교 복음의 본질인 것도 재확인했다. 인간의 운명에 대해 종말론적 총괄갱신이라는 미래적 시각으로 재해석하는 길도 열어 놓았다. 오늘날 창조세계와 생명의 중요성이 재고되는 시대에 이레니우스의 영성은 신선한 지평을 열어 준다.

2. 수덕주의

1) 정의

수덕주의(asceticism)는 '훈련'을 뜻하는 그리스어 동사 '아스케오'(*askeo*) 혹은 명사 '아스케시스'(*askesis*)에서 기원했다. 고대 그리스의 스포츠 '경주자'들은 특별 식이요법과 규칙적이고 엄격한 비밀 훈련을 수행했다. 고대 교회는 '경주자'라는 은유를 통해 영성훈련의 중요성을 표현했다.

> 운동장에서 달음질하는 자들이 다 달릴지라도 오직 상을 받는 사람은 한 사람인 줄을 너희가 알지 못하느냐 너희도 상을 받도록 이와 같이 달음질하라 이기기를 다투는 자마다 모든 일에 절제하나니 그들은 썩을 승리자의 관을 얻고자 하되 우리는 썩지 아니할 것을 얻고자 하노라(고전 9 : 24-25)

초기 기독교인들은 그리스도의 삶을 모방하고, 영적 훈련으로 습관과 기질을 변화시킴으로 영성이 성장한다고 이해했다. 그 훈련 내용은 기도, 성경 명상, 암송, 금식 등이다. 즉, 영성훈련은 성령의 도움과 하나님의 은총을 의존하는 것 외에 인간의 노력과 훈련을 뜻하는 수덕(修德)을 필요로 했다.

2) 묵시사상과 신플라톤주의

기독교 수덕주의의 기원은 유대주의 묵시사상이었다. 그것은 하나님 나라의 통치가 시작될 때 다가오는 거룩한 전쟁을 준비하는 삶이었다. 예를 들면 '에세네파'의 금욕생활이 이런 특징을 갖고 있었는데, 예수님과 사도들에게도 이런 긴장이 발견된다. 예수님은 "자기를 부인하고 자기 십자가를 지고 나를 따를 것이니라"라고 했다(마 16 : 24, 막 8 : 34, 눅 9 : 23). 사도 바울은 임박한 재림을 기대하면서(고전 7 : 26) 주의 일에 전념하기 위해 독신을 선호했다(고전 7 : 32-34). 기독교인들은 이러한 묵시적 금욕 전통을 순교와 연결했다. 순교의 위협에서 흔들림 없는 신앙훈련을 강조하는 추진력은 5세기 후반에 이르기까지 지속되었다.

3세기 신플라톤주의는 기독교 영성가들의 수덕주의와 신비신학에 큰 영향을 끼쳤다. 사막 교부들, 아우구스티누스, 보에티우스, 위-디오니시오스, 단테와 마이스터 에크하르트 등이 이 사상에 영향을 받았다. 신플라톤주의의 주창자 플로티노스(Plotinos)는 204/5년경 알렉산드리아에서 태어나 철학을 공부했고, 로마에 정착해 철학을 가르쳤다. 그의 철학은 존재에 대한 거대 위계질서(물리학)와 내면적 자기성찰의 훈련(윤리학)을 결합한 것이었다.

플로티노스의 위계질서는 가장 높은 곳에 일자(Oneness), 그 아래에 지성(nous)세계가 있고, 영혼은 맨 아래 물질세계에 속한다. 물질세계는 감각과 지각, 논리적 지식, 추론의 영역에 속한다. 고차원적인 지성의 세계는 인식하는 자와 인식되는 것이 하나이고 직관적으로 지식을 아는 영역이다. 플라톤과는 달리 플로티노스는 지성의 세계를 불안하게 보았고, 최고의 자리에 있는 일자가 완전한 단일성의 선(善)이라고 보았다. 단일성은 만물을 생성하지만, 만물에 속하지 않는다. 일자-지성-영혼이라는 위계질서는 유출(하향)과 귀환(상향)의 과정을 통해 서로 연결된다. 유출 과정이란 일자의 힘찬 단일성이 지성으로 넘쳐흐르고 지성은 다시 영혼으로 넘쳐흐르는 것이다. 귀환 과정은 일자가 만물을 끌어당기면서 일어난다. 플로티노스는 일자는 원의 중심이고, 지성은 일자를 중심으로 하는 원이며, '영혼'은 일자의 주위를 회전하는 원이라는 비유로 위계질서를 설명했다.

영혼은 훈련을 통해 일자로 귀환해야 한다. 영혼은 정화(淨化)를 통해 단일성을 되찾고 신성과 동족성(同族性)을 회복해야 한다. 플로티노스는 타락한 영혼 안에는 자의식(중심 이탈성)이 있어서 상승 과정에 방해가 될 수 있다고 생각했다. 따라서 영혼은 자기 내면으로 돌아와서 참된 자아를 회복해 단일성에 이르러야 하는데, 그 방법이 정화다. 정화는 윤리적 정화와 지적 정화로 구별되는데, 윤리적 정화는 영혼을 정념에서 해방시켜 평정(平靜, hesychia)에 이르게 한다. 지적 정화는 영혼의 본래 고향이 지성세계임을 깨닫게 해서 지성과 하나가 되게 한다. 이것은 탐구를 통해서가 아니라 별안간에 깨닫는 것이다. 영혼이 지성세계에 도달하더라도 지성세계는 자신을 초월해 있는 일자를 가리키고 있다. 지성세계의 아름다움은 그 위의 일자에서 빌려 온 것이다. 이제부터 영혼은 스스로 할 수 있는 것이 하나도 없다. 영혼은 지성의 파도 꼭대기에 휩쓸려 별안간 자기도 모르게 일자에 이끌려 자기 밖으로 나간다. 이렇게 해서 영혼은 고향으로 돌아가게 된다.

신플라톤주의는 기독교와는 다른 고대 철학사상이다. 일자는 자기를 찾아 헤매는 영혼에 대해 전혀 관심이 없다. 또한, 영혼은 다른 영혼의 구원에 관심을 두지 않는다.[3] 신플라톤주의는 하나님의 은총과 공동체가 없는 철저한 개인 영혼 구원에 집착하는 이교사상이지만, 그 구조와 운동 원리는 영성신학에 큰 영향을 끼쳤다.

---

3) Andrew Louth, 『서양 신비사상의 기원』, 배성옥 옮김 (왜관 : 분도출판사, 2001), 89.

3) 고대 교부들의 사례

(1) 알렉산드리아의 클레멘스와 오리게네스

2세기 알렉산드리아의 클레멘스(150-215)는 금욕훈련을 영적 순교로 보았고, 그것이 문자적 순교를 요구하는 순간적 신념보다 고상하다고 했다. 알렉산드리아의 오리게네스(185-254)는 10대의 어린 나이로 아버지와 함께 순교하려 했으나 어머니가 옷을 감추어 밖에 나가지 못해 순교를 면했다. 그리고 18세에 신학과 성경을 교육하는 선생이 되었다. 그는 문자적 순교는 실패했으나 일상의 순교를 위해 자신을 거세했고, 최소한의 수면과 음식으로 철저하게 금욕생활을 했다.

오리게네스는 천재적인 공헌에도 불구하고 신플라톤주의 영향 때문에 네 가지의 이단사상을 생산했다. 첫째, 말씀을 하나님과 인간 영혼의 중재자로 해석했다. 말씀은 하나님을 관상해서 신성을 유지하고, 영혼은 말씀을 관상해서 하나님에게 참여한다는 것이다. 둘째, 영혼은 관상을 통해 하나님께로 상승해서 신성을 회복한다. 셋째, 영혼은 존재론적으로 하나님의 본성과 일치할 수 있다. 넷째, 이중 창조설을 가르쳤다. 하나님은 영의 세계를 먼저 창조했고, 영적 존재들이 타락한 후 그들에게 회복의 기회를 주기 위해 물질세계를 창조했다는 것이다. 이러한 사상은 성자를 성부보다 열등하게 여기는 종속론을 낳았고, 훗날 아리우스주의 이단사상의 원인이 되었다. 그리고 영혼이 하나님과 본성적 일치를 이룰 수 있다는 생각은 신비주의 이단사상의 실마리가 되었다. 그의 이중 창조론은 물질세계를 열등하게 여기는 영-육 이원론과도 통한다.

오리게네스는 영혼이 육체를 벗어나 지성 혹은 영적 실재와 사귐으로 들어가는 초기 과정에서 금욕을 통한 정화가 필요하다고 보았다. 그리고 헬레니즘의 윤리학, 자연학, 형이상학이라는 학문의 발전 단계를 기독교 영성에 적용해서 세 단계의 모델을 구상했는데, 이것은 후에 정화, 조명, 연합으로 발전했다.

〈표 6〉 시대별 영성 발전의 세 단계 이해

	헬레니즘	오리게네스		에바그리오스		중세/신비주의
3	형이상학	관상적 차원	관상(아가)	신학	관상	연합
2	자연학	본성적 차원	지적 관찰(전도서)	자연학	자연 관찰	조명
1	윤리학	도덕적 차원	행위와 관계(잠언)	실천학	평정	정화

오리게네스의 수덕주의는 신학적으로 두 가지 문제가 있다. 첫째, 금욕은 초기 단계에서 다음 단계로 상승하는 도덕적 투쟁을 뜻한다. 둘째, 신앙공동체 안에서 주어지는 새로운 삶보다도 개인의 자기부정을 이루려는 내적 투쟁에 집착한다. 완전을 추구하는 금욕주의는 율법주의가 되고 결국 자기부정에 몰두하면서 투쟁하는 자신을 왕좌에 앉게 하는 모순을 낳는다.[4]

오리게네스의 신비신학은 동방 전통에서 니싸의 그레고리오(Gregorios of Nyssa),[5] 위-디오니시오스(Pseudo-Dionysius)와 동서방의 수도원 운동에 영향을 주었다.

---

4) "Ascetical Theology" and "Asceticism," *NWDCS*, 130-131.
5) 서방 교부들의 명칭은 라틴어식(그레고리우스)으로, 동방 교부들의 명칭은 그리스어식(그레고리오)으로 표기한다.

(2) 테르툴리아누스

알렉산드리아의 클레멘스와 같은 시기에 북아프리카 카르타고에는 서방 삼위일체 신학의 기초를 놓은 테르툴리아누스(Tertullianus, 155-240?)가 살았다. 그는 세상과 분리되는 엄격주의 영성을 지향했다. 그는 세례 받은 후에 지은 죄는 용서받을 수 없다고 했고, 재혼을 반대했다. 그는 카르타고의 이교 문화가 우상숭배와 육체의 쾌락을 추구했기에 "세상과 육과 마귀"로부터 완전히 결별해야 한다고 주장했다. 그리고 "예루살렘과 아테네가 무슨 상관이 있느냐?"라고 했는데, 신학 진리는 그리스도로부터 오며 철학의 영향을 받지 않아야 한다는 뜻이다.

테르툴리아누스는 로마 가톨릭교회가 자신이 기대하는 윤리적 엄격함에 미치지 못했기 때문에, 몬타누스 이단의 윤리적 엄격주의에 매료되어 거기에 합류했다. 테르툴리아누스의 금욕주의 영성은 몇 가지 문제가 발견된다. 첫째, 그는 창조세계의 선함과 경이로움에 대한 성경적 이해를 놓쳤다. 둘째, 문화의 어두운 측면만을 보고 배척했기 때문에 복음이 문화 속에 체화(體化)한다는 점을 간과했다. 비록 창조세계와 문화 안에 악이 활동하지만 선한 요소를 복음과 연결하는 것은 신학적으로 중요한 과제다. 또 시대의 철학 사상의 영향이 완전히 배제된 신학은 존재할 수 없다. 오히려 그것을 이해하고 그것을 통해 복음을 변증하는 것도 신학의 중요한 책임이다.

(3) 아타나시오스[6]

알렉산드리아의 주교 아타나시오스(Athanasios of Alexandria, 296-373)

---

[6] 서방 교부들의 명칭은 라틴어식(아타나시우스)으로, 동방 교부들의 명칭은 그리스어식(아타나시오스)으로 표기한다.

는 아리우스주의와 투쟁하면서 성자가 육신을 입은 하나님이라는 니케아 신조를 옹호했다. 그는 『말씀의 성육신』(The Incarnation of the Word)에서 하나님께서 육체가 없는 말씀으로 인간을 구원하게 되면 은혜가 인간 안에 내면화될 수 없고 또한 인간의 역사는 범죄와 사죄의 지루한 연속이 계속 될 것이라고 보았다. 따라서 그는 성자이신 하나님께서 육체로 인간의 삶을 살면서 죄악의 역사를 끝냈고, 그 결과로 그리스도와 같은 몸을 가진 인간은 성자 안에서 '하나님의 형상'을 회복하는 '신화'(神化)가 가능하게 되었다고 주장했다.[7] 아타나시오스는 세 번째 유배(356-362) 중 피난처를 제공한 수도원에 머물면서 이집트 사막의 교부 안토니(St. Anthony, 251-356)를 만났고, 『성 안토니의 생애』(357/358)를 기록했다. 그는 안토니의 모델을 통해 수덕주의와 신화의 중요성을 교회에 정착시키려고 했다.

(4) 에바그리오스 폰티코스

4세기 이후 수덕주의는 수도원운동으로 계승되었다. 콘스탄티노플의 사제며 신학자인 에바그리오스(Evagrios Ponticos, 345-399)는 사막 교부 중 하나로 수덕신학의 선구자다. 그는 오리게네스, 바실레이오스, 나지안주스의 그레고리오에게 배웠고, 후에 마카리오스(Macarios of Egypt, 300-391)에게도 배웠다. 사막의 수사는 물질로부터 자유롭지만, 고독 속에서 생각과 싸워야 했다. 따라서 악령이 일으키는 생각과 전투하는 것이 수덕생활의 핵심이었다.[8]

---

7) Athanasius, The Incarnation of the Word, in Nicene and Post Nicene Fathers Series Ⅱ, Volume 4, ed. Philip Sharff (Grand Rapids, MI : Christian Classics Ethereal Library, 2001). 다음을 보라. 7.4, 8.3-4, 13.7-9, 54.3.
8) 허성석, "머릿말에 대한 영적 해석," Evagrio Fontico, 『안티레티코스 : 악한 생각과의 싸움』, 허성석 옮김 (왜관 : 분도출판사, 2015), 39.

에바그리오스는 오리게네스의 영성 발전의 세 단계 모델을 실천학-자연학-신학으로 수정했다. 그는 영성 발전의 첫 단계 실천학에서 영혼이 '정념'(情念)으로 혼란을 겪지 않는 '평정'(hesychia)에 도달해야 하고, 둘째 단계 자연학에서 창조세계에 대한 조명으로 상승해야 하며, 셋째 단계 신학에서 삼위일체 하나님과 연합에 이르는 관상의 상태가 된다고 말한다.[9]

그는 부정의 방법으로 하나님을 설명했다. 에바그리오스는 사색적 신플라톤주의와 사막 수도원의 실행을 결합해서 무정념적인 관상기도에 대해 가르쳤다. 이것은 동방교회의 영성에 오랫동안 절대적인 영향을 끼쳤다.

에바그리오스에 따르면, 인간의 지성($\nu o\nu\varsigma$, 영혼)은 기도를 통해 하나님과 교제하는 것이 자연적이고 최종 목적이다. 그러나 기도를 하기 위해 지성은 영혼의 하부에서 나오는 모든 잡념에서 벗어나 흔들림 없이 집중할 수 있어야 한다.[10] 에바그리오스의 『안티레티코스』는 기도를 방해하는 '8개의 잡념'을 규정해서 영성신학에 크게 공헌했다. 그 잡념들은 셋으로 분류되는데, 첫째, 육체적 욕망에 해당하는 탐식, 음욕, 탐욕은 기도를 방해한다. 둘째, 슬픔, 분노, 아케디아(나태)는 기도할 수 없게 만든다. 셋째, 영적인 부분인 헛된 영광과 교만은 기도의 목표에 도달했다는 착각을 일으키게 한다.

---

9) Andrew Louth, 『서양 신비사상의 기원』, 156-170.
10) "Asceticism," *NWDCS*, 131.

<표 7> 기도를 방해하는 8개의 잡념

영적인 부분	헛된 영광, 교만	기도의 목표에 도달했다는 착각
감정적 부분	슬픔, 분노, 나태	기도 불가
욕망의 부분	탐식, 음욕, 탐욕	기도 방해

에바그리오스는 악령이 생각과 욕정으로 수사들을 공격할 때 대처할 수 있는 그리스도의 모범을 찾았다. 주님은 유혹자와 논쟁하지 않고 하나님의 말씀으로 단순하게 대적했다. 『안티레티코스』는 원수의 유혹에 대해 유형에 따라 단번에 물리칠 수 있는 성경 본문을 모은 것이다. 단음절 기도처럼 성경 본문으로 기도하기 위함이다. 에바그리오스는 다음의 원리를 강조했다. 첫째, 불순한 생각을 몰아내는 방법은 성경 독서다. 규칙적으로 읽고 '되새김질'한다. 둘째, 노동 중에 기억해 둔 하나님의 말씀을 관상적 방법으로 반복한다. 셋째, 말씀을 짧고 강력한 기도로 바꾼다. 넷째, 성경의 영적 신비적 의미를 개인적 차원으로 내면화한다.[11]

수덕은 이러한 잡념을 진정시키고 무정념의 상태에 도달해 관상생활을 하도록 돕는다. 에바그리오스의 관상 이해는 신플라톤주의의 영향 때문에 기독론이 약한 문제점이 있었다. 그러나 기도를 통해 지성의 탈물질화, 혹은 지성의 고유한 역할의 회복을 추구했다.

(5) 에프렘(St. Ephrem the Syrian, 306-373)

고대 기독교에서는 서방 라틴 전통과 동방 알렉산드리아와는 다른 독특한 시리아 영성 전통이 발전했다. 고대 시리아는 오늘날 동부 터키, 시

---

11) 허성식, "서문," "머리말에 대한 영적 해석," 『안티레티코스』, 10-11, 43-44.

리아, 이란과 이라크 북부 지역을 포함하는 광범위한 지역이었고, 교회의 중심지는 안디옥과 에데사였다. 고대 시리아는 로마와 페르시아 사이에서 고통을 받았으나, 이곳에서 양측의 신학적, 영적인 상호교류가 일어나기도 했다.

시리아에서 기독교가 어떻게 시작되었는지 그 출발은 불분명하다. 아마도 유대 기독교인들이 금욕주의적 경향을 지닌 복음을 시리아에 전한 것으로 추정한다. 시리아 기독교의 초기 문서인 『도마행전』(Acts of Judas Thomas)과 『솔로몬의 송가』(Odes of Solomon)는 강한 금욕주의적 요소를 갖고 있다. 『도마행전』은 동정성과 독신을 강조한다. 정통 문서로 인정된 『입문서』(the Book of Steps)는 '의인'과 '완전자'를 구분한다. 의인은 일상생활을 하면서 신앙을 지키는 사람으로 성령의 담보를 가진 사람이고, 완전자는 모든 것을 포기하고 금욕생활을 하는 성령이 충만한 사람이다.

시리아 영성 전통의 두 대표자는 페르시아의 현자인 아프라핫(Aphrahat)과 로마의 동쪽 국경 지역 니시비스(Nisibis)의 에프렘이다. 아프라핫은 금욕, 기도, 성례(세례와 성찬)를 통한 청결한 마음의 영성을 강조했다. 또한, 성령의 역할을 강조해서 영적 신비주의 발전에 공헌했다.

363년 페르시아의 샤푸르 2세가 로마의 율리아누스와의 전쟁에서 승리한 후 니시비스를 정복했다. 시리아의 기독교인들은 추방되어 에데사로 이주했고, 에프렘은 인생의 남은 10년을 이곳에서 보냈다. 에프렘의 신학 방식은 아프라핫보다 훨씬 창조적이었다. 또한 시리아어로 성경 주석, 이단 논박, 찬송시(Madrashe)를 썼다. 탁월한 신앙시인이었던 그는 대구법을 사용해서 정교한 운율에 맞춰 시를 썼다. 에프렘은 초월자이면서 내재하시는 하나님의 역설을 표현하기 위해 '상징'(신비)과 '예형'의 방법을 사용했다. 그의 신학은 하나님의 창조세계를 통해 그의 신비를 읽는 "창조신학"이고, 상징으로 성경을 인용하며 노래하는 "성서신학"이다.[12] 그리고 구약은 신약의 메시아를 보여 주는 예형으로 본다. 특히 성례가 하나님의 임재와 능력을 표현하는 본질적 요소라고 보았다. 자연과 성서를 통해, 기도와 관상을 통해 하나님을 발견하고 인간의 자유의지를 사용해서 그리스도를 본받는 신화의 길을 모색했다.

에프렘은 금욕적 여성 공동체(언약의 딸들)로 찬양대를 조직해서 예배 때 찬송시로 노래하게 했고, 세례 후 교육(Mystagogy)을 통해 신앙인들의 예배, 예전, 영성생활을 풍요롭게 했다.[13] 에프렘 영성의 중심에는 성령 신비주의가 있었다. 그는 성령께서 인간의 영성을 몸의 단계, 혼의 단계 그리고 영의 단계로 발전시키고, 부활 이후에는 성령 안으로 흡수한다고 보았다. 이러한 점진적 신화는 금욕, 명상, 기도, 그리고 성례를 통해 성취되는 것으로 보았다.

에프렘은 자신의 상징신학과 에바그리오스의 부정신학을 연결했다. 하나님을 향해 부정의 접근을 시도한 에프렘의 시, 낙원의 찬가 11편 6~7절을 읽어 보자.

> 사람들이 그분의 위대하심에서 빌려 온 낱말들을* 혼동하여 낚아 쓰고
> 자신들을 도우려고 빌려 입은 낱말들이*
> 그분의 위대하심을 욕되게 모욕하면,
> 이는 높은 곳에서 철부지 아이로 낮추신
> 그분의 선하심에 배은망덕함이로다.

---

[12] 이환진, "4세기 시리아 교회의 시인 신학자 에프렘,"「기독교사상」730(2019.10) : 90-91.
[13] 김정, "초대 시리아 기독교의 세례와 금욕주의,"「신학과 실천」41(2014.9) : 54.

그 낱말들이 그분의 위엄과 같지 않지만

어린아이는 그분의 모상을 입고 그분의 위대하신 모상으로 인도하네.

이런 어휘들로* 그대의 앎이 혼란에 빠지지 않게 하세.

낙원은 그대에게 친숙한 이들의 어휘들로* 옷을 입었고

그대의 모상으로 옷을 입었으니 그렇게 빈곤하지는 않으리.

그대의 본성은 너무나 연약하여 그분의 위대하심을 포착할 수는 없으리.

그분의 아름다움이 많이 쇠잔한 듯이 보이는 까닭은

그대에게 친숙한 이들의 연약한 색깔로 그려졌기 때문이로다.[14]

4) 건강한 금욕의 기준

고대 기독교의 금욕은 순교와 관련이 있었다. 초기 기독교인은 순교의 현실에서 자신들은 '외국인과 나그네'라는 것을 인식했고, 하나님이 계획하시고 지으실 터가 있는 성을 소망했다(히 11 : 10, 13, 엡 2 : 19). 다양한 형태의 수덕주의는 이러한 자각에서 나온 것이다.

하지만 앞에서 살펴보았듯이 극단적 금욕주의에는 이원론, 분리주의, 개인주의, 공로주의, 엄격주의 같은 문제점들이 있다. 영성생활에서 성경에 근거한 건강한 금욕의 기준이 필요하다. 그 방법은 첫째, 하나님이 지으신 창조세계의 본디 선함, 몸의 선함, 성(性)의 선함을 긍정하는 금욕이다(창 1 : 31, 딤전 4 : 4). 그렇지 않으면, 몸과 물질을 악하게 보는 영지주의에 빠지게 된다. 둘째, 더 가치 있는 것을 위해 자신이 좋아하는 것을

---

14) 이수민 역주, 『마르 에프렘의 낙원의 찬가』(의정부 : 한님성서연구소, 2010), 167. 시에서 사용된 "낱말들", "어휘들"은 성경에서 사용된 하나님의 이름인데, 훗날 위-디오니시오스는 『신명론』(The Divine Names)에서 성서에 사용된 하나님의 명칭을 상징과 예형의 의미로 다룬다.

포기하는 것이다(마 6 : 24, 눅 18 : 28-29). 하나님과 더 깊은 교제를 나누기 위해 육신의 편안과 배부름을 포기할 수 있다면 그것은 훌륭한 금욕이다. 욕심에서 자유롭기 위해 물질의 일부를 포기한다면 그 또한 영적인 선택이다. 셋째, 타인에게 봉사할 수 있도록 영적 자유를 얻는 금욕이다(롬 14 : 1, 5, 13). 금욕으로 인해 자신과 이웃을 부자유하게 만든다면 영적인 것이 될 수 없다. 넷째, 값없이 주어진 하나님의 은총에 대한 감사의 금욕이다(마 6 : 18). 금욕을 공로로 삼아 하나님의 사랑과 이익을 얻으려 하면 율법주의적 금욕이 된다. 그것은 개인의 공로를 중시하고 하나님의 은혜를 경시하는 것이 된다. 영적 경주를 위해 금욕을 훈련하는 것은 바람직하지만, 자기 성취를 이루기 위한 필사적인 속박이 되지 않아야 한다.

3. 사막 교부와 초기 수도회

콘스탄티누스 황제의 기독교 공인(313)은 기독교 영성사에서 대단히 중요한 변화를 초래했다. 순교의 시대가 끝나고 교회는 국가의 공적 기관이 되었다. 교회는 이 시기에 니케아 신조(325)와 니케아-콘스탄티노플 신조(381)를 결정했다.

교회는 새로운 종류의 영적 위기인 자기만족, 기계적 성례, 영적 무기력과 싸워야 했다. 다른 말로 하면 이것은 문화 기독교의 위협이었다. 이에 대해 신앙적 저항이 일어났다. 기독교인의 일부는 사막의 교부 안토니의 본을 따라 개인적으로 혹은 집단적으로 이집트, 팔레스타인, 시리아, 카파도키아의 사막으로 들어갔다. 사막은 기독교의 종교적 이상을 찾는 비전과 두려움의 장소였다. 그들은 하나님을 찾았고, 악마와 싸웠고, 기도했고, 성경을 명상했으며, 금욕훈련(금식과 가난)을 실천했다. 사막의 영성 전통은 순교 영성과 수덕 영성을 계승하면서 새로운 조건 아래 제자직의 표준을 유지하려고 했다.

수도원 운동은 이러한 사막 영성을 계승했다. 동서방의 수도원 전통을 처음 형성한 곳은 아프리카였고, 아시아와 유럽으로 확산되었다. 훗날 수도원생활이 사막이 아닌 마을에서, 독거가 아닌 공동생활로 변화했지만, 수사는 도시생활, 권력과 부를 버리고 하나님을 찾는 길을 택한다는 점에서 사막 영성을 계승했다. 하나님을 위해 가장 좋은 것을 버리는 것은 신앙을 증언하는 최고의 방식이었다.

수사의 최종 목적은 '그리스도를 본받는'(*imitatio Christi*) 것이었다. 수사는 거룩한 삶을 통해 인간의 한계에 도전하는 영적 경주자로 여겨졌다. 그들은 문자적으로 예수님의 명령을 실천하면서 예수님의 삶을 모방했다.

천국을 위하여 스스로 된 고자도 있도다(마 19 : 12)

가서 네게 있는 것을 다 팔아 가난한 자들에게 주라 …… 그리고 와서 나를 따르라(막 10 : 21)

여행을 위하여 지팡이 외에는 양식이나 배낭이나 전대의 돈이나 아무것도 가지지 말며 신만 신고 두 벌 옷도 입지 말라(막 6 : 8-9)

여우도 굴이 있고 공중의 새도 거처가 있으되 인자는 머리 둘 곳이 없다(마 8 : 20)

1) 안토니

알렉산드리아의 주교 아타나시오스는 수사들이 안토니의 생애를 모방하기를 바라는 마음으로 『성 안토니의 생애』를 기록했다. 안토니는 고대 이집트 콥트인으로 부잣집에서 태어났다. 18~20세쯤 부모가 사망하자 그는 성경의 말씀(마 4 : 20, 행 4 : 35, 마 19 : 21, 6 : 34)에 문자적으로 순종해서 가난한 사람들에게 재산을 나눠 주고 제자의 길을 따라갔다. 그는 마을 근처에서 은둔자를 모방하며 노동하고 기도했다. 선한 사람을 찾아 다니며 그들의 영적 장점을 배웠고, 그것을 종합했다. 안토니는 사탄이 주는 생각의 유혹, 육체의 연약함, 정욕의 공격과 투쟁하면서 승리했다. 이 책은 모든 영적 승리는 그리스도께서 이루신 것이라는 점을 강조한다. 안토니는 더 가혹한 방식으로 훈련한다. 철야하고 빵과 소금으로 식사하며 맨땅에서 잠을 잤다. "덕의 진보와 그것을 이루기 위해 세상에서 물러남은 시간의 문제가 아니라 목적을 향한 열망과 굳건함이다."[15]

그는 마을에서 멀리 떨어진 무덤에 들어가 사탄과 전투했다. 엄청난 고문과 고통을 받아 죽게 되었으나 영적 전투를 포기하지 않았고, 승리한 후 비전으로 주님을 만났다. 그의 나이 35세였다. 안토니의 질문과 주님의 답변은 다음과 같다.[16]

"내가 고난 중에 있을 때 왜 처음부터 나타나지 않으셨는가?"
"나는 처음부터 너와 함께 있었고 네가 싸우는 모습을 지켜보았다. 잘 견디고 패배하지 않았기에 너를 도와줄 것이고 너의 이름이 모든 곳에 알려지

---

15) St. Athanasius of Alexandria, *The Life of St. Anthony*, tr. H. Ellershaw (Philadelphia : Dalcassian Publishing Co., 2017), 10.
16) Ibid., 11.

게 될 것이다."

안토니는 더 먼 사막으로 들어갔다. 나일강 건너 폐허가 된 요새에서 20년간 사탄과 싸웠다. 안토니를 모방하려는 사람들이 늘어났고, 그의 봉쇄 처소가 개방되었다. 그가 밖에 나왔을 때 과거 청년의 모습을 그대로 유지하고 있었다. 은둔자로서 자신을 훈련하며 단순하게 살았지만, 사람들이 도움과 조언을 구할 때는 그들을 위해 봉사하고, 병자를 치료했으며, 귀신을 추방했다. 이것은 영적 수행의 목적이 자기만의 완성이 아니라 이웃 사랑이라는 것을 나타낸다. 그가 머물렀던 사막의 산에는 수실(修室, cell)이 늘어났고, 그는 많은 수사의 아버지가 되었다. 그렇게 새로운 기독교 영성 수도생활이 시작되었다.

아타나시오스는 안토니를 죽음과 마귀를 이긴 예수 그리스도를 닮은 사람으로 묘사했다. 사막은 사탄의 거처이고, 살기 힘든 반역의 장소이기에 수사가 시험당하고 정화되고 온전해지는 장소로 적합한 곳이다. 사막에서 수사의 투쟁은 사탄의 정사와 권세에 대적하는 것이고, 영혼의 깊은 곳으로 내려가서 하나님을 만나는 여정이다. 안토니는 사탄의 본토인 사막에서 그리스도의 도우심과 현존을 의지해서 전 생애와 에너지를 사탄과 투쟁하는 데 사용했다. 아타나시오스의 목적은 그리스도의 승리의 능력이 인간 안에서 신화를 가능하게 한다는 것을 보여 주는 것이었다. 그러나 개인의 의지도 중요하게 부각된다는 점에서 동방교회의 영성이 잘 드러난다. 사막 영성이 지닌 시험과 정화의 이미지는 아포파틱 영성과 조화를 이룬다.

2) 수도생활의 형태

초기 사막의 수사는 금욕을 실천하는 은수자(隱修者, hermit)였다. 점차 은수자들의 수도공동체가 출현했는데, 대표적인 것이 이집트 '스케테' 수도원(Skete monastery)이다. '스케테'는 이집트 북부 나일강 서쪽 스케티스 계곡(Scetis Valley)에서 온 콥틱어다. 이곳의 수사는 격리된 공간이나 동굴에 기거하면서 가끔 함께 모였다. 스케테 수도원의 대표적인 인물은 마카리오스(Macarios)였다. 그 후 공동체생활을 강조하는 '케노비틱' 수도원(cenobitic monastery)이 등장했다. '케노비틱'은 그리스어 '코이노스'(*koinos*)와 '바이오스'(*bios*)의 합성어로 '공동생활'(共住)을 뜻한다. 서방 전통에서는 공동생활을 하는 수도원을 '종단'(Religious order)으로 표현한다.

3) 파코미오스

파코미오스(Pachomios, 292-348)는 이집트 사막에서 처음 수도원공동체 운동을 시작해서, '공동생활 수도원의 아버지'라는 명칭을 얻었다. 본래 로마 군인이었던 그는 314년 회심하고 세례를 받았다. 그후 사막에서 은수자로 살면서 안토니를 모방했다. 파코미오스는 많은 수사가 엄격한 은수생활에 적응하지 못하는 것을 보고 318~323년 어간에 이집트 북부 나일강 근처 타베니시(Tabennisi)에 공동생활 수도원을 세웠고, 그곳에 필요한 『수도규칙』을 기록했다. 수도규칙에서 가장 필요한 것은 공동체의 질서를 유지하는 데 필요한 순종과 가난의 영성이었다. 그의 금욕적 수도규칙은 서방의 온건한 베네딕토 수도규칙과 대조를 이룬다. 수사들은 파코미오스를 '압바'(Abba)라고 칭했는데, 이 말은 후에 대수도원장(abbot)을 지칭하는 말이 되었다.

4) 카파도키아의 세 교부

대 바실레이오스, 그의 동생 니싸의 그레고리오, 나지안주스의 그레고리오, 바실레이오스와 니싸의 그레고리오 형제의 누나 마크리나(Macrina), 네 사람은 카파도키아의 교부로 알려졌는데, 4세기 소아시아의 수덕신학의 중심인물이다. 특별히 카파도키아의 여성 수덕 수도원을 이끌었던 마크리나는 동생 둘을 수사의 길로 인도했다.

(1) 대 바실레이오스

카이사레아의 주교 바실레이오스(Basileios of Caesarea, 330-379)는 파코미오스의 영향을 받아서 카이사레아에서 수도원 운동을 발전시켰다. 그는 부유한 순교자 가정에서 태어났고, 카파도키아와 콘스탄티노플에서 법을 공부하고 수사학을 가르쳤다. 은수자 세바스테 유스타티오스(Eustathios of Sebaste)를 만난 후 회심하고 세례를 받았다. 그는 357년 팔레스타인, 이집트, 시리아, 메소포타미아를 순례하면서 금욕주의와 수도원 운동을 공부했고, 재산을 팔아 가난한 사람들에게 나눠 주고 수사가 되었다. 바실레이오스는 완덕에 이르기 위해서는 독수(獨修)생활보다 공주(共住) 수도원이 우월하다고 생각해서 358년에 수도원을 설립했다. 그는 기도, 노동, 공동체생활에 중점을 둔 『수도규칙』을 썼다.

초기 공동체 수도원에서 중요한 규칙은 노동, 순종, 가난이었다. 노동은 자신의 생계를 해결하고 다른 사람을 돕는 중요한 수단이었다. 밧줄, 광주리와 담요를 제작했다. 순종은 감사로 자아를 죽이고 공동생활에서 영적 은사를 나누는 데 중요한 덕목이었다. 수사 공동체는 가난의 규범을 정하고 서로 순종함으로써 가난의 이상을 실현해 나갔다. 바실레이오스의 『수도규칙』은 동방 수도원의 중심 원리가 되었고, 그는 동방 수도원의 아버지로 알려졌다. 그의 저술은 실천적, 윤리적(수덕적) 신학을 강조했다.

바실레이오스는 삼위일체 교리를 확정한 니케아-콘스탄티노플 신조의 형성 과정에 크게 이바지했다. 그는 나지안주스의 그레고리오를 수도원으로 초대해서 오리게네스의 작품을 함께 연구했다. 그는 영적 성장을 '하나님의 형상'을 회복하는 것으로 이해했고, 영성에서 '부정의 방법'을 선호했다. 바실레이오스 영성의 중심은 '기억'이다. "기억을 통해 우리는 하나님과 연합한다."[17] 기도, 성경, 예전, 성찬에서 기억의 역할은 "우리를 사랑으로 인도하고, 사랑은 말씀에 순종하게 하고, 우리를 보전한다".[18]

(2) 나지안주스의 그레고리오

나지안주스의 그레고리오(Gregorios of Nazianzus, 329-390)는 수도원주의 이론가로서 높은 차원의 사색적인 신학을 전개했다. 그는 바실레이오스와는 달리 수사에게 육체노동이 꼭 필요한 것은 아니며, 오히려 독서와 지적인 문화가 필요하다고 보았다. 그는 오리게네스의 신비신학 사상에 큰 영향을 받아서, 영적 생활이란 물질생활을 떠나서 영적인 빛과 정화를 향해 가는 여정이라고 생각했다. 그는 아리우스주의와 투쟁한 정통파의 강력한 지지자였고, 콘스탄티노플 공의회(381) 기간에 잠시 회의를 주재했다. 그는 영성과 신학을 결합하는 데 탁월한 재능을 보였고, 삼위일체 개념 안에서 성령론을 발전시켰다. 그는 성령과 성자의 동일본질을 주장해서 삼위일체 발전에 이바지했다(『성령론』 14, 16, 27).[19] 사람들

---

17) Longer Rule 5 in Augustine Homes, *A Life of Pleasing God : The Spirituality of The Rules of St Basil* (Kalamazoo, Michigan : Cistercian Publication, 2000), 109.

18) Ibid., 111.

19) Gregory of Nazianzen, *On the Holy Spirit* in *Nicene and Post-Nicene Fathers Series II Volume 7* (Grand Rapids, MI : Christian Classics Ethereal Library, 2001).

이 처음부터 삼위일체를 이해할 수 없기에 구약에서는 성부를, 신약에서는 성자를 그리고 성령을 점진적으로 깨닫게 했다고 한다(『성령론』 26). 그는 또한 신화로 알려진 동방정교회의 구원론에서 인간의 존재론적 변형을 이해하는 데 성령신학을 중요하게 생각했다. 인간이 신화에 참여하는 것은 운명이나 본성이나 의지에 의해서가 아니라 성령의 사역으로 하나님의 영원한 생명에 참여하는 것이라고 주장했다(『성령론』 19, 『성령강림』 9).[20]

(3) 니싸의 그레고리오

니싸의 그레고리오(Gregorios of Nyssa, 335-395)는 최초로 부정신학을 발전시킨 동방의 교부다. 그는 바실레이오스의 인도로 사제가 되었고, 그 후 니싸의 주교가 되었다. 376년 아리우스파에 의해 주교직에서 폐위되었고 2년간 망명생활을 한 후 복귀했다. 379년 바실레이오스가 죽은 후 그는 삼위일체 교리를 변증했고, 동방정교회의 정통신학을 결정하는 최고의 신학자이자 영성가로 인정받았다. 그의 대표작은 『모세의 생애』(*The Life of Moses*)와 『아가서 주석』(*Homilies on the Song of Songs*)이다. 『모세의 생애』는 두 권으로 첫째는 '덕의 완성'이고, 둘째는 '관상'으로 구성되었다. 그레고리오는 중기 플라톤주의와 스토아 철학의 개념을 사용해서 단계와 상승이라는 관점에서 관상의 여정을 설명했는데, 오리게네스와는 대조적으로 그 여정은 빛이 아닌 어둠을 향한 여행이었다. 그레고리오는 모세가 하나님과 만나기 위해 더 깊은 어둠의 구름으로 들어간 것을 영성 여정의 은유로 사용했다.[21] 『아가서 주석』에서도 마찬가지로 하나님이

---

20) Gregory of Nazianzen, *On Pentecost* in Ibid.
21) Gregory of Nyssa, *The Life of Moses*, tr. Abraham J. Malhebre et al. (NY : Paulist Press, 1978), 41-43, 46, 94-96.

경험되는 관상적 상승의 절정은 하나님을 알 수 없는 깊은 어둠이다. 따라서 영적 여정은 완전을 향해 진전하지만 결코 완전에 도달할 수 없는 과정이다. 이것은 정교회 신학에서 하나님과 인간의 본질상 질적 차이를 설명하는 데 중요한 기초가 된다. 니싸의 그레고리오의 부정신학은 오리게네스의 사상과 함께 5세기 후반에 위-디오니시오스(Pseudo-Dionysius)의 사상과 결합되어 동서방의 신비신학과 영성에 막대한 영향을 끼쳤다.

5) 요하네스 카시아누스

카시아누스(Ioannes Cassianus, 360-453)는 지금의 루마니아에 속하는 소스키디아(Schydia Minor)의 부유한 가정에서 태어나 좋은 교육을 받았다. 청소년기에 친구 게르마누스와 함께 팔레스타인으로 가서 3년간 베들레헴에서 은수자생활을 했고, 이집트 스케테 사막에 가서 많은 수도단체를 방문하고 공부했다. 카시아누스는 그곳에서 에바그리오스의 영향을 받았다. 399년 그는 콘스탄티노플의 총대주교 요하네스 크리소스토모스(St. Ioannes Chrysostomos)와 합류했고, 404년 크리소스토모스가 망명할 때 함께 로마로 왔다. 카시아누스는 414년 프랑스 마르세유에 이집트 스타일의 수도원을 설립했고, 에바그리오스의 부정신학을 서방교회로 전했다. 누르시아의 베네딕토는 카시아누스의 저술을 거룩한 책으로 지정하고 수사들에게 읽게 했다. 그를 통해 이집트의 오리게네스주의와 서방의 수도원 운동이 교차-문화적으로 만나게 되었다.

4. 신비주의

1) 정의

신비주의(mysticism)란 궁극적인 존재와 연합하는 것을 목적으로 삼는 영성의 형태다. 신비주의라는 단어는 그리스어 '무오'($\mu\upsilon\omega$)에서 기원했는데 '숨기다'라는 의미가 있다. 즉, '신비'는 진리에 접근하기가 어렵다는 뜻이다. 고대 헬레니즘 시대에서 신비는 비밀스러운 종교 예전을 의미했다. 그래서 그리스어 '미스티코스'($\mu\upsilon\sigma\tau\iota\kappa\acute{o}\varsigma$, 초보자), '미스테리온'($\mu\upsilon\sigma\tau\acute{\eta}\rho\iota o\nu$, 숨겨진 것), '미스테스'($\mu\acute{\upsilon}\sigma\tau\eta\varsigma$, 신비의 입문자)는 고대 그리스 신비 종교에서 사용되었던 용어들이다.

정통적 기독교 신비주의의 본질은 하나님과 연합 혹은 교제를 통해 하나님을 체험하는 것이다. 부정적인 관점에서 신비적 연합은 영혼이 하나님과 본성적으로 동화되어 하나님 안에서 자아를 상실한 상태를 말한다. 자아를 상실한 하나님과의 연합은 영혼을 하나님 본성의 일부로 보는 것으로 창조신앙에 위배된다. 또한, 자아 상실 상태는 도덕적 책임감이 없어서 기독교 윤리와 충돌한다. 기독교 신비신학자들은 영혼과 하나님의 연합을 영적 교제로 이해한다. 교제(*koinonia*)는 서로 다른 인격이 사랑의 관계성을 갖는 것을 의미한다.

2) 초대교회의 신비주의 이해

신약성경에서 '신비'(롬 11 : 25, 16 : 26)라는 말은 그리스도 안에서 우리에게 계시된 하나님의 신비를 뜻한다. 이것은 '비밀'을 뜻하지만, 하나님 사랑의 계시이기에 알려지고 선포되어야 한다는 뜻을 담고 있다.

초대교회에서는 유대 묵시문학의 신비(하나님 계획의 숨겨진 신비)와 헬레니즘의 신비(비밀스러운 것)와 다르게 신비를 세 가지 차원으로 해석했다. 첫째, 성경에 숨겨진 영적인 의미다. 이것은 이성과 학문으로 접근할 수 없고, 기도와 정화, 겸손과 사랑으로 준비한 사람에게 개방되는 것이며, 하나님과 관계를 맺게 한다. 성령의 능력과 말씀을 통해 그리스도의 형상에 연합하고 하나님을 관상하도록 관계를 맺는 것이다. 둘째, 예전의 신비적 의미다. 이것은 성례와 함께하시는 그리스도의 현존을 뜻한다. 세례를 통해 신비적 생명에 참여하고, 성찬을 통해 영적으로 성숙하여 성령의 열매를 맺는 것이다. 그리스도와 함께 하나님 안에 감추어져 있는 생명을 경험하는 것이다(골 3 : 3). 셋째, 성경 묵상과 성례 참여를 통해 거룩한 신비를 관상하고 경험하는 신비다. 위에서 언급한 세 가지 신비는 '비밀의 경륜'(οἰκονομία τοῦ μυστηρίον)에 속하는 것이었다(엡 3 : 9). 신비에 대한 초대교회의 해석은 후에 서방의 신비신학이 과도하게 개인 경험에 집중하고 있는 것과는 대조적이다.

3) 위-디오니시오스 아레오파기테

위-디오니시오스 아레오파기테(Pseudo-Dionysius the Areopagite)는 500년경 시리아의 수사로 추정되는 익명의 작가다. 그는 사도적 권위를 빌리기 위해 '디오니시오스'(행 17 : 34)라는 가명을 사용했다. 그의 작품은 신플라톤적 형이상학, 성서해석법, 교부 시대의 신비신학을 종합했는데, 중세 기독교 신비주의의 뿌리가 되었다. 『신명론』(*The Divine Names*)은 성서에서 표현된 하나님의 명칭을 설명했고, 『신비신학』(*The Mystical Theology*)은 인간의 이성과 감성으로 알 수 없는 하나님과의 연합에 대해 설명했다. 『천상의 위계론』(*The Celestial Hierarchy*)은 천사들의 3인조 3등급 구조를 해석했고, 『교회의 위계론』(*The Ecclesiastical*

Hierarchy)은 교회의 예전과 성직에 대해 설명했다.

위-디오니시오스는 '아래로의 유출'을 창조로, '위로의 복귀'를 구원으로 이해했다. 이러한 양방향 운동에 기초해서 '긍정신학'과 '부정신학'이라는 영성의 길을 열었다.[22] '긍정신학'은 창조세계 안에 창조주의 공유적 속성이 있어서 그것을 관상함으로써 하나님의 거룩한 속성을 경험한다는 것이다. 반면 '부정신학'은 창조세계는 창조주의 비공유적 속성을 알 수 없기에 하나님과 온전한 일치를 성취하기 위해서는 하나님을 알기에 부적합한 것을 부정하면서 상승하는 유형이다. 부정신학에서 감정과 지성은 완전히 수동 상태가 되어야 한다. 그것은 인간의 수동적 태도가 아니라 하나님과 연합하는 사랑의 황홀경에 의해 이루어진다. 위-디오니시오스는 또한 '상징신학'을 말하면서 감각세계에서 하나님에 대한 개념화된 상징을 어떻게 사용하는지 설명한다.[23]

위-디오니시오스는 영적 상승의 세 단계의 길, 정화-조명-완전의 공식을 만드는 데 공헌했다. 정화는 성령의 도우심으로 윤리와 내면을 정화하는 단계고, 조명은 하나님의 빛이 영혼을 비추어 하나님의 거룩함을 알게 되는 단계다. 조명의 단계에서는 수동적 정화가 일어난다. 마지막 완전의 단계는 하나님에 대해 영적 지식이 온전하게 되는 것이다. 그러나 후기 중세의 영성에서 완전의 단계는 하나님과의 신비적 연합관계로 발전한다.

위-디오니시오스는 초대교회 신비 이해를 계승해서 특별히 『교회의 위계론』에서 신비를 세 가지로 설명했다. 첫째, 성경의 신비적 의미를 해석하

---

22) Pseudo-Dionysius, *The Complete Work*, tr. Colm Luib Heid (NY : Paulist Press, 1987), 138-140.
23) Ibid., 139. 위-디오니시오스의 작품 『상징신학』(*Symbolic Theology*)은 분실된 것으로 보이고, 『신명론』과 『신비신학』에서 몇 차례 언급된다.

는 것,²⁴⁾ 둘째, 예배에서 일어나는 신비적 변형과 하나님을 경험하는 것,²⁵⁾ 셋째, 궁극적 단계에서 하나님과 영혼의 연합이다.²⁶⁾ 그는 성경과 예배, 형태와 개념을 통해서도 신비를 체험할 수 있지만, 마지막 단계의 신비는 모든 지성과 개념을 초월해서 하나님의 자기-지식을 공유하고 황홀한 즐거움을 맛보게 된다고 한다. 위-디오니시오스의 작품은 9세기 존 스코투스 에리우게나(John Scotus Eriugena)와 12세기 클레르보의 베르나르와 시토학파에 의해 번역되었다. 그의 부정신학은 중세 수도원 영성과 신비주의에 큰 영향을 주었다. 긍정신학이 지배적인 서방 전통에서 위-디오니시오스의 신학은 일종의 대항기류였다. 그의 영향은 마이스터 에크하르트(Meister Eckhart)와 십자가의 요한(John of the Cross)에게 강하게 나타났다. 마틴 루터는 그의 신비주의가 그리스도적이기보다 플라톤적이라고 비판했다. 그러나 위-디오니시오스가 신학을 지성과 감성의 한계 밖으로 끌어냈고, 교회의 제도와 질서 속에서 신비를 추구했다는 점은 시사점이 크다.

5. 아우구스티누스

1) 영성

아우구스티누스(St. Augustinus of Hippo, 354-430)는 수사, 주교, 신학자로서 서방신학을 종합했고, 그의 공헌은 현재까지 이어지고 있다. 그

---

24) 『신명론』(1.4), 『신비신학』(1.1), 『천상의 위계론』(2.2), 『교회의 위계론』(2.Ⅲ.7).
25) 『교회의 위계론』에서 성찬(1.1, 2.Ⅲ.8, 3.Ⅲ.14, 5.Ⅰ.5), 세례(2.Ⅲ.7), 예배(3.Ⅱ), 시편찬송(3.Ⅲ.4), 서품(1.1, 5.Ⅱ, 5.Ⅲ.5, 6.Ⅱ), 장례(4.Ⅱ.2, 7.Ⅱ).
26) 연합 『신비신학』(1.1), 조명 『교회의 위계론』(2.Ⅱ).

의 저술은 과거의 죄와 로마의 몰락 상황을 배경으로 기록되었기에 인간의 죄성과 연약함이 하나님의 구원 은총과 날카로운 대조를 이룬다. 아우구스티누스의 영성의 특징은 다음과 같다.[27]

첫째, 철저하게 그리스도 중심적이다. 아우구스티누스가 살았던 시대는 기독론과 삼위일체 논쟁이 치열했던 시기였다. 아우구스티누스는 기독론을 중심에 두고 삼위일체론을 전개하였는데, 이것은 서방신학의 특징이 되었다. 그리스도는 성부를 계시하고 성령을 약속하셨다. 성부는 아들을 파송하셨다. 성령은 그리스도의 몸인 교회 구성원들의 마음을 뜨겁게 한다. 아우구스티누스의 교회론도 그리스도 중심적이다. 그의 독창적인 기독론은 '전체적 그리스도'(Christus Totus)인데, 그리스도와 그의 몸인 교회가 깊이 연합되어 있어서 종말에 완성으로 드러나게 되는 것이다.

둘째, 사랑의 영성이다. "하나님을 사랑하라. 그리고 네가 원하는 것을 하라"(Ama Deum et fac quod vis). 이 말은 하나님을 사랑하는 것이 우리 행동의 지배 원리가 되도록 하라는 뜻이다. 아우구스티누스는 '사랑의 질서'가 있다고 했는데, 하나님만이 오직 목적으로서 사랑을 받으셔야 하고 다른 모든 사랑은 이 목적에 종속되어야 한다는 것이다. 그는 "하나님은 사랑"(요일 4 : 8)이라는 말씀과 이웃 사랑이 그리스도를 사랑하는 것(마 25 : 31-46)이라는 말씀에 깊이 사로잡혔다.

셋째, 하나님의 은혜를 강조한다. 하나님은 창조에서 은혜를 주셨고, 인간의 불순종에도 불구하고 성육신에서 더 완전한 은혜를 주셨다. 인간은 필사적으로 하나님의 은혜를 의존해야 한다.

---

27) 참조 : "Augustinian Spirituality," *NWDCS*, 136-138 ; Philip Sheldrake, 『미래로 열린 영성의 역사』, 69-70.

넷째, 내면적 영적 순례이다. 그는 『고백록』(1.1)에서 하나님 안에서 쉴 때까지 마음에 안식이 없었다고 말한다.[28] 『고백록』은 영적 성장을 내면을 향한 여행으로 표현하고 그 종착역을 하나님과 만나는 내적 자아로 본다. 『요한복음 주석』에서 그는 자기 내면에서 하나님의 임재와 인침(seal)과 정체성을 발견하고 그것을 보존하라고 권고한다. 아우구스티누스가 "너의 마음으로 돌아가라."(18.10)고 한 것은 이기적 자기 추구를 뜻하는 것이 아니라 하나님의 형상이 있는 마음에서 자신을 발견하라는 뜻이었다. 『하나님의 도성』도 영적 순례를 나타낸다.

다섯째, 공동체적이다. 아우구스티누스가 강조한 내면성은 개인주의 영성이 아니었다. 그는 기독교인의 실존은 공동체적 본성이 있다고 보았다. 『창세기 주석』에서 아담의 죄는 자신만을 위해 살려고 한 것이라고 말했다. 가장 사악한 죄는 "은밀한 부분"(private part)을 숨기는 것 혹은 자기 울타리다.[29] 또한 『하나님이 도성』(15.5)은 나눔이 충만한 공동체라고 설명한다. 아우구스티누스의 공동체적 영성은 수도원적 영성으로 발전했다. 아우구스티누스는 히포의 주교가 된 이후에 평신도 수도원 공동체를 만들었고, 주교좌성당 안에 사제들의 수도원을 설립했다. 1244년에 수도원을 세울 때, 사도행전 4:32에 근거해서 "하나님 앞에서 한마음과 한뜻을 가지라."(anima una et corunum in Deum)라는 금언을 『수도규칙』(1.2)에 두었다. 그가 작성한 평신도를 위한 『수도규칙』은 초대교회 성도들의 공동생활을 모델로 삼았고, 내면성, 겸손, 형제적 교정, 용서, 은혜를 강조했다. 아우구스티누스는 도나투스파의 교회 분열로 야기된 북아

---

28) Augustinus, 『성어거스틴의 고백록』, 선한용 옮김(서울 : 대한기독교서회, 1990), 19.
29) Augustinus, "Two Books on Genesis Against the Manichees" in On Genesis, tr. Roland J. Teske, S. J. (Washington, D.C. : The Catholic University of America Press, 1991), 119.

프리카 교회 내부의 분열과 살육을 보면서 그리스도의 몸 된 교회 일치의 중요성을 강조했다.

2) 신비신학

정교회의 신비신학은 정화-조명-연합의 상승 모델이고, '부정신학'에 근거한다. 반면, 아우구스티누스의 신비신학은 내면적이다. 하지만 그는 밀라노에서 회심한 이후 386년 어머니 모니카와 함께 상승적 신비체험을 한 경험이 있다. 따라서 아우구스티누스는 내면적 모델과 상승 모델이 결합되었다. 아우구스티누스는 지성이 감각적 심상(images)을 정화한 후에 내적 성찰(內省) 과정을 통해서 하나님을 추구한다. 이러한 내면 추구는 자기 이해를 가져오고, 죄로 물든 영혼 안에 망가진 '하나님의 형상'이 있음을 인식하게 한다. 그것을 개혁하는 것은 오직 은혜로 가능하고, 그리스도의 중보(仲保)와 하나님 안에 참여함을 통해 일어난다.

아우구스티누스는 정교회 전통처럼 인간 본성이 '창조되지 않는 빛'을 통해 신화(deification) 되는 것이 아니라 양자 됨에 의해 이루어지는 신화를 말한다. 하나님이며 사람이신 그리스도는 신성을 유지한 채로 우리의 본성에 참여하셨다. 그래서 우리도 인간의 본성을 유지한 채 그리스도의 본성에 참여할 수 있다.

> 의롭게 하시는 하나님은 의롭게 하심으로 하나님의 아들을 만드신다는 점에서 신화 되게 하신다. 그들에게 하나님의 아들이 되게 하는 권세를 주시기 때문이다(요 1 : 12). 만일 우리가 하나님의 아들들이면, 또한 신들(gods)이 된 것이다. 그러나 이것은 본성의 발생이 아니라 양자 됨의 은총이다. 오직 하나님의 아들, 하나님, 성부와 함께하신 한 분 하나님, 우리 주 구세주 예

수 그리스도만이 태초에 말씀, 하나님과 함께하신 말씀, 말씀이신 하나님이다. 신들이 된 나머지는 그의 은총에 의해 된 것이며, 그분과 같은 본질로 태어난 것이 아니라, 오직 은혜로 그들은 그분께 와야 하며 공동 상속자가 되어야 한다(『시편주석』 50 : 2).[30]

---

30) Aurelius Augustine, *Expositions on the Psalms* (Gordon College : Digital Psalms version, 2007), n.p.

6
동방정교회의 영성

제6장
동방정교회의 영성

　서방교회는 오랫동안 동방정교회의 신학과 영성에 무관심했다. 그것은 정교회의 많은 부분이 지리적으로 이슬람 지역과 사회주의 지역에서 전통을 유지했기 때문이다. 그러나 20세기 에큐메니컬 운동의 발달과 이민을 통한 정교회 인구의 이동으로 정교회 영성에 대한 관심과 배움이 증가했다.
　제6장은 동방정교회 영성의 교리적 기초를 결정한 고대 에큐메니컬 공의회를 간단히 언급하면서 시작한다. 그리고 정교회의 신화 교리, 영성의 기초가 되는 예수 기도와 이콘, 정교회 헤지카즘 신학과 14세기에 헤지카즘을 집대성한 그레고리오 팔라마스를 살핀다. 끝으로 18~19세기에 출판된 헤지카즘 작품을 소개한다.

1. 고대 에큐메니컬 공의회

동방정교회와 서방교회는 공식적으로 11세기에 분열했다. 그러나 그 이전에 그리스 신학 전통을 가진 동방정교회는 라틴 신학 전통을 가진 서방교회와 함께 4~8세기에 7차례의 에큐메니컬 공의회를 개최하고, 중요한 교리와 전통을 결정했다.

〈표 8〉 고대 에큐메니컬 공의회

	장소	연도	결정사항	기타
제1차	니케아 I	325	동일본질	아리우스파 정죄
제2차	콘스탄티노플 I	381	삼위일체	성령이단론자 정죄
제3차	에베소	431	테오토코스	네스토리우스파 정죄
제4차	칼케돈	451	양성론(兩性論)	단성론교회 분열
제5차	콘스탄티노플 II	553		네스토리우스파 다시 정죄
제6차	콘스탄티노플 III	680~681	양의론(兩意論)	
제7차	니케아 II	787	이콘 사용 확정	

에큐메니컬 공의회는 4세기에 성부와 성자의 동일본질($\dot{o}\mu οο\acute{ύ}σιος$), 그리고 성령의 동일본질을 확인하고 삼위일체론을 확정했다. 5세기에는 본성의 변화 없는 성자의 성육신과 마리아의 '테오토코스'($\theta ε ο τ \acute{o} κ ο ς$, 하나님의 어머니) 칭호, 성자의 양성론(兩性論)을 확인하고 기독론을 확정했다. 그러나 기독론 논쟁은 정치적 이유, 민족적 이유, 언어의 이해 차이로 계속되었고, 7세기에 최종 결정이 났다. 8세기에는 이콘 사용의 신학적 정통성을 확인했다. 이러한 결정들은 주로 정교회의 신학적, 영성적 투쟁을 통

해서 형성된 결과였다. 서방교회는 이러한 논쟁과 직접 관계하지 않았고, 공의회에서 교리를 결정하는 데 참여했다.

정교회 영성은 고대 에큐메니컬 공의회에서 결정된 신학과 연결되어 있다. 이러한 신학의 밑바닥에는 수도원의 수사들과 사제들과 교인들의 신화 구원론과 영성이 깔려 있었다.

2. 신화(神化)

1) 정의

신화는 정교회의 영성과 신앙의 최종 목적이다. 정교회는 신화($\theta \acute{\varepsilon}\omega\sigma\iota\varsigma$, *Theosis*, Deification)를 다음과 같이 정의한다.

'테오시스'는 글자 그대로 '은총으로 신(god)이 되는 것'을 의미한다. '테오시스'와 같은 뜻이거나 이를 묘사하는 성경의 단어들로는 양자, 구속, 상속, 영화, 거룩함, 완전 등이 있다. 신화는 성령을 얻는 것이다. 또한, 그것은 은총을 통해 하느님 나라에 참여하는 자가 되는 것이다. 신화는 하느님의 창조되지 않은 무한한 사랑의 행위다. 그것은 지금, 여기에서 시작하는 것으로, 정지된 것도 완성된 것도 아니다. 그것은 오히려 영원히 끝없이 지속되는 영적 상승이라 해야 할 것이다.[1]

정교회의 '신화'를 더 구체적으로 설명하면 다음과 같다.

---

1) Georgios, 『신화(神化)』, 하정훈 역(서울 : 정교회출판사, 2015), 86.

첫째, 신화는 하나님과의 연합 과정이다. 하지만 하나님의 본질($ουσία$)과 연합하는 것은 아니다. 서방신학에 익숙한 사람은 정교회의 '신화'를 인간이 하나님이 된다는 것으로 오해하기 쉽다. 하지만 정교회는 피조물이 하나님의 본질에 접근할 수 없다는 부정신학을 강조하고, 인간 영혼의 출처를 '이데아' 혹은 '일자'(oneness)로 보는 플라톤주의를 정죄한다. 신화는 인간이 하나님이 되거나 혹은 하나님처럼 된다는 뜻이 아니다.

둘째, 신화는 하나님의 의지에서 비롯된 '하나님의 빛' 혹은 '창조되지 않은 에너지'의 사역을 통해 이루어진다. 니싸의 그레고리오는 '하나님의 본성'과 '하나님의 빛'을 구분해서 이해했다.[2] 하나님의 본성은 접근할 수 없지만, 하나님의 활동(에너지)은 접근할 수 있다.

> 그의 신기한 능력으로 생명과 경건에 속한 모든 것을 우리에게 주셨으니 이는 자기의 영광과 덕으로써 우리를 부르신 이를 앎으로 말미암음이라(벧후 1 : 3)

위의 말씀에서 "신기한 능력"은 "하나님의 에너지"($της\ θείας\ δυνάμεως$)를 뜻한다. 신화는 하나님의 에너지, 영광, 혹은 은총과의 연합을 뜻한다.

셋째, 신화는 '하나님의 형상'(창 1 : 26) 혹은 '그리스도의 형상'(갈 4 : 19, 고후 4 : 4)을 회복하는 것이고, 또한 '썩지 않는 신의 성품'(벧후 1 : 4)에 참여하는 것이다. 그리스도는 육신을 취하고 죽음에서 부활하여 죄와 사망을 이기고 첫 열매가 되셨다. 따라서 썩을 몸을 가진 인간도 그리스도 안에서 그 본성이 죄와 사망을 이기고 승리하는 신화의 길이 열리게 된다. 그리스 정

---

2) Gregory of Nyssa, *The Life of Moses* (Book Ⅱ. 24-26, 163), 60, 95.

교회 교부들은 요한복음 17 : 22~23의 주님의 기도 내용을 '신화'로 설명하며, 이것을 그리스도께서 완성하신 사역의 본질로 본다.

> 내게 주신 영광을 내가 그들에게 주었사오니 이는 우리가 하나가 된 것같이 그들도 하나가 되게 하려 함이니이다 곧 내가 그들 안에 있고 아버지께서 내 안에 계시어 그들로 온전함을 이루어 하나가 되게 하려 …… 함이로소이다

넷째, 신화의 길은 성육신을 통해서만 열리는 것이다. 예수 그리스도의 위격은 신성과 인성이 (변질 없이, 혼동 없이) 연합되어 있다. 따라서 신앙으로 그리스도와 연합된 인간의 본성은 하나님의 에너지와 연합됨으로써 신화의 길이 열리게 된다. 예수님은 "하나님의 말씀을 받은 사람들은 신이라 하셨거든"(요 10 : 35)이라고 시편을 인용했다.[3] 아타나시오스는 "하나님이 사람이 되신 것은 사람이 신들(θεοί)이 되도록 하기 위함이다."라고 말한다(『말씀의 성육신』 54.3). 그가 아리우스파와 투쟁하며 아들의 신성과 성육신을 옹호한 것은 '신화' 구원론을 옹호하기 위함이었다.

다섯째, 신화는 하나님께서 인간을 창조하신 목적이다. 인생의 궁극적 목적은 존재론적 실재적 방법으로 하나님과 연합(신화)하는 것이다. 정교회는 모든 신앙 지도의 목적을 '신화'에 둔다. 그렇게 할 때 하나님과 대립하는 이기심과 교만을 극복할 수 있고, 우리의 이웃을 신화로 정향(定向)된 하나님의 형상으로 보고 존경과 존귀함으로 대하게 된다.[4]

여섯째, 신화는 노력의 결과가 아니라 하나님의 선물이다. 하나님과

---

[3] "너희는 신들(אֱלֹהִים, 엘로힘)이며 다 지존자의 아들들이라"(시 82 : 6).
[4] Georgios, 『신화(神化)』, 74-75.

연합하고 하나님의 영광을 체험하는 신화는 초자연적인 하나님의 은총으로 이루어진다. 물론 사람은 그 은총을 받아 보존할 수 있는 자격, 능력, 그릇을 갖추기 위해 죄와 자아와 투쟁해야 한다.

일곱째, 정교회가 제시하는 신화와 관련 성경 구절들은 다음과 같다.

> 회개하라 천국이 가까이 왔느니라(마 4 : 17)
>
> 예수께서 이르시되 너희 율법에 기록된 바 내가 너희를 신(θεοί)이라 하였노라 하지 아니하였느냐(요 10 : 34)
>
> 그러므로 하늘에 계신 너희 아버지의 온전하심과 같이 너희도 온전하라(마 5 : 48)
>
> 너희가 정욕 때문에 세상에서 썩어질 것을 피하여 신성한 성품에 참여하는 자가 되게 하려 하셨느니라(벧후 1 : 4)
>
> 그러므로 사랑을 받는 자녀같이 너희는 하나님을 본받는 자가 되고(엡 5 : 1)
>
> 내가 그리스도와 함께 십자가에 못 박혔나니 그런즉 이제는 내가 사는 것이 아니요 오직 내 안에 그리스도께서 사시는 것이라(갈 2 : 20)
>
> 그곳 이름을 브니엘이라 하였으니 그가 이르기를 내가 하나님과 대면하여 보았으나 내 생명이 보전되었다 함이더라(창 32 : 30)

2) 과정

하나님의 성품에 참여하고 하나님의 형상이 회복되는 신화는 어떤 과정을 통해서 가능해지는가? 이 문제에 대해 전통적으로 두 견해가 있다. 하나님의 본성에 참여하는 것과 하나님의 속성과 교제하는 것이다. 둘 중 인간은 하나님의 본성에 접근할 수 없다는 부정신학의 원칙 때문에 두 번째 입장이 신학적으로 안전하다. 아우구스티누스의 주장처럼 성자의 아들 되심은 성부와 성자의 본성적 일치지만, 성도가 그리스도 안에서 양자 되는 것 혹은 '신화' 되는 것은 본성적 일치가 아니다. '신화' 사상은 4~5세기의 '기독론 논쟁'에 큰 영향을 주었다.

7세기 콘스탄티노플의 고백자 막시모스(Maximus the Confessor, 580-662)는 성자의 신적 의지(창조되지 않은 에너지)와 인적 의지(창조된 에너지) 사이에 '속성의 교류'(perechoresis)가 일어나는 것처럼, 그리스도 안에서 성도에게도 신성과 인성 사이에 속성의 교류가 일어난다고 주장했다. 인간의 본성은 하나님의 사랑의 행위가 들어오게 되면 변형이 일어나는데, 이때 신화가 된다고 보았다. 이것은 하나님의 거룩한 속성(영원성)을 공유하는 것이 아니라 하나님의 활동(창조되지 않은 에너지)을 공유하는 차원으로 해석된다.

> 인간 본성은 하나님을 이해할 수 없기에 신화에 있어 인간 본성에서 나오는 것은 아무것도 없다. 그 존재에 신화를 줄 수 있는 능력을 가진 것은 오직 하나님의 자비뿐이다. …… (하나님의 형상)을 지닌 인간이 하나님을 닮아가는 신화에서, 그는 본성상 그에게 속하지 않은 모든 풍요로움을 즐거워한다. 성령의 은총이 그 안에서 승리를 거두시기 때문이고, 하나님께서 그

안에서 활동하시기 때문이다.[5]

정교회는 신화가 일어나는 장소는 그리스도의 몸인 정교회라고 본다. 신자가 하나님과 연합할 때 그것은 하나님의 본성이 아니라 그리스도의 신화 된 인성과 연합하는 것이다. 성도는 그리스도의 몸인 교회의 지체로서 세례와 성찬에 참여함을 통해 신화를 경험하게 된다.

3) 자격조건

게오르기오스는 **겸손, 금욕, 성례, 기도**를 신화의 자격조건으로 제시한다.[6] **겸손**이 없다면 우리 삶의 목적이 자기의 밖, 하나님 안에 있는 것을 알 수 없다. 자기중심적, 인간 중심적 존재는 신화에 이를 수 없다. **금욕**은 욕망에서 자신을 정화하려는 싸움이고, 이기심과의 투쟁이다. 교부들은 영혼에서 지성과 감성을 구분했고, 감성을 다시 감정과 욕구로 분석했다. 게오르기오스는 영혼의 세 영역인 지성, 감정, 욕구가 정화되지 않으면 사람은 하나님의 은총을 받아들일 수 없고 신화 될 수 없다고 한다. 세 영역을 정화하는 데 경성(警省 : 깨어서 경계하고 살핌), 사랑, 자제력이 필요하고, 모두 기도를 통해 거룩함에 이를 수 있다. **성례**(세례, 견진, 고백성사, 성찬)는 그리스도와 성도의 친교를 가져오고, 마음과 존재의 한가운데 그리스도를 느끼게 한다. 모든 **기도**가 정화 과정에 도움을 주지만, 특히 '예수 기도'는 지성이 하나님께만 집중하도록 큰 도움을 줄 수 있다.

---

5) St. Maximus the Confessor, "Letter 22", 2020년 12월 7일 열람, https : //www.oca.org/saints/lives/2013/01/21/100249-venerable-maximus-the-confessor.
6) Georgios, 『신화(神化)』, 51-60.

<표 9> 정교회의 인간 이해

지성	영혼의 사유능력 : 사고와 인지(지성의 기도=마음의 기도)			경성
감성	감정	긍정	사랑	사랑
		부정	미움	
	욕구	긍정	덕을 향한 욕구	자제력
		부정	쾌락, 즐거움, 탐욕, 탐식, 육체 숭배, 욕정	

4) 신화의 경험

정교회는 신화 경험을 설명하지 않는다. 그것은 자랑하거나 공식화할 수 있는 것이 아니고 하나님의 선물이고 은총이기 때문이다. 그러나 일반적으로 신화는 세 단계로 설명된다.

첫째, 정화 단계다. "신화의 경험은 정화에 비례한다."[7] "마음이 청결한 자는 복이 있나니 그들이 하나님을 볼 것임이요"(마 5 : 8). 회개와 죄 고백 이후 자신의 죄로 인해 울기 시작할 때 하나님의 은총을 경험한다. "애통하는 자는 복이 있나니 그들이 위로를 받을 것임이요"(마 5 : 4).

둘째, 조명 단계다. 신성한 빛의 조명을 받은 지성은 밝아지고 또 다른 은총의 도움으로 사물과 사람을 보게 된다. 그러면 신자는 하나님을 더 사랑하게 된다. 이때 더 숭고한 눈물이 나오는데 이것은 회개의 눈물이 아니라 하나님을 향한 사랑의 눈물, 신적인 에로스의 눈물이다. 하나님이 우리 죄를 용서하셨다는 확신을 얻고 영혼이 더 큰 행복, 기쁨, 평화를 누릴 때 '평정'을 얻게 된다. 평정은 욕망, 증오, 앙심, 자만에서 해방되어 정념의 혼란을 겪지 않는 '고요함'이다.

---

7) Ibid., 61.

셋째, 신화 단계는 하나님의 '창조되지 않은 빛'을 보는 일이다. 각각의 세대에 극히 소수의 사람, 신화에서 매우 진보한 사람이 이 빛을 보게 된다. 하나님의 성인들이 그 빛을 보고 그 빛 속에 나타났다. 이 빛은 이콘에 표현되는 그 후광이다.

5) 창조되지 않은 에너지

정교회에서 성육신의 목적은 사람을 신화에 이르게 하는 것이다. 신화는 하나님의 은총, '창조되지 않은 에너지'에 의해 일어난다. 하나님은 모세에게 "네가 내 얼굴을 보지 못하리니 나를 보고 살 자가 없음이니라"(출 33 : 20)라고 말씀하셨다. 이것은 인간이 하나님의 본질과 연합할 수 없음을 나타낸다. 게오르기오스는 다음과 같이 에너지를 설명한다. "피복이 벗겨진 전선을 움켜쥐면 사람은 죽지만, 거기에 전등을 연결하면 빛을 얻을 수 있다." 하나님께서 인간과 나눌 수 없는 본질만 갖고 계신다면, 하나님과 인간의 소통은 불가능하다. 그러나 하나님께서 우리와 나눌 수 있는 에너지로 다가오시면 소통할 수 있게 된다. 정교회는 하나님은 당신의 '창조되지 않은 에너지'를 통해 세상을 창조하고 보존하며, 사람을 거룩하게 하고 신화로 이끈다고 믿는다.

서방교회의 신화 개념은 동방과 아주 다르다. 서방교회는 하나님의 본질과 하나님의 창조되지 않은 에너지의 차이점을 구분하지 않는다. 토마스 아퀴나스에 의해 체계화된 아우구스티누스의 접근을 선호한다. 즉, 신화는 영혼이 하나님을 사랑(의지)하고, 이해(지성)할 때 일어난다. '하나님의 형상'이 회복되는 마지막 단계에서 영혼은 그리스도 안에서 하나님을 자신의 목적으로 삼게 된다. 12세기 베르나르는 성부와 성자는 동일본질이기 때문에 양자의 연합은 동일의지(will)의 연합이지만, 인간 자아와 하나님의 연합은 의지들(wills)의 연합이라고 했다. 즉, 다른 본질 사이의 의지의 연합이다. 동방정교회의 신화 이해는 '부정의 방법'과 '창조되지 않은 에너지'를 말하는 것이 특징이고, 서방교회의 신화 이해는 '긍정의 방법'이 특징이다.

3. 예수 기도

1) 성경적 배경

예수 기도의 기본 목적은 "쉬지 말고 기도하라"(살전 5:17)라는 말씀을 실천하는 것이다. 쉬지 않는 기도가 가능하게 되려면, 일상의 의식과 무의식이 하나님께 집중되어야 한다. 따라서 동방의 수사들은 자기 호흡과 심장의 리듬에 맞게 짧은 기도를 반복하면서, 기도가 자아의 일부가 되도록 훈련했다. 일정 기간 훈련하면 의식적으로 노력하지 않아도 이 기도는 자동 반복된다.

가장 일반적인 예수 기도는 "주 예수 그리스도시여, 나를 불쌍히 여기소서."다. 그 내용은 조금씩 바꿀 수 있다. "하나님의 아들 예수 그리스도시여, 이 죄인에게 자비를 내리소서." 혹은 공동체가 함께 "주 예수 그리스도시여, 우리를 불쌍히 여기소서."라고 기도할 수 있다.

이 기도의 기원은 소경 바디매오의 요청, "다윗의 자손 예수여 나를 불쌍히 여기소서(ἐλέησον, 엘레이손)"(눅 18:38, 막 10:47)에 있다. 또한 세리도 "하나님이여 불쌍히 여기소서 나는 죄인이로소이다"(눅 18:13)라고 짧게 기도했다.

2) 정교회의 기도 전통

정교회의 기도 전통은 사막 교부들로부터 왔다. 4세기 에바그리오스는 '지성(영혼)의 기도'를 강조했다. 그는 영혼이 하나님을 찾는 지성의 탈물질화를 추구했다. 그러나 그의 스승, 이집트의 마카리오스는 영성에서 '마음의 기도'를 강조했다. 마음은 육체의 주인이고, 지성이 자리하는 곳이며, 성령의 은총이 활동하는 곳이기 때문이다. 마카리오스는 영과 육이 함께 하나님과 교제한다고 보았다. 말씀이 육신이 되었고, 성도는 세례의 은총을 통해 그리스도와 연합했기 때문이다.[8] 마카리오스는 '주님'의 이름이 들어간 간단한 기도를 끊임없이 반복해서 드릴 것을 가르쳤다. 사정이 급한 경우에 "주님, 불쌍히 여기소서."라는 기도를 하라고 했다. 예수 기도의 최초 형태는 "키리에 엘레이손"($Κύριε\ ελέησον$)으로 추정된다.[9] 에바그리오스의 '지성의 기도'와 마카리오스의 '마음의 기도'는 후대 영성가들에게 종합되어 마음의 기도인 '예수 기도'로 발전되었다.

5~8세기 예수 기도는 표현과 기능에서 다양해졌다. 팔레스타인의 가자와 시내 반도에서 예수 기도가 발전했고, 시내 반도의 수사들은 예수 기도의 암송과 호흡 리듬의 관계를 중시했다. 중세 정교회 수사들은 예수 기도를 널리 사용했고, 19세기에 러시아를 통해 동서방으로 널리 퍼졌다.

3) 예수 기도의 신학

정교회 신학자 칼리스토스 웨어 대주교는 『예수 이름의 능력』[10]에서

---

8) Jean Meyendorff, 『동방교회의 신비신학자 : 그레고리오스 팔라마스』, 박노양 옮김(서울 : 누멘, 2009), 23-24.
9) Ibid., 22.
10) Kallistos Ware, 『예수 이름의 능력』, 편집부 옮김(서울 : 정교회출판사, 1985, 2012).

예수 기도에 대한 신학적 의미를 설명한다.

(1) 기도와 침묵

그는 기도를 넷으로 구분한다. 첫째, 외적인 기도는 하나님께 은혜를 청원하는 기도다. 둘째, 내적인 기도는 "일시적인 행위라기보다 지속적인 상태"의 기도다. 하나님 앞에서 직접적이고 인격적인 관계를 맺는 것이다. 이 두 가지 기도는 주도권이 인간 편에 있다는 점에서 미숙한 상태다. 셋째, 참된 기도는 침묵으로 내 마음에 들리는 하나님의 무언의 소리에 귀 기울여 참여하는 것이다. 여기서 침묵기도의 중요성이 나타난다. 넷째, 참된 기도는 세례의 은총을 발견하는 것이다. 그것은 성령의 소리를 듣는 기도다. 우리가 믿고 세례를 받음으로 그리스도와 하나가 되면 성령께서 내주하신다. 보혜사 성령은 쉬지 않고 기도하시고 역사하신다. 그래서 성령의 활동을 직접적으로 느끼고 체험할 수 있는 완전한 내적 인식과 의식적인 자각의 상태로 옮겨 가는 것이다. 웨어는 말로 표현하는 기도에서 침묵의 기도로, 노력하는 기도에서 저절로 작동하는 기도로, 나의 기도에서 그리스도가 내 안에서 바치는 기도로 넘어가야 한다고 말한다. 그러한 깊이 있는 기도를 가능하게 한 것이 예수 기도다.

(2) 단순성과 유용성

예수 기도는 내용이 단순하다. 그중 '예수'의 이름이 가장 중요하다. 예수 기도는 자유 기도, 공식 기도, 개인 기도 혹은 공중 기도가 가능하다. 홀로 있을 때, 일할 때, 운전 중, 잠자리에 누웠을 때, 어느 때든지 기도할 수 있다. 예수님을 향한 사랑과 경외심을 갖고 예수님만 생각하면서 천천히 부드럽게, 평화롭게 기도를 드릴 수 있다.

(3) 복잡성

예수 기도의 신학적 의미는 복음적이고 매우 복잡하다. 예수 기도는 삼위일체 신학과 기독론을 잘 반영한다. "하나님의 아들, 예수 그리스도시여"라는 기도에 성부와 성자가 나타난다. 성령이 아니면 누구도 예수를 주라고 고백할 수 없기에(고전 12 : 3) 이 기도에는 성령이 동반되고 성자의 신성과 인성도 포함된다.

예수 기도는 하나님의 영광과 인간의 죄를 반복적으로 드러내며, 상승과 하강의 리듬이 주기적으로 나타난다. "하나님의 아들 주 예수 그리스도시여"를 부를 때 우리는 하나님의 영광을 바라보고 하나님께 다가가는 거룩한 요소가 있다. "이 죄인을 불쌍히 여기소서(혹은 자비를 베푸소서)." 라고 할 때 우리는 죄인으로 돌아온다. 따라서 이 기도는 기쁨과 위로 그리고 두려움과 떨림의 탄식이 있다.

하나님의 영광과 인간의 죄의 변증법은 하나님의 자비를 통해 통합된다. "불쌍히 여기소서(자비를 베푸소서)."라고 할 때, 우리는 죄인을 받아주시는 하나님의 사랑을 확인하게 된다. 예수 기도에는 참회도 있고, 용서와 구원에 대한 확신도 있다.

(4) 이름의 능력

고대 문화와 성경에서 이름은 사람의 혼과 인격과 동일시되었다. 구약에서 하나님의 이름은 하나님의 능력과 영광이 내재하기에 함부로 발언할 수 없었다. 신약에서 예수의 이름은 악령을 추방하고, 질병을 고치고, 구원을 완성하는 하나님 나라의 능력이다.

다른 이로써는 구원을 받을 수 없나니 천하 사람 중에 구원을 받을 만한 다

른 이름을 우리에게 주신 일이 없음이라(행 4 : 12)

너희가 무엇이든지 아버지께 구하는 것을 내 이름으로 주시리라(요 16 : 23)

하지만 예수 이름은 부적이나 마술이 아니다. 믿는 사람의 능동적 신앙과 성결의 노력이 없으면 '예수 이름'은 참된 능력이 될 수 없다.

(5) 단일화

기도를 가장 방해하는 것은 내적 분열이다. 기도 중 마음, 의식, 정신이 통일되지 않으면, 우리의 마음과 생각은 쉴 새 없이 방황하고 변덕스럽게 뛰어다닌다. 분열 상태에서는 기도에 집중하려고 노력해도 유혹과 생각이 떠오르는 것을 막을 수 없다. 관상은 마음이 자기의 자리에 머물러 있는 것이다. 관상할 수 없는 내적 분열은 타락의 결과다. 예수 기도는 이러한 내적 분열 상태를 벗어나 집중하는 첫걸음이다. 웨어 대주교는 "예수의 이름을 거듭해서 부를 때, 우리는 하나님의 은총을 통해 분열에서 통일로, 분산과 혼잡에서 단일화로 향하게 된다."라고 말한다. 예수 기도는 "우리의 마음을 …… 예수에 대한 생각에 붙잡아 맴으로" 분열에서 벗어나게 한다.

(6) 내면화

예수 기도는 '마음의 기도'다. 정교회는 기도를 깊이에 따라 암송기도, 심장으로 드리는 기도(지성의 기도, 침묵의 기도, 정신의 기도), 마음의 기도로 구분한다. 암송기도는 의도적이고 의지적인 노력으로 입으로 하는 기도다. 두 번째는 기도가 깊어져서 하나님의 도움을 받아 우리의 정신이 말 없이 '이름'을 부르는 단계다. 세 번째는 최상의 단계로서 의식과 무의식,

정신과 육체가 완전히 통일되어 전인적 자아인 마음이 기도드리는 단계다. 이런 단계의 기도를 하는 성인은 드물다고 한다.

그러나 웨어 대주교는 "불완전하더라도 '마음의 기도'를 어느 정도 실현한 이들은 …… 내가 드리는 기도에서 '스스로 이루어지는 기도', 아니 그보다도 그리스도께서 내 안에서 드리는 기도로 넘어가는 이월(移越)을 이미 시작한 이들이다."라고 말한다.

(7) 호흡조절

호흡조절은 '예수 기도'의 본질이 아니고, 필수적인 것도 아니다. 이것은 전문적인 지도가 필요한 부분이다. 간단히 언급하면 "주 예수 그리스도, 하나님의 아들이시여" 이 부분은 들숨에 맞추고, "이 죄인을 불쌍히 여기소서." 부분은 날숨에 맞춘다. 속도를 조절할 수도 있고 심장의 고동에 맞추어 기도할 수도 있다.

(8) 여정의 목적

'예수 기도'의 최종 목적은 "우리를 그리스도와 결합시켜 주고, 우리가 성삼위의 공동 거처 또는 성삼위의 내재성에 참여하는" 것을 돕는 것이다. 관상 전통에서 신화에 도달한 성인은 창조되지 않은 거룩한 '하나님의 빛'을 목격한다고 한다.

(9) 예수 기도의 방법[11]

조용한 방에서 영적인 독서를 한 후(성경이나 기타), 소음과 움직임을 멀리하고 근심과 잡념을 조용히 잠재운다. "주 예수 그리스도시여, 이 죄

---

11) Georgios, 『신화(神化)』, 58-60.

인을 불쌍히 여기소서."라고 기도한다. 지성을 마음으로 천천히 내려 보낸다. 예수 기도를 통해 마음에 오는 평화와 힘을 경험한다. 이것이 하루의 삶을 강하게 하고, 신경질적인 불안이나 걱정을 없애며, 평화를 유지하게 한다.

4. 이콘

이콘(畵像, iconography)은 '형상'을 뜻하는 그리스어 '아이콘'(εἰκών)에서 비롯된다. 이콘의 성경적 근거는 사람이 '하나님의 형상'을 따라 창조되었다는 것(창 1 : 26-27)과 예수 그리스도가 '보이지 않는 하나님의 형상'(골 1 : 15)이라는 말씀이다. 이콘은 로마 가톨릭교회에서도 사용되고 일부 개신교에서도 인정하지만, 정교회의 신학, 예배, 영성에서 중심적인 역할을 한다. 정교회 성당의 돔(dome)에는 전능하신 창조주 그리스도의 이콘이 그려져 있고, 전면에 성모 마리아(테오토코스)와 성인들의 이콘이 있다. 정교회 교인들은 이콘 앞에서 촛불을 켜고 향을 피우며 입맞춤으로 기도를 한다.

8~9세기 비잔틴의 황제들은 종교적, 정치적인 이유로 두 차례(726-787, 814-842) 이콘 파괴 운동(*iconoclasm*)을 추진했다. 이콘 파괴 운동의 이유로는 첫째, 구약의 우상 금지 조항, 둘째, 영지주의적 영육 불일치 사상의 영향, 셋째, 그리스도의 신성과 인성의 위격적 연합에 대한 거부, 넷째, 이콘은 후대에 생겨난 창작물이라는 비판, 다섯째, 형상 사

용을 금하는 이슬람의 영향,[12] 여섯째, 수도원과 교회의 재산을 탐내는 경제적 이유도 있었다. 이러한 비판에 대해 다마스쿠스의 요한(John of Damascus, 675-749), 제7차 에큐메니컬 공의회(787), 스투디오스의 테오도르(Theodore Studite, 사망 826년) 그리고 많은 동방의 순교자가 이콘 사용의 정당성을 신학적으로 응답했다.

그들은 구약성경이 우상숭배를 금했지만 모든 형상의 사용을 금한 것이 아니라고 응답했다. 예를 들어 성막과 성전은 천상의 것들을 표현했고, 언약궤의 체루빔은 하나님의 임재를 지시하고, 광야에서 높이 들렸던 구리 뱀도 그리스도를 상징했다는 점에서 이콘의 특성이라고 보았다. 4세기 바실레이오스는 『성령론』(18.44)에서 "형상에게 바치는 경의는 그 원형에게 귀속된다."라고 하여 이콘 신학의 기초를 놓았다. 다마스쿠스의 요한은 다음과 같이 말한다. "나는 피조물을 예배하지 않는다. 나를 위해 피조물이 되셨고, 피조물을 입으시기로 작정하신 하나님, 피조물을 통해 나의 구원을 완성하신 하나님을 예배한다."[13] 제7차 에큐메니컬 공의회는 "이콘에게 바치는 경의는 그 원형에 귀속되며, 이콘을 존숭하는 사람은 이콘 안에 표현된 인격을 존숭한다."라고 했다. 제2차 이콘 파괴 운동이 일어날 때, 니케아의 대주교 테오파니스(사망 847년)는 이콘 신학을 세 마디로 짧게 표현했다.

성부의 말씀은 묘사될 수 없지만, 성모님 당신을 통해 성육하심으로써 묘사될 수 있게 되셨습니다. 말씀은 더럽혀진 형상을 그것의 옛적 존엄성의 상

---

12) "Icon," *DCS*, 518.
13) John of Damascus, *Apologia of St John of Damascus Against Those who Decry Holy Images* (Grand Rapids, MI : Christian Classics Ethereal Library, 2001), 15-16.

태로 회복시키셔서 신적인 아름다움과 연합하셨습니다. 구원을 고백하면서 우리는 이것을 행동과 말로 표현합니다.[14]

정교회 이콘 신학은 성육신 신학과 칼케돈의 양성론에 근거하고 있다. 첫째, 그리스도는 물질인 육체를 입고 성육신하기에 표현될 수 있다. 둘째, 타락한 인간은 물질 안에 들어오신 그리스도와 연합해서 하나님의 형상을 회복하는 신화가 가능하게 되었다. 셋째, 따라서 물질을 통해 영성을 표현하는 것이 정당하다. 정교회는 하나님께서 물질을 통해 우리에게 나타낸 구원 사건을 물질로 표현하지 못하게 하는 것은 플라톤주의와 오리게네스주의의 오류라고 본다. 정교회는 이콘 반대가 성육신의 핵심인 인간의 신화 가능성과 지상에서의 거룩성을 부정하는 결과를 가져왔으며, 교회가 세속화되고 세속적인 형상이 범람하게 했고, 예배 의식이 세속적 음악과 문화로 왜곡되는 원인이라고 주장한다.[15]

정교회 영성에서 예배와 경의는 구분된다. 예배는 삼위일체 하나님께로, 이콘에게 표현된 경의는 그 원형에게로 향한다. 이콘의 형상과 원형은 시간과 공간을 초월하는 연결이 있다. 이콘은 그리스도, 성모, 성인과 같은 신화 된 인물을 표현해서 거룩함을 드러내고, 천상의 존재와 신자를 연결하는 창문의 역할을 한다. 이콘의 모습과 특징과 색은 전승된 것이다. 화가의 상상력이나 다른 모델을 사용한 이콘 사용은 허용되지 않는다.

---

14) Leonid Uspensky, 『정교회의 이콘신학』, 박노양 옮김(서울 : 정교회출판사, 2012), 208.
15) Ibid., 200-201.

5. 헤지카즘

헤지카즘은 4세기 정교회 수사 집단에서 교육되고 사용된 내적 기도 방법이다. 이 용어는 그리스어 헤지키아(hesychia)에서 기원했고 평정, 고요함을 의미한다. 헤지키아는 "지성과 마음의 상호 통제를 통해 영의 소박 단순함에 이르는 상태"다. 즉, "활동과 관상이 서로 다른 두 질서의 삶으로 인식되지 않고, 영적 활동 속에 녹아드는 *아파테이아*(무정념)에 대한 그리스도교 고유의 표현"[16]이다. 헤지카스트(hesychast)는 '정적' 속에서 지속적으로 하나님을 예배하는 은자(隱者)를 말한다. 이들은 내면의 하나님 나라(눅 17 : 21)를 추구하고, 자기 마음을 지키는 사람(잠 4 : 23)이다.[17] 그들은 외부적으로 자신의 거처를 닫는 것만이 아니라 악한 생각과 방심을 막기 위해 마음의 문을 닫는다. 요한 클리마코스(John Climacus, 579-649)[18]는 헤지카스트란 "형체 없는 자아를 육체의 집 안에 가두어 두기 위해 투쟁하는 사람"이라고 정의했는데, 예수 기도를 호흡과 결합하는 사람들이었다.

홀로 고요함(헤지키아)은 하나님께 드리는 끊임없는 예배요 기도입니다. 예수를 기억하는 것이 그대의 호흡과 하나가 되게 하십시오. 그러면 '홀로 고

---

16) Ibid., 318.

17) John Climacus, *The Ladder of Divine Ascent*, tr. C. Luibheid & N. Russel (NY : Paulist Press, 1982), Step 27, 262.

18) 요한 클리마코스는 시나이 산의 성 캐서린 수도회의 수사이며 수덕신학자다. 35~75세까지 은수자 생활을 했고, 75세에 케노비틱 공동체의 수도원장이 되었다. 『거룩한 상승의 사다리』(*The Ladder of Divine Ascent*)를 저술했다.

요함'의 유익함을 이해하게 될 것입니다.[19]

마카리오스에 따르면 사람의 영, 혼, 육은 하나의 통합된 유기체다. 하지만 죄가 육체로 영에게 반역하게 하고, 영이 상상 속을 방황하게 만들며, 육체를 정념의 지배에 종속시켜서 통일성을 무너뜨렸다. 그리스도께서 인간의 통일성을 회복하러 오셨기 때문에 헤지카스트는 예수 이름의 끊임없는 기억을 통해 자기 안에 구속의 은총이 살아 있게 한다. 예수 기도는 '영을 마음 안으로' 다시 불러들여 은총을 효력 있게 하는 것이다. 헤지카아는 인간의 지성과 육체의 중심인 마음으로 영을 다시 되돌려 주어 유기체들 사이에서 조화를 재구축하는 것이다.[20]

니키포로스(Nikiphoros)[21]는 영이 마음을 벗어나 분산되어 있을 때 그것을 극복하는 집중의 방법에 관해 설명했다. 가장 좋은 방법은 '영의 스승'의 지도를 따르는 것이다. 그러나 여의치 않을 때 사용하는 예수 기도와 호흡법을 가르쳤다.

우리는 들숨 때 들이마신 공기를 심장 때문에 다시 내뱉는다는 것을 압니다. …… 그대의 지성을 모아서 코로 들이쉬십시오. …… 이 지성이 들이마신 공기와 함께 그대의 마음까지 내려갈 수 있도록 밀어붙이십시오. 지성이

---

19) John Climacus, *The Ladder of Divine Ascent, Step 27*, 262, 269-270.
20) Jean Meyendorff, 『동방교회의 신비신학자 : 그레고리오스 팔라마스』, 52.
21) 13세기 후반의 인물로 이탈리아 남부 출신이고, 서방교회에서 정교회로 개종했으며, 아토스 산에서 독수자로 살았다. 그레고리오 팔라마스에 의하면 그는 수련 과정의 수사들이 지성의 불안전성을 통제하는 것을 돕기 위해, 기도 중 계속 깨어 있을 수 있는 호흡법을 가르쳤다. Gregory Palamas, *The Triads*, tr. Nicholas Gendle and ed. John Meyendorff (NY : Paulist Press, 1983), 15.

이곳에 다다르면 …… 영혼과 연합하면서 형용할 수 없는 기쁨이 뒤따를 것입니다. 그대의 지성이 마음을 쉬 떠나지 않도록 훈련하십시오. 한번 마음에 머무는 것이 익숙해진 후에는 마음을 떠나는 것을 견디지 못할 것입니다. …… 비록 그대의 지성이 마음으로 내려간다 해도 침묵하거나 게으르면 안 되고 계속 예수 기도를 반복하고 중재해야 합니다. 오직 "주 예수 그리스도, 하나님의 아들이여, 나를 불쌍히 여기소서." 어떤 일이 있어도 중단해서는 안 됩니다. 이 훈련은 그대의 지성을 정처 없는 유랑에서 구해 내어, 악마의 공격이 접근할 수 없는 피난처에 보호해 주고, 날마다 하나님에 대한 사랑과 갈망을 증진할 것입니다.

…… 아무리 노력해도 마음에 도달하지 못한다면 …… 모든 사람의 산만한 이성이 가슴에 자리하고 있다는 것을 그대는 아십니다. …… 이 이성에서 모든 잡념을 쫓아낸 후에, 그 자리에 "주 예수 그리스도 하나님의 아들이여, 나를 불쌍히 여기소서."라는 기도를 주십시오. 중단 없이 이 기도를 반복하십시오. 시간이 지나감에 따라서 내가 말씀드린 대로 분명 마음으로 들어가는 길이 열릴 것입니다. 우리는 경험으로 이것을 알고 있습니다.[22]

14세기 후반 아토스 수사 칼리스토스(S. S. Kalistos)와 이그나티오스 크산토포울로스(Ignatios Xanthopoulos)는 예수 기도에서 중요한 것은 방법이 아니라 하나님의 은총이라고 강조한다.

마음 기도는 하나님의 은총의 도움으로 겸손한 마음, 그리고 예수 그리스도

---

22) Nikiphoros, "From Nikiphoros Himself," *The Philokalia : The Complete Text*, Vol. 4 (London : Faber and Faber, 995), 205-206.

에 대한 살아 있는 믿음으로 온전히 순결한 가운데 아무런 잡념에도 시달리지 않고 마음으로 드려진 호명 기도를 통해 성취됩니다. 이 은총은 결코 단순하고 순수한 호흡의 기술이나 조용하고 어두운 곳에 앉아서 하나님이 금하신 기도를 실행한 결과가 아닙니다. 거룩한 교부들이 이 방법을 만들어 낼 때 일상적 방황에서 마음을 모으고, 그것은 자기에게 집중하도록 돕는 보조적인 의미만을 부여했을 뿐입니다.[23]

헤지카즘은 이미지와 개념을 사용하지 않는 무정념(아포파틱) 기도를 의미한다. 그래서 예수 기도를 의미하기도 했고, 때로는 그레고리오 팔라마스의 신학을 뜻하기도 한다.

6. 그레고리오 팔라마스

14세기 비잔틴에서 헤지카즘 부흥이 일어났다. 이것은 비잔틴 영성의 궁극적인 형태를 결정했다. 그 중심에 그레고리오 팔라마스(Gregorios Palamas, 1296-1359)가 있었다. 그의 부모는 트루크가 소아시아를 침략할 때 콘스탄티노플로 이주했다. 팔라마스는 황제의 궁정에서 자랐고, 20세까지 세속 학문과 아리스토텔레스 철학을 익혔다. 그의 삼 형제는 1316년 아토스 산의 수도원으로 들어갔고, 나머지 가족도 수사가 되었다. 14세기 아토스 산은 정교회 수도원 운동의 중심지였다. 팔라마스는 헤지카즘 전

---

[23] "Drections to Hesychasts"(24), *Writings from the Philokalia on Prayer of the Heart*, tr. by Kadloubovsky & G. E. Palmer (London : Faber and Faber, 1977), 195.

통과 공동체 수도원 전통을 폭넓게 수용했다. 1326년 데살로니키에서 사제서품을 받고 목회와 기도생활을 병행했다. 그 후 베리아(Veria) 근방에 은자 공동체를 세우고 5년간 혹독한 금욕 수도생활을 했다. 그는 1331년 세르비아가 침공하자, 아토스로 돌아가서 라브라 수도원 근처에 성 사바스(St. Sabbas) 은수처를 세웠다.

팔라마스는 발람(Barlaam)이라는 수사와 동방신학의 운명을 결정짓는 유명한 '헤지카스트 논쟁'(1337-1347)을 했다. 발람은 이탈리아의 남서부 칼라브리아(Calabria) 출신으로 콘스탄티노플에 와서 명성을 얻었다. 그는 동방의 수사들이 창조되지 않은 빛을 통해 하나님을 본다는 주장을 우상숭배라고 비난했고, 수사들의 마음-신체 기도 방법을 메살리안 혹은 보고밀파 이단으로 비난했다.

존 메이에도르프에 의하면 발람은 인문주의적 유명론자로서 인식론적으로 두 가지를 전제하고 있었다. 첫째, 모든 지식은 감각 경험에 기초한다는 아리스토텔레스적 전제다. 둘째, 하나님은 감각 경험 너머에 존재하기 때문에 감각으로 알 수 없다는 신플라톤주의 전제다. 따라서 그는 하나님에 대한 간접적 지식을 옹호하면서 성령의 직접적 개입과 '신비적 실재론'을 거부했다.[24]

팔라마스는 1338~1341년에 헤지카즘 신학을 논증하는 9개의 논문을 썼다. 3개의 논문을 묶은 3권의 책이라고 해서 『삼장』(The Triads)으로 부른다. 그 논증의 주제는 첫째, 철학은 사람을 구원하지 못한다. 둘째, 적극적 체험으로서 아포파틱 신학, 셋째, 헤지카스트 기도 방법과 몸의 변형, 넷째, 그리스도 안에서 일어나는 신화, 다섯째, 창조되지 않은

---

24) Jean Meyendorff, 『동방교회의 신비신학자 : 그레고리오스 팔라마스』, 93.

하나님의 영광, 여섯째, 하나님의 본질과 에너지의 구분 등으로 구성되었다.[25] 그 결과 영적 실천과 교리가 통합되었고, 정교회 수사들의 영성이 신학적으로 종합되었다.

팔라마스는 '하나님의 본질을 알 수 없다'는 발람의 주장에 대해 하나님의 본질과 하나님의 의지 활동인 거룩한 에너지를 구분해서 논박했다. 하나님의 본질은 단순하고 알 수 없고 공유될 수 없지만, 하나님은 그 에너지를 통해 세상을 창조하셨고 자신을 계시하시며 은총(에너지)을 통해 그리스도의 몸인 성도를 하나님의 영광에 참여시킨다. 신화는 하나님의 본질에 참여하는 것이 아니라 그에게서 나오는 에너지, 하나님의 활동 혹은 작용과의 연합이다. 변화산의 빛, 그리스도 부활의 빛, 오순절의 빛, 구약성경의 빛나는 구름은 수사의 착각이 아니라 성경이 증언하는 하나님의 창조되지 않은 빛이다. 성인들의 영성화 된 감각은 신화의 가장 높은 체험으로서 창조되지 않은 빛을 볼 수 있다. 그러한 비전에 이르기 위해 예수 기도는 중요하고, 육체적 기술도 정당하다. 예수 그리스도와 연합한 성도의 몸은 지성(영혼)과 마찬가지로 하나님의 은총을 담을 수 있는 기관이 된다. 인간은 심신일체의 존재이기 때문에 영혼과 육체가 기도의 활동에 적극적으로 참여한다.

그는 무정념(아포파틱) 상태는 몸을 배제하지 않고 몸과 영이 함께 변형되는 것이라고 보았다. 그의 가르침은 콘스탄티노플에서 개최된 세 차례의 공의회(1341.8, 1344.11, 1351.5)에서 승인되었고, 동방교회 전통의 일부가 되었다. 오늘날에도 정교회 안에 팔라마스 신학의 부흥이 일고 있다.

---

25) Gregory Palamas, *The Triads*, 목차.

7. 필로칼리아

　동서방교회를 분열시킨 원인은 다양하다. 정치적으로 로마 주교의 수위권 문제, 신학적으로 필리오케 문제, 문화의 차이들이 공식적인 분열의 원인이었다. 그러나 그 관계를 회복 불가능하게 만든 것은 제4차 십자군 전쟁 당시 서방 군대의 콘스탄티노플 점령과 약탈이었다. 첫째, 로마 주교의 수위권 문제는 4세기부터 에큐메니컬 공의회에서 다뤄졌다. 로마교회는 베드로 수위권(Petrine primacy)을 이어받은 로마 주교가 다른 주교를 다스리는 권한이 있다고 주장했다. 반면 동방교회는 모든 주교는 동등하며, 로마 주교는 '동등권 속에 우위권'(primus inter pares)이 있다고 보았다. 둘째, 톨레도 시노드(Toledo Synod, 589)는 스페인 지역에 퍼져 있던 아리우스주의를 경계할 목적으로 '니케아–콘스탄티노플 신조'에서 성령은 "성부로부터 나오신다."라는 조항에 "필리오케"(filioque, and Son)를 첨가해서 사용했다. 이 신조는 9세기에 프랑크 왕국에서 널리 사용되었다. 그러나 1013년 교황 베네딕토 8세가 '필리오케' 문제를 교황 수위권과 연결해 공식화했고, 서방 선교사들이 동유럽의 정교회 지역에서 라틴 전통을 강요하면서 서방교회와 동방교회는 1054년에 분열되었다. 셋째, 십자군의 콘스탄티노플 약탈은 회복하기 어려운 상처를 남겼다.

　14세기 그레고리오 팔라마스가 헤지카즘으로 정교회 영성신학의 위대한 번영을 이룬 후, 고대 비잔틴제국은 멸망했다. 1453년 5월 29일 오스만제국의 군대는 콘스탄티노플을 점령했다. 그 이후 정교회의 전통은 발칸 반도, 슬라브 지방 그리고 아토스 산에 있는 수도원으로 계승되었다.

　18세기 아토스 산의 수사인 코린트의 마카리오스(Macarius of Corinth, 1731-1805)와 성산의 니코데모스(Nicodemos the Hagiorite, 1749-1809)는

4~15세기의 비잔틴 영성 저술을 수집, 개정, 해설해서 '헤지카즘'으로 알려진 동방 영성 전통의 원 자료집을 구성했다. 이 책은 '아름다운 것에 대한 사랑'이라는 뜻으로 『필로칼리아』(Philokalia)라는 제목이 붙었다. 이 책에는 에바그리오스(4세기), 포티키의 디아도코스(Diadochos of Photiki, 5세기), 고백자 막시모스(7세기), 다마스쿠스의 요한(8세기), 새 신학자 시메온(Symeon the New Theologian, 11세기), 다마스쿠스의 페트로스(12세기), 시나이의 그레고리오, 그레고리오 팔라마스, 칼리스토스, 이그나티오스 크산토포울로스(14세기) 등을 포함해서 약 30여 명의 동방의 영성 저자들의 작품이 담겼다. 동방정교회는 이 책을 통해 영성 부흥운동을 일으켰다.

그 책은 '8개의 악한 생각과 덕', '정념과 무정념'을 다루었고, 성서해석과 자연창조에 대한 명상, 마음의 기도와 예수 기도, 호흡 통제를 포함한 육체적 기술, 개인적으로 영적 지도를 받아야 할 필요성을 다루었다. 또한, 하나님과의 연합을 필요로 하는 평신도에게도 덕이 필요함을 강조했다. 1782년 초판이 출판되어 슬라브어와 러시아어로 번역되었다.

1884년 익명의 러시아 수사가 이 책의 내용을 간추려 『순례자의 길』(The Way of a Pilgrim)을 출판했다. 그 책의 한 설화를 소개한다.

> 내면에서 지속적으로 예수 기도를 드리는 것은 입술과 영과 마음으로 예수의 거룩한 이름을 중단 없이 계속 부르는 것입니다. 어떤 일을 할 때든, 항상, 어디서나, 심지어 잠자는 동안에도 주님의 은혜를 구하며 예수의 끊임없는 임재를 머릿속에 그립니다. 이러한 호소가 "주 예수 그리스도시여, 나를 불쌍히 여기옵소서."라는 표현 안에 표현되어 있습니다. 이 호소에 익숙해진 사람은 그 결과로서 깊은 위로와 항상 기도해야 할 큰 필요성을 느끼

기 때문에 그 기도를 하지 않고서는 살 수 없게 됩니다. 그의 내면에서 저절로 그 기도를 계속하게 될 것입니다. 이제 쉬지 않고 기도하는 것이 무엇인지 이해가 되셨습니까?[26]

---

26) R. M. French, tr., *The Way of a Pilgrim and the Pilgrim continues His Way* (London : SPCK, 2012), 23.

7

중세 서방교회의 영성

제7장
중세 서방교회의 영성

중세는 천년이라는 긴 시간만큼 역사적으로 큰 변화가 일어났다. 유럽 부족들의 회심, 기독교 왕국의 확장, 장원 경제의 붕괴와 화폐 경제의 발전, 도시 문화의 발달, 비기독교 세계에 관한 지식의 증가, 과학과 기술의 진보가 있었다. 이런 변화 속에서 서방교회는 자연과 문화 속에서 하나님의 현존에 대한 지식을 설명하려고 했다.

정교회의 영성은 죽음을 이기고 승리하신 그리스도의 부활에 중심을 둔다. 반면 서방교회의 영성은 죄를 이기고 승리하신 예수 그리스도의 십자가 속죄와 구원에 중심을 두었다. 중세 서방교회의 영성은 성례와 예전 그리고 수도원을 통해 표출되었다. 제7장은 6~14세기의 베네딕토회, 시토회, 탁발수도회, 보나벤투라, 에크하르트, 노리치의 줄리안의 영성을 살핀다.

1. 배경

중세는 크게 전기(6-11세기), 중기(12-13세기), 후기(14-15세기)로 분류된다. 영성 발전의 배경도 이 분류에 기초해 살펴볼 수 있다. 중세 전기에는 이슬람 군대의 침입과 수 세기 동안의 내전으로 유럽 경제가 발전하지 못했다. 하지만 꾸준한 선교활동으로 유럽 전역에서 부족들에게 복음을 전했다. 가톨릭 선교사들은 귀족 가문과 고위층 여성의 지원을 받으며 선교했고 많은 순교자가 나왔다. 각각의 지역에서 기독교는 이교도 제의와 관습을 흡수했고 성자숭배와 축일이 발전했다. 베네딕토회(7세기)는 서방수도회의 기초를 놓았다. 9~11세기의 교회는 군주들의 서임권 장악, 성직 매매, 성직자들의 타락으로 암흑시대를 맞았다. 이에 대한 갱신 운동으로 클뤼니 수도회(10세기)가 등장했다. 10세기 이후 중세 유럽의 경제가 성장하자, 서방 세계는 십자군 전쟁(11-12세기)에 힘을 쏟았고 동서 간 무역과 문화 교류가 발달했다. 도시의 발전은 대학 설립과 스콜라주의의 발전을 가져왔다. 이때 영성운동의 분화구인 수도원 운동이 활발해졌다.

12세기 시토회는 가난, 단순성, 은거생활의 영성을 회복하기 위해 베네딕토 수도규칙에 근거한 개혁을 시도했다.[1] 여기서 베르나르의 영성이 출현했다. 13세기에는 프란체스코회와 도미니코회와 같은 탁발수도회가 등장했다. 이들은 여성 수도회와 평신도 수도회를 설립해서 평신도 영성을 발전시켰다. 이 시기는 또한 제도권 밖에서 자발적인 소그룹 영성운동들이 성장했다. 그중에 카타리파 같은 이단 운동도 있었다. 교회는 제4차 라테란 공의회(1215)에서 이단 재판소를 세운 이후 자발적 영성운동들을

---

1) "Cistercian Spirituality," *DCS*, 358.

탄압했다. 반면, 교회의 통일성을 유지하기 위해 성직 개혁, 교육 증진, 예전과 성례의 통일성을 강조했다. 이 시기 영성 저술에는 사다리, 계단, 길과 같은 성장의 이미지와 영적 결혼과 같은 은유가 사용되었다. 도시 안에서는 가난과 질병으로 인해 서민들의 고통이 커지자 베긴회(Beguines)와 같은 여성 종교단체들이 병자를 보살폈고, 나환자와 매춘여성을 보살피는 남녀 평신도 활동도 생겼다.

중세 후기 영성은 유럽을 황폐화시킨 흑사병, 기후 변화, 백년전쟁, 교황청 분열에 영향을 받으면서, 참회와 묵시적 주제들이 주를 이뤘다. 가장 극단적 형태는 채찍질 고행과 과격한 개인 금욕이었다. 이 시기 영성 교육의 장소는 수도원에서 대학으로 이동했고, 자발적 신앙운동이 억압되면서 영성 저술은 새로운 창조보다는 과거의 위대한 영성가들의 시적이고 심리적인 모형을 지성적으로 조직화하는 데 집중했다.

2. 성례에서 관상으로

중세의 기독교인은 구원의 은총이 교회의 성례를 통해 온다고 믿었다. 특히 죄 용서의 세례와 '성체성사'는 중요한 구원의 수단이었다. 성례는 성직자, 수도사, 귀족과 평민, 농노 모두를 위한 것이었다. 하지만 거주 이동의 자유가 없고, 교육을 받지 못한 대다수 농민에게 '미사'는 아주 중요한 영적인 통로였다.

중세의 영성가는 먼저 성례로 죄 문제를 해결한 후에 관상적 연합을 선물로 받을 수 있다고 생각했다. 하지만 신비적 연합을 영성의 최종 목표로 생각하지 않았다. 서방교회 영성의 중심은 구원이었고, 비전 혹은 다른 은

사는 보조적이었다. 은사는 개인의 상승을 위한 것이 아니라 다른 사람들의 덕을 함양하기 위한 봉사의 기능으로 생각되었다.

수사와 수녀는 강도 높고 전문적인 영성훈련을 받을 기회가 있었다. 그들은 자신을 그리스도와의 완전한 연합에 이르기를 기대하는 파수꾼이며 불침번이라고 생각했다. 따라서 중세 영성에 대한 통찰과 작품은 주로 수도원에서 생산되었다.

3. 베네딕토회

누르시아의 베네딕토(Benedict of Nursia, 480-547)는 '서방 수도원의 아버지'로 평가된다. 그가 활동한 시기는 동고트족과 동로마 유스티니아누스 황제(재위 : 527-565) 사이의 긴 영토 정복 전쟁으로 인해 로마에 불안과 경제적 어려움이 지속되던 때였다.

베네딕토는 로마 귀족의 아들로 태어나 로마에서 공부했다. 회심한 이후 출세를 위한 공부를 그만두고 아필(Affile)에서 은수자 집단의 일원이 되었다. 20세에 로마 근처 수비아코(Subiaco)의 동굴에서 3년간 은수자 생활을 했고, 인근 지역 비코바로(Vicovaro)의 수도원장으로 초빙되었다. 그는 수사들의 나태한 생활을 바로잡으려고 했으나, 그들은 오히려 원장을 독살하려고 시도했다. 베네딕토가 수도원에서 수비아코 동굴로 돌아왔을 때, 그의 명성을 시기한 그 지역의 신부가 또 그를 독살하려 했으나 기적적으로 살아났다. 그 후 많은 사람들이 베네딕토를 찾아왔고, 그의 지도력으로 12개의 수도원이 설립되었다. 529년 베네딕토는 몬테카시노의 언덕에 베네딕토 수도원을 세웠고 남은 생애를 그곳에서 보냈다. 여기서 그 유명한 『수도규칙』(540)을 저술했다.

『수도규칙』은 베네딕토의 개인적인 경험과 성경의 가르침에 근거해서 작성되었기에 그의 영성이 잘 나타난다. 『수도규칙』은 개인적 수도생활과 형제들의 상호 교정을 통한 악습 개정이 하나님을 향해 가는 것과 연결된다는 점을 강조했다.[2] 그 규칙은 공동체의 삶을 지도하고 영적 성장의 모델을 제시하는 것이 목적이었다. 베네딕토는 수덕생활을 순명, 침묵, 겸손으로 설명했다(5-7장). 『수도규칙』 7장에 12단계로 된 "겸손의 사다리"는 순명과 침묵의 덕을 포함하고 있다.

1단계, 하나님을 두려워한다. 하나님의 계명, 영생과 지옥을 기억하고 죄와 욕망에서 자기를 지킨다. 2단계, 자기 뜻과 욕망을 채우는 것을 기뻐하지 않는다. 하나님의 말씀에 따라 행동한다. 3단계, 하나님으로부터 나오는 사랑으로 장상(長上)에게 순명한다. 4단계, 순명을 실행하면서 겪게 되는 모욕과 어려움을 침착하게 인내로 지속한다. 그리스도께서 우리를 위해 당하신 고난을 생각하며 분노하거나 피하지 않아야 한다. 5단계, 마음에서 올라오는 악한 생각이나 비밀스럽게 행한 악행을 수도원장에게 겸손하게 고백한다. 6단계, 수도승에게 주어지는 가장 부당하고 비천한 대우와 과제를 만족하면서 받아들인다. 7단계, 수도승은 자신이 모든 사람보다 비천한 사람이며 나쁜 사람이라는 것을 말로 드러내야 할 뿐만 아니라 마음으로 깊이 확신한다. 8단계, 수도원의 공동규칙이나 장상들의 모범으로 권고하는 것만 행한다. 9단계, 수도승은 혀를 제어하고 질문받았을 때만 말한다. 10단계, 쉽게 웃지 않는다. 11단계, 수도승은 부드럽게 말하고 웃음소리를 내지 않

---

[2] 이형주, "성 베네딕도 해제," 『성 베네딕도 수도 규칙』, 이형주 역주 (왜관 : 분도출판사, 1991), 14.

는다. 적게 이치에 맞게 말하고 큰 소리를 지르지 않는다. 12단계, 수도승은 자기를 보는 사람에게 항상 태도와 행동에서 겸손을 실천한다.[3]

이러한 겸손의 사다리에 올라가는 최종 목적은 지옥과 규율에 대한 두려움에서 시작된 수도생활이 하나님의 사랑에 도달하게 하는 것이다. 그리고 초심자들이 악습과 죄악에서 벗어나 그리스도에 대한 사랑과 즐거움으로 덕의 삶을 살게 하는 것이다.

베네딕토회 수사는 정주(stability), 순종(obedience), 수도생활에 대한 충실(*conversatio morum*) 세 가지를 서약한다.[4] 첫째, 정주하는 것은 공동체의 영성을 나타낸다. 이것은 같은 뜻을 가진 사람들과 오랫동안 함께 지내면서, 그들 안에 그리스도를 닮는 변화가 일어난다는 믿음에 헌신하는 것이다. 둘째, 순종하는 영성이다. 『수도규칙』은 처음에 "나의 아들아, 스승의 교훈을 주의 깊게 듣고 마음의 귀를 가지고 청종하라."라는 말로 시작된다. 이것은 내적 소리를 정지시키기 위해 침묵하고 들으라는 것이다. 장상(長上) 혹은 지도자에 대한 순종과 상호 순종을 통해 자기를 제어하고 하나님의 섭리에 순종하는 영성이다. 셋째, 참여의 영성이다. 현재의 상태에 만족하지 않고, 하나님의 변형하시는 사역에 자신을 계속 개방하는 것이다.

베네딕토 영성은 극단적이지 않고 균형이 있다. 강한 사람은 원하는 것을 하게 하고, 약한 사람은 포기하지 않도록 규칙을 탄력성 있게 적용한다(『수도규칙』 64). 수사의 일과는 노동, 공부, 기도가 균형 있게 짜여져

---

3) Benedict, *The Rule of Benedict*, tr. Carolinne White (London : Penguin Books, 2008), Chapter 7.
4) "Benedictine Spirituality," *DCS*, 299-300.

있다. 노동은 생활의 필요, 훈련 그리고 자선을 위한 의무다. 그러나 과로하는 것은 자만, 자신의 의, 하나님을 향한 방심이 될 수 있기에 공부와 기도로 균형을 잡는다. 성경공부와 렉시오 디비나는 자기 변화를 위한 공부이고, 기도와 시편 낭송은 성무(聖務)였다.

서방 수도원에서는 청빈, 순결, 순명을 서원한다. 이것은 베네딕토의 『수도규칙』에는 규정되어 있지 않았지만 13세기 도미니코회의 영향을 받은 것이다. 수도서원은 공동생활을 가능하게 하는 영적 훈련을 위해 의도된 것이다. 청빈은 소유의 속박에서 벗어나는 길이고, 순결은 공동체를 섬기기 위해 성적 속박에서 벗어나는 것이고, 순명은 가장 어려운 훈련으로서 자기 의지를 내려놓고 대수도원장(아빠스 : 그리스도의 대리자 역할)에게 복종하는 것이다.

4. 시토회

1) 시토회의 영성

시토회는 12세기에 일어난 베네딕토 수도원의 개혁운동에서 출발했다. 몰렘의 로베르토(Robert of Molesme)는 부르고뉴의 시토(Cîteaux)에 개혁파 베네딕토회를 세웠고(1098), 베네딕토『수도규칙』을 엄격하게 준수해서 영성을 개혁하려고 했다. 클레르보의 베르나르는 위대한 지도력으로 시토회를 성장시켰고, 그 시대의 영적 요구에 대해 가장 영향력 있게 응답하며 영성과 개혁을 제공했다. 교황청은 1152년에 시토회를 공식적으로 승인했다. 베르나르가 죽던 1153년에 시토회는 유럽 전역에 352개의 수도원을 세울 만큼 성장했다.

시토회는 주거지에서 아주 먼 곳에 수도원을 세웠고, 평신도 수사를 택해 수도원을 경영했다. 건축 양식과 생활 방법은 가장 단순한 것을 선호했다. 베네딕토회의 노동, 기도, 공부 전통은 유지했지만, 예전, 금욕, 관상 생활을 우선했다. 시토회 영성은 공동체 의식과 사랑의 관계를 소중하게 여겨 주님을 섬기는 학교, '사랑의 학교'(schola caritatis)라는 정체성을 강조했다. 관상을 통해 하나님을 알게 되어도 그 하나님의 사랑을 다른 사람에게로 흐르게 하는 것이 더 복되다고 여겼다.

시토회가 강조했던 엄한 규칙 준수, 가난, 관상, 공동체성은 다른 수도원도 마찬가지로 중요하게 다뤘다. 시토회 영성에서 독특한 것은 질 높은 교육이었다. 시토회는 고등교육을 받은 사람을 입회시켰고, 엄격한 생활 방식을 적용했으며, 질 높은 수도원 교육을 제공해서 수준 높은 영성 문헌을 생산했다. 그들은 12세기에 필요한 총체적 영성의 전망을 발전시켰다.

시토회는 고대의 다양한 영성 전통을 폭넓게 수용했다. 동방의 에바그리오스와 요하네스 카시아누스의 내면적 영성을 강조했고, 이들의 영성을 오리게네스, 아우구스티누스 그리고 대 그레고리우스와 같은 교부들의 사상과 연합해서 확대했으며, 그 시대의 관심 주제였던 '사랑'과 통합시켰다. 12세기는 지적, 예술적 번영의 시대였고, 자아, 개인, 사랑이라는 주제가 등장한 시기였다.

2) 클레르보의 베르나르

12세기 중세의 영성을 대표하는 인물은 클레르보의 베르나르(Bernard of Clairvaux, 1090-1153)다. 그는 부르고뉴의 귀족 가문에서 태어나 교육을 받았고, 22세가 되는 1112년에 친구, 가족, 친척 30여 명과 함께 시토의 베네딕토 수도원에 입회했다. 베르나르는 1115년에 클레르보에 수도원을 개척하고 수도원장이 되었다. 시토회는 지원자가 넘쳐서 유럽 전역에 수도원이 설립되었다. 1120년부터 시토회는 가장 영향력이 있는 수도회가 되었고, 베르나르는 다양한 교회 문제를 중재하는 위치에 올랐다. 1130~1138년 두 교황이 대립하던 시기에 베르나르는 주교와 황제와 귀족을 설득해 이노센트 2세를 교황직에 복귀시켰다. 제2차 십자군 전쟁(1146-1149)이 시작되었을 때 그는 교황의 부탁으로 참전을 독려했고, 이 전쟁의 실패로 인생의 마지막 시기를 어렵게 보냈다. 교황 비오 12세는 1830년 그를 로마 가톨릭 '교회의 박사'(꿀이 흐르는 박사)로 선포했다.

첫째, 베르나르의 영성은 사랑을 강조한다. 그의 관상적 연합을 다룬 작품 중 가장 탁월한 것은 『신애론』과 『아가서 설교』다. 베르나르는 『신애론』에서 하나님의 사랑이 어떻게 우리의 모든 사랑을 지도할 수 있는지 네 단계로 분석했다. 이 부분은 제3장 "관계적 영성"에서 이미 다루었다. 그는 아가서에 대해 86번의 설교를 했는데, 영혼과 하나님의 관계를 신비적 알레고리로 해석했다. 감각적이고 에로틱한 은유를 사용한 아가서 설교는 하나님과의 영적 관계의 기쁨을 묘사한다.

> 말씀과 영혼 사이에 친밀한 관계가 이러한 거룩한 동거에서 흘러나오는 것은 얼마나 놀라운 은혜인가? 그 친밀함으로부터 확신이 흘러나오는 것은 얼마나 놀라운 은혜인가! 그러한 조건 속에서 영혼은 두려움 없이 "내 사랑하는 자는 나의 것"이라고 말할 수 있다(『아가서 설교』 69).[5]

---

5) Bernard of Clairvaux, "Sermon on the Canticle of Canticles," in *Saint Bernard of Clairvaux : Collection* [8books] (Aeterna Press, 2016).

둘째, 베르나르의 영성은 '신부-신비주의'(Bridal Mysticism)에 속한다. 이것은 그리스도와의 연합을 설명하기 위해 '영혼'을 '그리스도의 신부'로 표현한다. 아가서를 은유적 방법으로 하나님과 영혼의 관계로 해석하는 것은 유대주의 전통이었다. 반면, 아가서를 그리스도와 개인 성도의 관계로 해석한 첫 인물은 오리게네스였다. '신부-신비주의' 영성은 13세기 베긴회, 16세기 카르멜회로 전수되었다.

셋째, 베르나르의 영성은 예수님의 인성을 강조하고, 특히 마음을 변화시키는 거룩한 사랑을 강조한다. 이러한 특징은 그의 찬송시에 잘 나타나 있다.[6]

1. 오 거룩하신 주님 그 상하신 머리 조롱과 욕에 싸여 가시관 쓰셨네
    아침 해처럼 밝던 주님의 얼굴이 고통과 치욕으로 창백해지셨네
2. 주 당하신 그 고난 죄인 위함이라 내 지은 죄로 인해 주 형벌 받았네
    내 주여 비옵나니 이 약한 죄인을 은혜와 사랑으로 늘 지켜 주소서
3. 나 무슨 말로 주께 다 감사드리랴 끝없는 주의 사랑 한없이 고마워
    보잘것없는 나를 주의 것 삼으사 주님만 사랑하며 나 살게 하소서 아멘

넷째, 베르나르는 겸손의 영성을 강조한다. 기독교인이 필수적으로 알아야 하는 지식은 자아와 하나님에 대한 지식이다. 그러한 자기 인식은 겸손이다.

아무리 우리가 겸손해져도, 우리의 실제 모습보다, 즉 진실하신 분의 평

---

[6] 베르나르의 찬송시는 『21세기 찬송가』 85장, 145장, 262장에 수록되었다.

가보다 우리의 자존감을 아무리 더 낮추어도 위험을 감수하는 것이 아니다(『아가서 설교』 37).

5. 탁발수도회

13세기는 스콜라주의의 절정기였다. 이 시기에 탁발수도회로 칭하는 도미니코회, 프란체스코회, 카르멜회, 아우구스티누스회 그리고 정식으로 인정받지 못한 여성단체 베긴회가 출현했다. 동서 문명의 교류와 경제 발전의 결과로 도시가 성장하고 나타났으나, 교회의 영성 상태는 그리 좋지 않았다. '카타리파' 혹은 '알비파'로 불리는 이단은 알프스산맥 남쪽 지역(프랑스 남부와 이태리 북부)에서 크게 번성해 교회를 위협했다. 교회는 사도적 청빈과 말씀을 기대하는 서민들의 요구에 응답할 능력이 없었다. 이때, 탁발수도회는 수도원 울타리 밖으로 나와 도시와 마을을 순회하며 지방의 방언으로 설교하고 봉사했다. 이들은 모든 기독교인이 하나님과 영적으로 만날 수 있다는 희망을 전했다. 여성들의 영적 요구에 부응하는 여성 지도력이 등장했다.

1) 도미니코회의 영성

설교자 수도회를 창설한 도미니코 구스만(Dominicus Guzmán, 1171-1221)은 스페인에서 태어났다. 그는 14세의 어린 나이에 인문학과 신학을 공부했고, 훗날 마을에 기근이 생기자 재산을 팔아 가난한 사람들에게 나눠 주었다. 1203년과 1205년에 주교 디에고(Diego of Acebo)와 여행을 하던 중 카타리파 이단이 번성한 것을 목격하게 되었다.

극단적 이원론자 카타리는 금욕과 청빈으로 대중 사이에서 놀라운 파급력을 보였다. 교황청은 여러 차례 십자군을 동원해 카타리를 살육했지만 근절할 수 없었다. 디에고와 도미니코는 1207~1214년 도보로 음식을 구걸하고 다니며 도시에서 설교했다. 도미니코의 열정, 금욕, 헌신적 기도는 여러 사람을 감동하게 했다. 교황은 1215년에 도미니코회를 승인했다. 그들은 자발적 가난을 선택하고 대중 속에 들어가 교리를 설교했다는 점에서 새로운 영성 모델이었다. 도미니코는 유럽 전역으로 수도원을 확장했다. 여성과 평신도로 구성된 수도회도 생겼다. 1220년 도미니코회 총회가 조직되었다.

첫째, 도미니코회 영성은 태생적으로 선교적이다. 그들도 관상을 중시했으나, "관상의 열매를 다른 사람에게 전한다."(contemplata aliis tradere)라는 선교 영성을 발전시켰다. 그래서 선교지의 언어와 사상으로 메시지를 전하는 데 민감했고, 문화 속 현존의 중요성을 깊이 인식했다.

둘째, 공부하는 영성이다. 설교하기 위해 공부하고 가난을 선택했다. 그 결과 신학 발전에 크게 이바지했다. 따라서 도미니코회는 토마스 아퀴나스, 마이스터 에크하르트, 하인리히 수소, 요하네스 타울러, 시에나의 가타리나와 같은 많은 신비가와 영성 작가를 배출했다.

셋째, 기능적이고 민주적이다. 도미니코회는 선교를 위해 수도회 규칙을 탄력 있게 적용했다. 이것은 장단점이 공존한다. 세상의 문화를 선교에 적극적으로 포용하는 개방성은 창조적이지만 때로는 정통 교리의 경계를 넘어가기도 했다. 세속 사회와 상호 교류하는 특징은 일부 사람을 방종에 빠지게 할 수도 있다. 다른 한편으로, 기도와 공부에만 집중해서 협소한 스콜라주의 또는 개인적 신비주의를 초래하기도 했다. 이런 도미니코회 영성의 특징은 서로 교정의 관계가 될 때 최고의 효과를 낼 수 있었다.

2) 프란체스코회의 영성

아시시의 프란체스코(Francis of Assisi, 1181/2-1226)는 이탈리아에서 사업에 성공한 부유한 비단 상인의 아들로 태어났다. 프란체스코는 사치스러운 젊은 시절을 보냈다. 어느 날, 구걸을 요구하는 거지에게 자신의 모든 것을 주고 아버지에게 꾸중을 들었다. 1202년 전쟁에 참여했다가 1년간 포로생활을 하며 회심을 체험했고, 1205년에 새로운 전쟁에 참전했다가 환상을 보고 아시시로 돌아왔다. 그는 성경의 예수 그리스도의 삶을 문자 그대로 모방했다. 자발적으로 가난을 택했으며, 기도하고 설교하면서 병자를 치료하고, 방랑생활을 했다. 그의 영성의 모델은 온전한 하나님의 형상인 성육하신 "그리스도를 본받는 것"이었다. 프란체스코의 단순성과 가난의 영성은 13세기의 물질적 번영과 영적 고갈에 대한 대응으로 나타난 완전히 새로운 형태의 영성이었다.

프란체스코는 하나님의 형상을 회복하기 위해 그리스도의 고난에 동참했다. 그는 자기를 따르는 형제들을 조직해서 '작은형제회'(1209)를 설립했다. 여성으로 구성된 제2수도회 '가난한 클라라회'와 평신도로 구성된 제3수도회(재속수도회)가 설립되었다. 프란체스코회는 1223년에 공식 승인되었다. 이듬해 프란체스코는 라베르나 산(Mt. La Verna)에 은거해서 기도하던 중 예수의 성흔(聖痕)을 몸에 지니게 되었다. 이것은 '그리스도를 본받는' 절정이었다. 프란체스코회의 영성의 특징은 가난, 기쁨, 기도, 개혁, 설교 그리고 창조의 영성이다.[7]

첫째, 프란체스코에게 가난은 완전한 '자기 부인'이고 가난한 그리스도를 따르는 모방이었다. 그는 제자들에게 돈과 접촉하지 말고, 수도회는

---

7) "Franciscan Spirituality," *DCS*, 456.

최소로 소유하라고 했다. 소유에서 자유할 때, 그리고 그리스도에게 즉각 순종할 때 영적 자유의 기쁨을 맛보게 된다. 프란체스코는 가난 그 자체를 의롭게 여긴 것이 아니다. 가난을 통해 단순성을 배우고, 내적 정화를 이루어 하나님과 연합을 추구하는 것이 목적이었다. 또한 소유에 대한 집착을 버릴 때 하나님이 주신 자연의 풍요를 경험하게 된다고 보았다.

둘째, 프란체스코는 예배 영성이 있었다. 프란체스코와 그 친구들은 매일 기도생활을 했고, 교회를 발견하면 그곳에서 예배를 드렸다. 가난한 클라라회는 온전히 관상에 헌신하는 영성을 보여 준다. 클라라(Clare of Assisi, 1194-1253)는 18세에 집을 떠나 프란체스코를 만난 후 그의 제자가 되었고, 1215년 21세의 나이로 가난한 클라라 수녀회의 원장이 되었다. 육식을 피하고, 금욕과 침묵생활을 했으며, 가난과 무소유의 원칙을 소중히 여겼다. 클라라는 1225년에 성인으로 추대되었다.

셋째, 프란체스코 영성은 개혁적이었다. 프란체스코는 1205년에 산 다미아노(San Damiano)의 무너진 교회에서 그리스도로부터 교회를 수리하라는 음성을 들었다. 그는 이것을 전체 교회를 개혁하라는 소명으로 받아들였다. 1212년 신성로마제국 황제 오토(재위 : 1198-1218)는 시칠리아와 교황령을 점령해 교회와 정면으로 충돌했다. 동서방교회의 일치를 위해 노력하는 교황의 노력은 십자군의 야만성으로 인해 물거품이 되었으며, 성례를 부정하는 카타리파가 확산되고 있었다. 그는 이런 상황에서 그리스도를 본받는 삶으로 교회를 개혁하려고 했다.

넷째, 프란체스코의 영성은 정감이 있었다. 그는 예수의 인성과 성지에 대해 그리고 창조세계와 평화에 대해서 특별한 관심이 있었다. 프란체스코가 남긴 '태양의 노래'(Canticle to the Sun)와 '평화의 기도'에는 창조세계에 대한 영성과 평화를 향한 영성이 잘 나타난다. 하나님과 수직적 일체성을 경험한 신비가는 창조세계 안에서 형제와 자매의 사랑을 느끼게 된다.

6. 보나벤투라

보나벤투라(St. Bonaventura, 1221-1274)는 이탈리아 중부 바뇨레지오(Bagnoregio)에서 태어났다. 그는 21세에 파리 대학 인문학부(6년 과정)를 마쳤고, 이듬해 1243년에 프란체스코회에 들어간 것으로 알려진다. 1254년 파리 대학 교수 자격을 취득했으나, 재속 신학자와 탁발수도회 신학자의 갈등으로 3년간 어려움을 겪었고, 1257년에 정식 교수가 되었다. 당시 토마스 아퀴나스는 그의 동료 교수였다. 하지만 보나벤투라는 그의 전임 원장이 요아킴 사상을 가졌다는 이유로 이단 혐의를 받는 상황에서, 프란체스코회 7대 원장(1257-1267)으로 선출되었다. 그는 프란체스코의 가난의 영성을 고수하는 문제로 야기된 엄수파와 온건파 사이의 분열을 치유했다. 보나벤투라는 탁월한 지도력으로 프란체스코회 제2의 창설가라는 명칭을 얻었다. 보나벤투라는 원장 재임 시절 라베르나 산에서 기도하면서 영적 상흔을 경험했고, 프란체스코의 영성 전통과 영성 체험을 스콜라주의적으로 신학화 했다. 그의 대표작『프란체스코의 전기 : 세 단계의 길』(1260-1266)은 프란체스코회의 내부 혼란을 정리하고 영성 전통을 새롭게 수립하는 데 큰 역할을 했다. 이 책은 정화-조명-연합이라는 '영적 상승' 모델과 아우구스티누스의 내면적 '영적 순례' 모델을 종합해서, 프란체스코를 '그리스도를 본받는' 완전한 모델로 표현했다. 보나벤투라는 1273년 추기경이 되었고, 이듬해 선종했다. 1482년에 성인으로 추대되었고 '세라핌 같은 박사'(Seraphic Doctor)라는 칭호를 얻었다.

보나벤투라의 신학은 세 단계로 구분해서 볼 수 있다. 파리 대학 교수 시절에는 논리적이고 분석적인 스콜라주의 작품을 썼고, 수도회 원장 재임 시절에는 영적인 삶의 경험과 이론을 다루었다. 세 번째는 스콜라주의와 영성을 통합시켰다.[8]

보나벤투라에 따르면 만물은 창조주로부터 나와서(emanation), 창조주의 '흔적'과 '형상'을 나타내고(exemplarism), 결국 창조주께로 돌아간다(return). 하나님은 우리를 하나님께로 이끌기 위해 만물을 창조하셨기에, "우주 그 자체가 하나님께로 이끄는 사다리"가 된다. 보나벤투라의 『하나님을 향한 영혼의 순례』[9]는 영혼이 '자기 밖' 창조세계에서 하나님의 '흔적'을 보고, '자기 안'에서 하나님의 '형상'을 발견하고, 그리스도의 은총으로 그것을 회복하며, '자기를 초월'해서 하나님의 '빛'을 통해 사랑의 연합으로 들어가는 과정을 설명한다. 보나벤투라는 이러한 세 단계를 그리스도의 육체적, 영적, 신적 실체 또는 성막 뜰, 성소, 지성소로 비유했다. 그리고 세 단계를 둘로 나누어 6단계로 설명하고 '세라핌'의 6개 날개로 비유하기도 했다. 『하나님을 향한 영혼의 순례』는 6단계를 거쳐 마지막 7단계를 완성으로 설명했다.

---

8) 유해룡, "기독교 영성의 뿌리 (4) 보나벤투라의 영성," 「교회교육」 210(1994.1) : 68.
9) St. Bonaventure, *The Mind's Road to God* (Catholic Primer's Reference Series, 2005).

<표 10> '하나님을 향한 영혼의 순례' 구조

	관상의 대상		영혼의 여행 과정
1단계	자기 바깥 (창조세계)	육체의 정화	우주에 나타난 하나님의 '흔적'을 통한 관상
2단계			감각적 세계 안에 나타난 하나님의 '흔적'을 통한 관상
3단계	자기 안 (하나님의 형상)	영혼의 정화	우리의 자연 능력 안에 찍힌 '하나님 형상' 안에서 기억, 이해, 의지를 통한 관상
4단계			은총으로 재창조된 '하나님 형상' 안에서 신,애,망의 능력으로 관상
5단계	자기 초월 (사랑의 연합)	영성 수련	하나님의 존재를 통한 관상
6단계			하나님의 선하심 안에서 삼위일체를 관상
7단계			지성은 안식하고, 정감은 완전히 하나님과 연합하는 신비적 상승을 통한 관상

보나벤투라는 영적인 삶을 설명하기 위해 정화-조명-연합(완전)이라는 세 단계 모델을 사용한다. 영혼의 개혁과 영적 순례는 신앙에서 시작된다. 신앙으로 시작된 영혼의 여행은 조명하는 지식으로 인도되고, 정감적인 연합에서 절정에 이른다. 영혼의 여행 과정에는 기도, 덕, 묵상, 관상이 포함된다. 하나님과 연합한 상태의 영혼은 오로지 사랑으로 신비적 평화에 이르게 된다.

첫째, 보나벤투라의 영성은 기독론적이고 삼위일체적이다. 그는 영혼의 자연적 능력을 완전히 부정하지는 않지만, 1~2단계에서 그리스도의 은총이 없으면 자연을 통한 하나님의 흔적을 발견하는 것을 기대할 수 없다. 3~4단계에서 하나님의 형상이 재창조되는 것도 그리스도의 역할이다.

둘째, 보나벤투라의 영성은 창조적이고 종합적이다. 앞에서 언급한 대로 아우구스티누스의 내향적 모델과 정교회의 상승 모델을 종합했고, 카타파틱 묵상과 아포파틱 관상을 종합했다.

셋째, 보나벤투라의 영성은 이론과 체험적 영성의 조화를 이룬다. 그는 자신의 관상 체험과 신학을 조화시켰고, 프란체스코회의 주의주의적(정감) 전통을 스콜라주의 주지주의(이성) 전통과 연결했다. 그러나 영적 순례자가 최종 단계에 이르렀을 때 지성은 중지되고 가장 고조된 정감이 하나님의 사랑으로 변형되어 참여하게 된다고 한다(『영혼의 순례』 7.4). 마지막에는 의지와 사랑을 강조하는 프란체스코회 전통이 나타난다.

그는 영성의 '상승 모델'에서 그리스도의 낮아지심의 결과로 부활과 고양이 일어났다는 것을 기억해야 하고, 영적 여행 과정은 개인의 영적 경험으로 끝나면 안 되고, 늘 하나님의 백성으로서 신앙공동체의 유익을 위한 것임을 잊지 말아야 한다고 강조한다. 극단적이거나 개인주의적인 영성은 늘 경계해야 한다.

7. 에크하르트

마이스터 에크하르트(Meister Eckhart, 1260-1328)는 독일의 도미니코회 신학자, 철학자, 신비가다. 그가 살던 시기에는 교황청의 아비뇽 유수(1309-1377)가 있었고, 프란체스코회와 도미니코회 사이의 긴장이 컸으며, 교회의 부패로 다양한 영성 운동들이 일어났다. 특히 십자군 전쟁 이후 과부들이 영성 단체를 결성했다.

에크하르트는 중부 독일 튜링엔(Thüringen)의 호크하임(Hochheim)에서 태어났다. 그는 15세에 에르푸르트의 도미니코 수도원에 입회했고, 파리 대학과 쾰른 대학에서 공부한 후 1294년에 대학의 강사로 임명되었다. 거의 동시에 에르푸르트 수도원의 부원장과 튜링엔 지역의 관구장으로 사역했다. 도미니코회는 그를 파리 대학의 석좌교수(1302-1303)로 파송했다. 그 후 색스니의 관구장(1303-1311)을 맡아서 47개의 수도원을 보살폈다. 그리고 그는 다시 파리 대학의 교수(1311-1313)로서 학생들을 가르쳤는데, 이때 마이스터(Meister)라는 칭호가 주어졌다. 그 후에 스트라스부르 지역에서 도미니코 수사를 위한 영적 지도를 했고, 스트라스부르와 쾰른 지역에서 도미니코회 수녀들과 베긴회 여성들에게 설교하고 영적 지도를 했다. 그는 독일어로 설교했다. 에크하르트는 1323년경부터 쾰른에서 활동했는데, 대중 설교가로 명성이 높았으나 죽기 전 3년 동안 그 지역 대주교에게 이단 혐의로 조사를 받았다. 그의 사후 교황 요한 22세는 에크하르트를 이단으로 정죄했다.

　에크하르트의 신비주의 영성을 관통하는 중심 원리는 첫째, '유출'과 '복귀'의 역동성이다. 에크하르트는 존재 자체이며, 모든 존재의 원천(源泉)인 신성(Godhead)으로부터 '삼위일체'가 출현했고, 세계가 창조되었다고 말한다.[10] 삼위일체와 신성의 본질은 동일하다.[11] 둘의 차이는 비활동과 활동의 차이다(「설교」 56).[12] 신성은 알 수 없는 하나님의 내재적 일치이며, 삼위일체는 인간에게 알려지는 하나님의 경륜이다. 둘째, 태초에 신성은 자기 안에서 만물을 창조했다. 창조세계는 그 원천이 하나님이지만 그 본질은 신성과 다르다. 하나님이 없으면 모든 피조물의 존재

---

10) Maurice O'C. Walshe tr. & ed., *The Complete Mystical Work of Meister Eckhart* (A Herder & Herder Book, 2009), (Sermon 51, 94, 96), 273, 455, 462.
11) "Commentary on the Book of Wisdom" 38, Ibid., 471.
12) Sermon 56, Ibid., 294.

는 불가능하다. 이렇게 유출된 '삼위일체'와 '창조세계'는 신성으로의 원천 복귀를 희망하게 된다.[13]

에크하르트의 신학에서, '삼위일체'와 '창조세계'가 신성으로 복귀하는 과정에서 인간론과 기독론은 독특한 역할을 한다. 인간의 영혼은 하나님과 동일 원천을 지닌 하나님의 모상(模像)이다. 영혼의 지성은 하나님을 지향하는 능력이 있지만, 원죄로 인해 그 방향성이 굴절되었다. 인간 영혼 안에서 성자가 탄생해 신성으로 복귀할 때 영혼은 원지향성을 회복하게 된다. 그래서 그 영혼은 만물과 함께 하나님께 복귀한다.[14] 성자는 세 차례의 탄생이 있는데, 삼위일체의 2격으로, 역사 속에서 성육신으로, 그리고 인간의 영혼 안에서 탄생한다. 성육신의 목적은 바로 인간의 영혼 안에서 '성자의 탄생'을 이루기 위함이었다. '성자의 탄생'이 일어나면서 인간은 입양을 통해 하나님의 아들이 되고, 여기서 완성이 일어난다.

에크하르트는 모든 사람이 신성과 일치하도록 부름을 받고 있으며, 사람은 하나님의 은총과 하나님의 아들로 거듭나는 체험을 통해 그리스도를 따라 살아야 한다고 말한다.[15] 하나님을 향한 영적 여정에서 "초탈"(detachment), "돌파"(Durchbruch), "영혼의 근저에서 성자의 탄생"이라는 개념이 중요하다. 초탈은 하나님께서 인간에게 가장 가까이 접근할 수 있는 최고의 덕이다.[16] 초탈을 뜻하는 독일어 'abgescheidenheit'

---

13) Sermon 24, 93, Ibid., 161, 453.
14) Sermon 66, Ibid., 294.
15) 심종혁, "마이스터 에크하르트의 신비주의 영성," *Catholic Theology and Thought* 46 (2003.12) : 27.
16) "On Detachment," *The Complete Mystical Work of Meister Eckhart*, 566-574. 에크하르트는 하나님은 창조 이전에 불변의 초연에 계셨다고 하며, 초연을 겸손과 모든 덕보다 중요한 것으로 평가한다.

는 '잘라 내다'라는 중세 독일어에서 유래했는데, 영혼이 지닌 모든 기능에서 물러나 사물과 상을 비우고 침묵과 평화를 유지하는 것이다. 그래서 "버리고-떠나 있음"으로 번역하기도 한다.[17] 영혼은 초탈에서 '가난한 마음'을 회복한다. 에크하르트는 세 가지 가난을 말한다.[18] 첫째, 원하는 것(욕망과 의지)에 대한 가난이다. 자신이 만든 모든 의지를 버리고 존재 이전의 나였던 상태를 회복해야 한다. 둘째, 아는 것(생각과 지식)에 대한 가난이다. 교리에 붙잡혀 있지 말고, 인간이 만들어 낸 신에 대한 상(像)조차 버려야 한다. 셋째, 가진 것(물질적, 정신적 소유)에 대한 가난이다. 그리고 자신을 내려놓아야 한다. 버림, 비움, 없음을 통해 얻은 진정으로 초탈한 마음은 하나님을 다가오게 한다. 욕심과 수단 없이 하나님을 찾을 때 있는 그대로의 하나님을 포착하게 된다. 돌파는 비움과 버림 후에 자유로운 영혼이 신성이 존재하는 '영혼의 근저'로 진입하는 것이다.[19] '영혼의 근저'는 오직 자유로운 영혼의 소유자만이 의식에서 체험할 수 있는 마음의 능력이다. 영혼의 근저는 '하나님의 형상'이 있어서 또한 그곳은 '신의 근저'가 된다.[20] 영혼이 돌파를 통해 영혼의 근저로 내려가면 '성자의 탄생'이 일어나고, 성자는 신성으로 복귀하고 우리의 영혼도 신성과 연합한다.[21] 성자의 탄생은 유출의 종점이고 복귀가 시작되는 지점이다.

첫째, 에크하르트의 신비주의 영성은 창조세계를 긍정한다. 창조세계

---

17) 이부현, "에크하르트의 영혼의 근저에서 탄생", 「신학전망」 180(2013.3) : 76. 김권일은 초탈을 "비움-나기"로 번역했는데, 비움, 돌파, 하나님의 아들의 탄생, 세 가지 개념을 다 포함한 것이다. 김권일, "신비주의자 마이스터 에크하르트," 「신학전망」 173(2011.6) : 239-240.

18) Sermon, 87, in The Complete Mystical Work of Meister Eckhart, 420-425.

19) Sermon, 30, Ibid., 183.

20) Sermon, 51, 61, 66, Ibid., 273, 313, 334.

21) Sermon, 48, Ibid., 259.

는 신성에서 유출한 것이므로 하나님께로 돌아가야 한다는 의미와 신학적 가치를 지닌다.

둘째, 에크하르트의 영성은 부정의 방법을 택한다. 인간이 하나님을 만나기 위해서는 지성과 감각으로 알고 있는 모든 것을 비우고 버려야 하며, 다가오시는 하나님을 순종으로 만나야 한다. 그는 유익을 얻기 위해 내 관념으로 만들어진 신을 하나님으로 믿는 것을 절대적으로 경계하며, 사랑하는 하나님을 섬기는 영성을 중시한다.

셋째, 에크하르트의 영성은 창조적이다. 하나님께서 우리의 영혼 안에 끊임없이 '성자를 탄생'시킨다는 개념은 하나님과 우리의 만남이 고정된 것이 아니라 상호 창조적인 과정을 끌어내는 것이다.

넷째, 에크하르트의 영성은 이웃 사랑을 중요하게 여긴다. 그는 마리아와 마르다의 비유에서 관상적 체험에 빠져 있는 마리아보다 관상과 활동이 통합된 마르다의 영성을 더 높게 평가한다.[22]

"만일 당신이 바울처럼 황홀 상태를 경험하고 있다고 하더라도 수프가 필요한 병든 사람을 알게 된다면, 사랑을 위해 황홀을 포기하는 것이 훨씬 더 잘하는 일이라고 생각한다."[23]

토마스 아퀴나스는 세 가지 삶의 방법 중 첫째가 활동생활이고, 둘째는 관상생활인데, 셋째는 이 두 가지를 절충한 것으로 세 번째가 가장 우위의 것이라고 보았다. 그러나 하나님의 사랑이 넘쳐흘렀을 경우, 또한 일시적

---

22) Sermon, 3, 9, Ibid., 48, 84-87.
23) "The Talks of Instruction," Ibid., 496.

으로 긴급한 경우에 활동생활이 관상생활보다 우선할 수 있다고 했다.[24] 이에 비추어 볼 때 에크하르트가 마르다의 영성을 더 높게 평가한 것은 아퀴나스 전통을 따르면서 실천 영성의 중요성을 강조한 것으로 보인다.

에크하르트는 형이상학적인 개념과 자극적인 용어를 사용했기 때문에 범신론을 가르친다는 오해를 받았다. 에크하르트의 사상은 14세기 독일 신비주의의 핵심인 요하네스 타울러, 하인리히 수소, 그리고『독일신학』(*Theologia Germanica*)의 저자, 14세기 영국의 신비주의자 노리치의 줄리안, 16세기 마틴 루터와 급진 종교개혁자, 17세기 퀘이커 운동의 창시자 조지 폭스, 19~20세기 헤겔, 하이데거, 마르크스, 융, 에리히 프롬에 이르는 현대 사상과 심리학에 영향을 끼쳤다.

8. 줄리안

노리치의 줄리안(Julian of Norwich, 1342-1416 이후)은 영국에서 가장 널리 알려진 14세기 신비주의 작가, 은수자, 영성 지도자였다. 그녀는 영어로 글을 쓴 최초의 여성이며, 리처드 롤(Richard Rolle, 1290-1349),『무지의 구름』(*The Cloud of Unknowing*)의 저자, 아우구스틴 수도회의 월터 힐튼(Walter Hilton, 사망 1395/1396년)과 동시대를 살았다.

그 시대는 백년전쟁(1337-1453), 흑사병의 창궐(1346-1353), 영국의 농민 반란(1381), 기아와 질병으로 사회적 불안이 극도로 높았다. 사람의 마음을 위로하고 희망을 주어야 할 교회조차 권력 다툼으로 교황청이

---

24) Thomas Merton,『칠층산』, 정진석 옮김(서울 : 바오로딸, 2009), 832-833.

아비뇽의 포로(1309-1377)가 되었고, 그 후에도 교황청은 둘로 분열되어 (1378-1417) 지도력을 발휘하지 못했다. 이때 고난을 하나님의 심판으로 여기고 고행으로 속죄하려는 현상이 증가했다. 또한, 여성의 은거활동이 두드러졌다.

줄리안은 부유한 가정에서 태어났고 베네딕토 수도원에서 교육을 받았다. 1373년 5월 8일 30세에 병들어 죽음이 임박했을 때 16개의 환상을 보았다. 그녀는 자신이 본 환상을 『계시』로 기록했고, 노리치의 성 줄리안 교회 독방에서 20년간 은자 수녀로 살면서 그 환상에 대해 명상해서 『하나님의 사랑의 계시』(Revelations of Divine Love)를 기록했다. 이 환상은 그녀의 삼위일체-성육신 신학을 깊게 했고, 영국의 경건 문학을 변화시켰다.[25]

줄리안은 환상을 경험하기 전에 세 가지를 기도했다. 그리스도의 수난을 분명하게 인식하는 것, 30세에 육체의 질병에 걸려 정화되는 것, 마지막으로 통회의 상처, 동정의 상처, 하나님을 향한 갈망의 상처를 갖게 해달라는 것이었다(제2장).[26]

첫째, 줄리안의 영성은 그리스도의 고난에 동참해서 그리스도와 인격적이고 직접적인 연합을 하려는 것이었다. 줄리안이 보았던 16가지 환상의 내용은 예수 그리스도의 고난, 십자가의 수난, 행복과 불행의 의미, 그리스도의 마음, 성모 마리아, 창조세계의 완성과 하나님의 보상, 삼위일체, 천국의 기쁨과 같은 것이다. 주로 삼위일체적이고 기독론적인 사랑에 기초하고 있다.

---

25) "Julian of Norwich," DCS, 553.
26) Julian of Norwich, 『하나님의 사랑의 계시』, 엄성옥 옮김(서울 : 은성출판사, 2007), 110-111.

나는 이 계시를 받은 이후로, 종종 주님이 의도하시는 것이 무엇인지 알기를 간절히 원했습니다. 그로부터 십오 년이 지난 후, 나는 영적으로 다음과 같은 응답을 받았습니다. "너는 주님이 의도하시는 것을 알기 원하느냐? 그분이 의도하시는 것은 사랑이라는 것을 알아라. 누가 너에게 이것을 보여 주었느냐? 사랑이다. 그분이 무엇을 보여 주었느냐? 사랑이다. 왜 그것을 보여 주었느냐? 사랑 때문이다"(제86장).

줄리안은 하나님의 신비, 인간, 죄, 구속에 대해 그리고 선하게 창조된 세계 안에 죄가 존재하는 것에 대해 탐구했다.

둘째, 줄리안의 영성은 하나님에 대한 여성적 표현으로 가득하다. 그녀는 자기 체험에 기초해서 예수 그리스도의 어머니 같은 사랑이 인간의 고통을 포용하고 변형시킨다는 성찰을 했다. 하나님에 대해 사랑의 자궁을 통해 우리를 낳으시고, 그의 살로 먹여 키우시는 어머니 이미지를 사용했다.

악을 선으로 갚으시는 예수 그리스도는 우리의 참된 어머니이십니다. 우리는 모성의 기초가 되는 그분으로부터 존재를 소유하며 영원히 잇따라 일어나는 사랑의 보호를 소유합니다. …… 하나님은 우리의 아버지이시며 또 어머니이십니다. …… 우리 아버지는 원하시고, 우리 어머니는 일하시고, 선하신 주 성령을 확증하십니다(제59장).

셋째, 줄리안의 영성은 낙관적이다. 하나님께서 이 세계를 귀중하게 여기고 결국에는 세상을 구속하시는 것으로 이해한다. 그는 심판이 진행되고 있다고 믿는 그 시대의 분위기를 영성으로 극복하고 하나님께서 주시는 희망의 메시지를 전했다. 그녀는 개암 열매 크기의 둥글고 작은 것이 손에 있는 환상을 보았다. 그리고 그 작은 피조물도 하나님이 만드셨고, 사랑하시고, 돌보신다는 것을 깨닫는다. 따라서 하나님은 선함으로 우리를 창조하시고, 고난으로 우리를 회복시키고 돌보신다고 말한다(제5장).

줄리안은 인간이 죄로 죽어 갈 때, 주님은 더 깊은 인간의 절망 속에 떨어져서 희망의 불을 밝히신다고 말한다. 줄리안은 성육신을 현재진행형으로 이해했고, 그리스도의 성육신 안에서 현재의 구원, 온 인류의 미래구원, 만물의 온전한 회복이 일어날 것을 믿었다. 인간의 죄에 대해서도 희망을 잃지 않았다.

> 아담이 떨어졌을 때 하나님의 아들이 떨어졌습니다. …… 아담은 생명에서부터 죽음으로 떨어져서 이 비참한 세상의 골짜기에 들어갔고, 그 후에 지옥에 들어갔습니다. 하나님의 아들은 아담을 하늘과 땅에서 죄의식으로부터 해방시키기 위해서 아담과 함께 떨어져 동정녀의 자궁 속으로 들어갔고, 크신 능력으로 아담을 지옥에서 구해 내셨습니다(제51장).

> 예수님은 이 계시에서 내가 알아야 할 모든 것을 알려 주시면서 다음과 같이 대답하셨습니다. "죄는 필요하다. 그러나 모든 것이 잘될 것이며, 모든 종류의 일들이 잘될 것이다"(제27장).

8

새로운 경건운동

제8장
새로운 경건운동

　스콜라주의 전성기에 영성은 지성주의로 흘렀고, 사변적 신학 논쟁은 일반인의 영성에 큰 도움이 되지 않았다. 14세기의 '새로운 경건운동'(*Devotio Moderna*)은 새로 출현하는 도시 시민계급의 가치를 강조했다. 이 운동은 평신도와 성직자가 함께 참여하는 공동생활 형제회 그리고 공동생활 자매회에 의해 확산되었다. 새로운 경건운동은 극단적 지성주의를 거부하면서 경건의 작품들을 생산했다.
　중세 후기에는 흑사병과 도시 문화의 출현으로 전통적 공동체가 파괴되었고, 르네상스 인문주의의 출현으로 인간과 우주에 대한 세계관이 급변했다. 평신도는 성직자들의 지적, 종교적 헤게모니로부터 해방을 경험하게 되었다. 새로운 경건운동은 인문주의와 종교개혁에 공헌했다.

1. 새로운 경건운동의 기원

　새로운 경건운동(1375-1600)은 네덜란드와 독일에서 기원했고, 경건 실천을 통해 내적 개혁을 추진했던 운동이었다. 이 운동의 창시자 헤르트 흐로테(Gerard Groote, 1340-1384)는 네덜란드 데벤테르에서 태어났고, 대학교육을 받은 지성인이었다. 1374년 그는 영적 회심을 경험한 후에 자신의 집을 하나님께 헌신하려는 가난한 여성들의 기숙사로 내놓았다. 이 공동체는 베긴회 숙소와 비슷했지만 베긴회보다 구조가 자유로웠고 훗날 공동생활 자매회로 발전했다.

　흐로테는 수도원에 들어가서 3년간 학문에 몰두했다. 그리고 부제서품을 받고 위트레흐트(Utrecht)의 주교 관구에서 설교자 자격을 획득했다. 그는 지역을 순회하면서 성직자와 수사의 타락, 평신도의 도덕적 부패, 교회 분열과 이단사상을 비판했다. 그의 목표는 생명력 없는 지성주의와 경쟁적 신비주의를 떠나 생활 속에 경건한 종교성을 심화시키고 건전한 가르침을 증진하는 것이었다.

　흐로테가 중세 후기 영성에 이바지한 공헌은 다음과 같다. 첫째, 그는 젊은이들에게 수도원 개혁을 촉구했다. 편지를 이용해 흩어진 사람들을 격려했고, 공식적 성무(聖務)에서 추려 만든 일과 시간표(*horarium*)를 갖고 개인과 공동체 기도를 장려했다. 둘째, 즈볼러(Zwolle)에서 교육자 요하네스 셀레(Johannes Cele)와 함께 네덜란드의 교육을 개혁했다. 교육의 목적은 기독교인의 양심을 형성하고, 공동체 정신을 함양하는 것이었다. 당시 유럽에서 성장하는 신흥 시민계층(상업계층)의 아이들을 위한 학교를 개설했고, 토착어로 읽기, 쓰기, 셈법을 가르치면서 동시에 경건생활을 가르쳤다. 그러한 새로운 경건운동의 교육은 영적 발전에 큰 영향을 끼쳤다. 특히 에라스무스, 루터, 로욜라, 칼뱅과 같은 사람들이 어린 시절에 이들의 영향을 받았다. 셋째, 그는 학문의 발전, 교육개혁과 나란히 기숙사 제도를 발전시켰다. 공동생활 형제회는 소년들에게 기숙사와 숙박을 제공하면서 신앙과 학업을 지도했다. 넷째, 공동생활 형제회와 자매회의 기초를 만들었다. 흐로테의 4년간의 예언자적 메시지로 인해 많은 성직자와 평신도가 신분을 초월해서 자발적 공동생활을 하며 사도적인 삶을 추구했다. 다섯째, 그와 동료들이 수집한 책은 학문의 발전을 자극했다. 그들은 도서를 구입하고, 읽고, 필사하고, 교환해서 수집했다. 그들은 좋은 책이 교회의 유산을 포함하고 있으며, 모든 개혁은 원 자료로 돌아가는 것에서 시작된다는 확신이 있었다. 그래서 젊은이들을 모아 필사 기술을 가르쳤고, 그들이 필사한 신앙의 열매가 수 세기 동안 풍요롭게 지속되었다. 이들의 영성의 특징 중 하나는 개인이 독서를 통해 발췌한 본문의 모음집(*rapiarium*)이었다. 형제회 일원들은 모두 자신의 모음집을 갖고 있었다.

2. 공동생활 형제회와 자매회

1384년 흐로테가 죽은 후에 그의 친구였던 사제 프로텐티우스 라더빈스(Florentius Radewijns, 1350-1400)는 성직자와 평신도가 함께 생활하는 수도단체 공동생활 형제회를 창설했다. 이들은 수도서원을 하지 않고 요리, 청소, 재봉을 하며 생활을 유지했고, 신앙적으로는 회개, 기도, 영적 독서, 경건서적 필사를 하며 검소하게 살았다. 1387년 데벤테르 형제회의 일부는 빈데샤임에 새 공동체를 세우고 아우구스티누스 수도규칙에 따라 생활했다. 다양한 형태의 여성 공동체도 생겼다. 1390년대 흐로테의 제자 요한 브린커린크(John Brinckerinck)는 공동생활 자매회를 네덜란드 전역과 독일에 확산시켰다. 여자들은 설교나 사도적 활동에 참여하지 않고 경건생활을 하며 옷감을 짰다. 이것은 수도생활과 평신도의 경건을 조화시킨 제3의 경건운동이었다. 1395년 빈데샤임에서 새로운 경건운동 수도회 연맹이 만들어졌다. 15세기 말경 그 아래 약 100개의 수도회(남성수도회는 84개)가 있었다.

이 운동의 구성원들은 지역교회와 단절하지 않고 미사에 참여하고 고해성사를 받았다. 그들은 교리보다는 겸손, 사랑, 단순한 생활과 도덕적 실천을 강조했다. 이 운동은 초기에 종종 박해를 받았는데 수도서원 없이 새로운 형태의 수도원생활을 했기 때문에 탁발수도회들에게 비난을 받았다. 그러나 이 운동의 단순성과 헌신성 때문에 비난은 상당히 완화되었다.

16세기 종교개혁 이후 새로운 경건운동으로 세워진 기관들은 급격히 약화되었다. 1600년경 종교개혁 지역에서 공동생활 형제회는 사라졌다. 가톨릭 지역에서 빈데샤임 수도원 총회의 일부가 살아남았으나 18~19세기에 세속화의 영향으로 사라졌다.

새로운 경건운동은 내적 경건을 강조했지만, 짧게 자주 명상하는 기도의 기술을 사용했다. 그들은 성경(특히 시편과 복음서, 공관복음서)을 읽고 명상하는 것을 영성훈련의 도구이자 생활의 원천으로 삼았다. 말씀 명상의 목적은 그리스도를 본받는 것이다. 성경에서 예수의 삶에 대한 장면을 명상하며 자기를 그 안에 투사하여 그리스도를 만나는 방법은 공동생활 공동체 사이에서 대중화되었다. 이 기도방식은 이냐시오 로욜라의 『영신수련』에 큰 영향을 주었다.

3. 『그리스도를 본받아』

토마스 아 켐피스(Thomas a Kempis, 1380-1471)는 네덜란드 켐펜에서 태어났다. 그는 12세에 형과 함께 데벤테르에 와서 공동생활 형제회가 운영하는 라틴어 학교에서 6년간 공부했다. 1406년 그는 아그네텐베르크의 성 아그네스 산에 있는 수도회에 들어갔고, 1413년에 사제서품을 받았다. 전문 필사자로 훈련을 받았고, 수많은 경건서적과 영적 저술을 남겼으며, 신입 수사의 지도에 전념했다. 토마스는 또한 흐로테와 라더빈스의 전기를 기록했다. 그의 가장 대표적인 작품 『그리스도를 본받아』(*Imitatio Christi*, 1430)는 새로운 경건운동의 영성을 대표한다.

이 책은 교황청의 대분열기(1378-1417) 직후에 쓰였다. 로마 교황청과 아비뇽 교황청은 서로 '적그리스도'라고 비난하며 대립했다. 콘스탄츠 공의회(1414-1418)는 마틴 5세를 통일 교황으로 선출했다. 프랑스와 영국이 백년전쟁을 치르는 중 1429년에 잔 다르크가 등장했고, 보헤미아에서 후스파와 가톨릭 군대 사이에 전쟁(1419-1434)이 일어났다. 이 책은 이런 시대적 배경 속에서 나타난 영성의 문제를 고려하고 있다.

이 책은 공동생활 형제회를 따르는 사람들의 경건훈련을 위해 특별한 주제를 다룬다. 가령 종교적 헌신, 겸손, 세상에 대한 부인, 침묵, 그리스도의 고난에 대한 명상 등이다. 성 프란체스코는 문자적으로 그리스도의 고난에 참여해서 그리스도를 본받는 영성 모델을 보였지만, 『그리스도를 본받아』는 "그리스도의 공생애와 수난을 명상함으로써 개인의 내면적인 삶을 그리스도적으로 형성하는" 영성 모델을 제공했다.[1] 또한 이 책은 수

---

1) 유해룡, 『하나님 체험과 영성수련』, 57.

련자에게 내면적 수도원주의의 입문서 역할을 했다. 외적 모습이 수사를 만드는 것이 아니라 '삶의 방식'의 변형이 거짓 수사와 진실한 수사를 구별하는 기준이 되었다. 하나님은 마음을 보시기 때문에 '자신의 내적 선함'이 외적인 행위보다 중요하다고 말한다. 자신의 내적 수사를 계발하기 위해 수도회가 필요한 것이다.

『그리스도를 본받아』는 정화-조명-연합이라는 영성 형성의 패턴을 따라 4권 114장으로 구성되었다. 이 작품은 성경, 아우구스티누스, 베르나르의 사상과 영향력을 크게 의존했다.

제1권 '영적 삶에 유익한 권면들'(정화의 단계)의 내용은 세상의 헛된 지식을 경멸하고 마음의 통회를 이루어 평화를 얻는 것이 신앙적 삶의 필수 요소라고 강조한다. 그리스도의 고난을 따르는 수련을 통해 허영을 제어하고 진리로 나아가라고 권한다. 제2권 '내면의 삶에 관한 권면들'(조명의 단계)은 주님의 공생애를 묵상하고 내면화해서 예수님과 내면적 친밀함을 유지하고 하나님의 참된 위로를 경험하게 한다. 1권과 2권은 능동적인 외면과 내면의 훈련에 속한다. 제3권 '내적 위로'(조명의 단계)는 수동적으로 하나님의 음성을 듣고 그리스도를 본받고, 은총 안에서 참된 위로와 자유를 맛보게 한다. 제4권 '성찬에 관한 경건한 권면'(연합의 단계)은 참된 연합과 신비는 성찬에 참여하는 것이라고 강조하면서 그것이 주는 영적 유익을 설명한다.

이 책이 지닌 영적 특징은 다음과 같다. 첫째, 영성과 관계없는 학문 활동을 비판한다. 스콜라주의 신학 논쟁은 일반 성도와 그들의 신앙과는 전혀 관계가 없는 것이었다. 신학은 그리스도를 본받는 삶이다. 그러나 이 책이 반지성주의를 추구하는 것은 아니다.

겸손하지 않아서 삼위일체 하나님을 기쁘시게 해 드리지 못하는 사람이, 삼위일체 하나님에 대한 해박한 지식을 고상한 말로 늘어놓는다고 해서 그것이 무슨 유익이 있겠습니까? 해박한 지식과 고상한 말이 그 사람을 거룩하고 의롭게 만들어 주는 것이 아니라, 은혜 안에서 겸손한 삶을 살아가는 것이 그 사람을 하나님 앞에서 사랑받게 만들어 줍니다(Ⅰ.1.3).[2]

지식은 그 자체로는 좋은 것이고, 하나님께서 정하신 것이기 때문에, 지식을 나쁜 것으로 치부해서는 안 되지만, 우리가 언제나 가장 우선시해야 할 것은 선한 양심과 선한 삶입니다(Ⅰ.3.4).

빛을 받아 깨달음을 얻은 경건한 사람의 "지혜"와 열심히 연구해서 많은 학식을 쌓은 학자의 "지식"은 큰 차이가 있습니다. 하나님의 감화를 통해서 위로부터 부어진 지식은 사람이 열심히 공부하고 연구해서 얻은 지식보다 훨씬 더 고귀합니다(Ⅲ.31.2).

둘째, 교회가 내세의 구원을 위해 공로를 강조하면서 현재 하나님과 가까워지는 방법에 무관심한 것을 비판했다.

친구와 친척을 의지하는 마음을 버리고, 당신의 구원 문제를 나중으로 미루지 마십시오. 사람들은 당신이 생각하는 것보다 더 금방 당신을 잊습니다. 다른 사람들의 도움을 기대하는 것보다, 바로 지금 적절할 때에 당신의 구

---

[2] Thomas a Kempis, 『그리스도를 본받아』, 박문재 옮김(파주 : CH북스, 2018), 37-38. (이하 각주 생략)

원에 필요한 것들을 미리미리 준비해 두는 것이 낫습니다(Ⅰ.24.5).

셋째, 공로를 강조해서 사람들이 유물을 의존하게 한 것을 비판한다. 토마스는 성찬에 참여하는 것은 공로가 아니라 그리스도의 현존을 의존하고 연합하는 것이며, 그것이 영성의 본질이라고 말했다. 이것은 성찬의 횟수를 연 1회로 제한했던 로마 가톨릭의 관습과 대조적이다.

많은 사람은 성인들이 남긴 유물들을 보기 위해서 이곳저곳으로 달려가서 …… 경탄하고 …… 놀라며 그들의 거룩한 뼈들에 입을 맞춥니다. …… 그러나 이 성찬의 제단에는 인간이 되신 그리스도 예수, 곧 나의 하나님이 온전히 임재해 계시기 때문에, 여기서는 주의 몸을 믿음으로 합당하게 받는 사람이라면 누구든지 영원한 구원을 얻습니다. …… 견고한 믿음과 경건한 소망과 진실한 사랑에 이끌려서 나아오기 때문입니다(Ⅳ.1.8).

넷째, 그리스도인의 덕을 내면화하라는 표현이 많이 나온다. 이것은 그리스도에 대한 순종이 없는 지적 논쟁과 수도원의 부패를 지적하면서 삶의 내면적 변화와 실천적 영성을 요구한 것이다.

신앙인의 삶은 온갖 덕으로 단장되어 있어서, 겉으로 사람들에게 보이는 모습과 내면의 모습이 동일해야 할 뿐만 아니라, 한 걸음 더 나아가서 겉으로 보이는 모습보다 내면이 더 나아야 합니다(Ⅰ.19.1).

만일 사람들이 논쟁을 일삼는 데 들이는 관심과 노력을, 악을 뿌리 뽑고 덕을 세우는 데 쏟는다면, 이 세상에는 이렇게 많은 악한 일들과 추한 일들이 없을 것이고, 수도원에도 이러한 방종함이 없을 것입니다. 장차 저 최후의 심판의 날에 하나님께서는 우리에게 무엇을 읽었는지가 아니라 무엇을 행했는지를 물으실 것이고, 얼마나 말을 잘하였는지가 아니라 얼마나 거룩하게 살았는지를 물으실 것입니다(Ⅰ.3.5).

다섯째, 토마스는 그리스도에 대한 관상적 영성을 옹호했다.

하늘에 속한 것을 묵상(관상)하는 법을 알지 못한다면, 그리스도의 고난에 착념하고, 그 거룩하신 상처들을 깊이 묵상하십시오. 십자가 위에서 그리스도께서 입으셨던 상처들과 그 상흔들을 온 마음으로 깊이 묵상한다면 환난 가운데서 큰 위로를 얻게 될 것이고 ……(Ⅱ.1.4).

중세 후기 서방교회의 영성은 그리스도의 인성과 수난과 밀접한 관계를 갖는 것이 특징이었다. 그래서 십자가를 관상의 주제로 삼는 특징이 있다. 이 책은 예수의 수난에 참여할 뿐만 아니라 자신의 고통을 통해 해방을 경험할 것을 강조한다.

주님의 친구가 되어 함께 분깃을 나누고자 한다면, 기쁜 마음으로 주님의 잔을 마시십시오. 위로를 주시든지 안 주시든지, 그런 것은 전적으로 하나님께 맡겨 드려서, 하나님이 보시기에 가장 좋은 쪽으로 당신에게 행하시게 하십시오(Ⅱ.12.10).

새로운 경건운동은 내면의 영적 변화를 통해 그 시대의 영적 갈증에 응답하려고 했다. 그러한 영적 변화는 한순간에 완성되는 것이 아니었다.

그리스도를 향한 결단을 한 후에 점진적으로 영적 형성을 이루어 가야 한다.『그리스도를 본받아』는 "영적 진보" 혹은 "영적 삶의 진보"라는 표현을 자주 사용한다.[3] 영적 진보는 "자기 부인"을 통해 하나님의 뜻에 굴복시키는 것이다.[4] 이 부분은 현대적 실존주의를 떠오르게 한다. 셋째, '마음의 정화'다.[5] 내면화, 결단, 덕의 진보는 정화를 위한 수단이다. 정화를 통해 하나님을 보는 것이 그 목적이었다.

4. 공헌

새로운 경건운동은 영성사에 크게 기여했다. 새로운 경건운동은 첫째, 지성적인 요소와 감성적인 요소를 조화시킨 영성운동이다. 신앙공동체 안에서 여러 사람이 가진 영성의 성향을 조화롭게 이해하고 그것이 하나님 나라를 섬기는 데 사용될 수 있도록 해야 한다. 둘째, 평신도와 수사의 담을 무너뜨렸다. 영적 도피주의와 영적 엘리트주의를 무너뜨리고 영성의 본래 목적에 충실하는 것이 중요하다. 셋째, 주관적 경험뿐만 아니라 객관적인 계시의 말씀인 성경과 조화를 추구했다. 성경과 성례에 기초를 지닌 영성을 발전시켜야 잘못된 신비주의와 이기적 뿌리를 근절할 수 있다. 넷째, 중세의 금욕주의 전통을 수용하면서 동시에 자유로운 영적 경험을 추구하는 쇄신을 이뤘다. 즉, 전통적 영성 경험을 무시하지 않으면서도 그것

---

[3]『그리스도를 본받아』1권 10, 11, 13, 17-22, 23, 25, 2권 2, 5, 12, 3권 7, 13, 25, 31, 37, 39, 43, 50, 58, 59.
[4]『그리스도를 본받아』3권 32, 37, 39, 56.
[5]『그리스도를 본받아』2권 4, 6, 3권 7, 9, 55, 4권 3, 5, 7, 10, 16.

을 선교와 섬김으로 조화시켰다. 다섯째, 르네상스 인문주의와 종교개혁의 전야제가 되었다. 여섯째, 개인의 자유를 신장하고, 인권을 신장했고, 고전을 필사했으며, 금욕주의의 타락을 경건주의로 회복시켰다.

9
종교개혁 시대의 영성

제9장
종교개혁 시대의 영성

16세기 유럽의 기독교 세계는 루터교, 개혁교회, 성공회, 급진 재세례파, 로마 가톨릭으로 나뉘어져 각각의 영성을 추구했다. 개신교회와 로마 가톨릭교회 양쪽에서는 다양한 영성이 발전했다. 인쇄술과 출판문화의 발달로 교회는 교리문답서와 다양한 신학서적을 출판했는데, 이것은 부모와 자녀 세대를 위한 교리 교육과 목회자 교육의 질을 향상시켰다.

개신교는 성경 읽기와 말씀 설교, 개인 기도를 통한 양심의 점검, 가족기도와 교리 교육으로 영성훈련을 시켰다. 성공회는 『공동기도서』를 통해 영국국교회를 통일시켰다.

로마 가톨릭의 신비주의 영성은 스페인에서 황금기를 맞았다. 카르멜 수도회의 두 개혁자 아빌라의 테레사(Teresa of Avila)와 십자가의 요한(John of the Cross) 그리고 예수회의 창시자 이냐시오 로욜라(Ignatius of

Loyola)가 중심인물이었다. 트리엔트 공의회(1545-1563)를 통해 확립된 가톨릭 영성은 성례에 근거했고, 영적 지도를 위해 신앙고백을 사용하는 훈련된 사제를 배출했다.

1. 루터교회

1) 마틴 루터의 영성

(1) 복음의 재발견

루터(Martin Luther, 1483-1546)는 아우구스티누스회의 수사였고, 비텐베르크 대학의 신학 교수였다. 그는 공로 중심적 중세교회의 관습에 따라 종교적 의무를 수행하면서 영적 만족을 얻지 못하고 영적 시련을 겪었다. 그러던 중 로마서에서 복음과 하나님의 의(義)를 발견했다. 구원을 보장하는 하나님의 의는 대가를 요구하지 않는 하나님의 선물(은혜)이고, 그리스도를 믿음으로 얻는다는 것을 깨달았다. 루터는 회심을 체험한 후에 공로에 근거한 영적 노력의 절망감과 율법적 요구에서 자유를 얻었다. 그 후 루터는 중세 영성이 추구했던 공로 구원론과 신학적 투쟁을 하게 된다.

루터는 놀라운 회심을 체험했기 때문에 신학을 스콜라주의가 아니라 목회적 훈련으로 여겼다. 루터에게 가장 시급하게 개혁해야 할 교리는 영적 삶의 기초에 관한 것이었다.

(2) 루터의 영성의 특징

루터의 영성은 자신의 신앙체험에 근거해서 정립되었다. 첫째, 복음 안에서 자유를 얻은 영혼이 누리는 기쁨과 감사에서 바른 영성이 형성된다. 루터는 구원의 불확실성과 심판에 대한 불안과 공포가 영성의 기초가 될 수 없다는 사실을 잘 알고 있었다. 둘째, 영성은 은총을 의존하는 것이다. 자기를 구원하는 하나님의 의는 "내 바깥에 있는 의"이고, 복음을 믿음으로 주어지는 "수동적인 의"다. 그래서 영성에서 '자기중심주의'는 가장 위험한 적이다. 셋째, 영성은 공동체적이다. 그리스도와 성도의 연합은 그리스도의 몸에 함께 연합한 동료 공동체를 형성한다. 영성은 성도의 공동체 안에서 자라고 성장한다. 넷째, 영성은 이웃 사랑이다. 구원받고 그리스도와 연합한 성도의 마음에서는 '샘솟는 사랑'(quellende Liebe)이 흘러나와 이웃 사랑을 실천하게 된다. 성도가 얻은 자유는 만인을 섬기기 위한 종이 되는 자유함이다.

다섯째, 영성은 '십자가 신학'과 고난의 신학에 근거한다. 루터는 인간의 눈에 숨어 계시며 오직 십자가에서 자기를 계시하시는 고난받는 하나님 인식을 강조한다. 그리고 이성과 경험을 의존하는 중세 신학을 '영광의 신학'이라고 비판했다.

> 눈으로 볼 수 없는 하나님의 일들을 피조물 안에서 보이는 것으로 여기는 이들은 그 누구든지 신학자라고 불릴 자격이 없다. 고난과 십자가에서처럼, 눈으로 볼 수 있는 하나님의 뒷모습을 본 사람은 그 누구든지 신학자라고 불릴 자격이 있는 사람이다(「하이델베르크 논박」 19-20).[1]

---

1) "Heidelberg Disputation(1518)," *Martin Luther's Basic Theological Writings*, ed. Timothy F. Lull (Minneapolice : Fortress Press, 1989), 31.

그리스도를 모르는 사람은 그 누구든지 고난 속에 감추어진 하나님을 알지 못하는 사람이다. 그러기에 고난보다는 업적들을, 십자가보다는 영광을, 약함보다는 강함을, 어리석음보다는 지혜를 더 좋아한다(「하이델베르크 논박」 21).

여섯째, 루터의 영성에는 기독론적 신비주의가 있다. 루터는 디오니시오스, 요하네스 타울러, 『독일신학』의 부정신학 전통과 베르나르의 신비주의 전통에 영향을 받았다.[2] 하지만 루터는 자기 내면에서 하나님을 찾는 신비주의는 거부했다. 오직 믿음으로 알 수 있는 하나님을 강조하기 위해, 부정신학에서 "숨어 계신 하나님" 이해를 수용했다. 루터는 베르나르를 자주 인용했다.[3] 베르나르가 영혼과 그리스도의 연합을 강조했고, 십자가 수난을 강조한 기독론적 신비주의자였기 때문이다.

루터의 종교개혁은 영성 모델을 바꿔 놓았다. 루터는 수도원적 금욕과 고행의 영성을 반대했고, 내면에서 하나님을 찾는 '상승 모델'을 거부했다. 수도원에서는 은총을 변형으로 이해했지만, 루터는 은총을 용서로 이해했다. 그러나 루터는 칭의를 강조해야 하는 상황 때문에, 영성에서 성화 혹은 변형의 중요성을 부정적으로 다뤘다. 성령께서 성도 안에서 관계성을 재창조하시고 성화 혹은 변형으로 이끄신다는 것은 성경의 약속이다. 루터의 십자가 신학은 현실에서 그리스도의 고난에 동참하고, 고난받는 사

---

2) Louis Bouyer, *A History of Christianity Ⅲ : Orthodox Spirituality and Protestant and Anglican Spirituality* (NY : The Seabury Press, 1969), 69-70.
3) "Two Kinds of Righteousness(1519)," "A Meditation on Christ's Passion(1519)," "The Babylon Captivity," "The Freedom of a Christian(1520)," "That Doctrines of Men Are to Be Rejected(1522)," "To The Councilmen of All Cities in Germany(1524)," "A Treaties on Christian Liberty(1920)," "Against Antinomians(1935)," "The Councils ad the Church (1935)," "The Smalcald Article(1537)".

람들과 함께하는 영성이다. 그러나 현대의 관점에서 루터의 십자가 신학은 부활의 신학과 짝을 이룰 필요가 있다. 사도 바울은 부활하신 그리스도를 만났고, 십자가 신학과 부활 신학을 대립적으로 보지 않았다. 루터의 '낮은 기독론'은 개혁신학의 '높은 기독론'과 정교회의 '부활 신학'과 조화할 때 서로의 약점을 보완할 수 있을 것이다.

2) 루터교회의 영성

루터교회는 성경과 복음의 관점에서 로마 가톨릭교회의 교리와 실행을 개혁하려는 운동에서 출발했다. 따라서 루터교회의 영성은 그들이 받아들일 수 없었던 영성의 역방향에서 잘 규정된다.

(1) 자기 의(義)와 투쟁하는 영성

자기 의를 추구하는 것은 죄성의 근원이며 우상숭배다(「하이델베르크 논박」7). 이러한 죄는 하나님 사랑에 지속적인 방해가 된다. 기독교 영성은 자기 형상으로 만든 신을 갖고 싶어 하는 자기중심주의와 싸워야 하며, 이것은 끝없는 자기부정의 고통스러운 과정이다. 스스로를 위로하는 근거는 깨져야 하며, 오직 그리스도만 의지해야 한다.

(2) 말씀 중심의 영성

설교 말씀을 듣는 것은 루터교회 영성의 중심이다. 믿음은 보관하거나 저장할 수 있는 것이 아니고 매번 말씀으로 새롭게 창조되는 것이다. 복음의 언약은 귀로 듣고 마음을 뚫고 들어가서 모든 형태의 저항을 깨뜨린다. 그래서 성도는 일생 공동예배를 통해 말씀 설교와 성례를 통해 복음을 들어야 한다. 공동예배에서 분리된 개인적 경건 실천은 건강한 신앙을 유지할 수 없다.

(3) 성례에 뿌리를 둔 영성

성도는 세례를 통해 그리스도와 연합한다. 일상생활에서 세례를 기억하는 것은 기독교인의 정체성을 늘 갱신하고 복음을 증언하고 봉사하는 삶을 살게 한다. 성찬에서 그리스도의 몸의 부분으로 모인 개인은 "너희를 위한 나의 몸이다. 너희 죄 사함을 위한 나의 피다."라는 그리스도의 음성을 듣는다.

(4) 섬김의 영성

루터는 공로적 의를 신앙의 죄와 위험으로 간주했다. 그러면 루터교회는 믿음과 행위의 관계를 어떻게 이해하는가? "그리스도를 구원의 기초와 복으로 소유했을 때, 다른 부분들이 따라온다. 즉, 그분을 당신의 모범으로 삼고, 그리스도께서 당신을 위해 자신을 주신 것처럼 이웃에게 섬김으로 그대를 주라."[4] 루터교회는 기독교인의 윤리는 그리스도를 따르는 섬김의 영성에서 나온다고 강조한다.

(5) 찬양과 교리 교육을 중시하는 영성

루터는 그의 시대에서 가장 음악을 잘 이해했던 개혁자였다. 많은 찬양을 작곡하고 예배에 사용했다. 루터교회는 찬양을 통해 그들의 신앙을 고백했다. 루터는 『소요리문답서』 안에 영적 가르침을 요약했다. 오직 은혜, 이신칭의, 삼위일체와 성육신 교리를 포함하고 논쟁의 여지가 있는 내

---

[4] "What to Look for and Expect in the Gospels(1521)," *Martin Luther's Basic Theological Writings*, 107.

용은 제거했다. 루터교회는 『소요리문답서』를 교육해서 루터 교인의 정체성을 형성했다. '루터의 날'에 가정의 지도자는 가족들에게 신앙을 가르칠 책임이 있었다. 이때 여성들도 가르치는 권위를 허락받았다. 교회는 소요리문답의 내용을 검토하는 것으로 입교 예전을 준비했다.

(6) 평신도 영성

루터교회는 평신도 영성의 중요성을 가장 빨리 깨달았다. 루터는 『독일 귀족에게 고함』(1520)에서 성직은 거룩하고 일반 직업은 세속적이라는 구분을 폐기했다. 모든 세례 받은 기독교인은 하나님 앞에서 평등하고, 직무와 사역에는 차이가 있지만 지위에는 차이가 없다.

> 모든 기독교인은 진정 영적인 신분을 가진 사람들이며, 따라서 직무가 다를 뿐 그들 사이에는 어떠한 차이도 존재하지 않는다. 바울은 고린도전서 12장 12절에서 우리 모두 각 지체가 그 나름의 직무를 통해 다른 지체들을 섬기고 있는 한 몸임을 말하고 있다. …… 그러기에 평범한 사람들과 성직자들, 제왕들과 주교들, 수도원에 사는 사람들과 속세에 몸을 담고 있는 사람들 사이에는 근원적으로 결코 어떠한 차이도 존재하지 않는다는 결론이 도출된다. 유일하게 존재하는 차이는 그 지위가 아니라, 그들이 수행하는 직무 및 사역과 관련된 것이다.[5]

루터는 성직의 직무를 감당하는 소명이 있는 사람은 교회의 동의와 천거를 받아서 선출되어 그 임무를 수행해야 한다고 생각했다. 평신도 영성

---

5) "An Open Letter to the Christian Nobility of the German Nation," *Works of Martin Luther, Volume 2* (Books for the Age, 1997), 51-52, 53.

은 초대교회와 사막 교부에서 핵심적인 역할을 했으나 중세에 무시되었고 종교개혁 때 재발견되었다. 그러나 루터는 세상에 대한 염세주의가 심해서 만인제사장직을 실천으로 옮기지 못했고, 이 사상은 재세례파 사이에서 실천되었다. 기독교 공동체 안에서 특정 직분이 하나님과 더 가까운 것은 아니다.

2. 개혁교회

1) 칼뱅의 영성

장 칼뱅(Jean Calvin, 1509-1564)은 법을 공부한 인문주의자였고, 종교개혁 교리로 회심(1553-1554)을 체험한 후 스스로 신학을 공부했다. 칼뱅은 말씀에 순종하는 영성을 갖고 있었다. 칼뱅은 프랑스에서 박해를 피해 도주하던 중 제네바에서 기욤 파렐(Guillaume Farel)의 협박을 받고 제1차 제네바 종교개혁(1536-1538)에 참여했다. 그러나 방종한 자유를 원하는 제네바 시민들의 저항을 받고 추방당했다. 이때 마틴 부처의 요청을 받고 스트라스부르에서 프랑스 피난민을 위해 목회했다(1538-1541). 그 후 제2차 제네바 종교개혁(1541-1564)에 헌신했다.[6] 칼뱅은 이 과정에서 자기 뜻대로 사역을 결정하지 않고, 하나님의 부름으로 이해되는 일에 순종했다. 칼뱅이 사용한 인장에는 그 영성이 잘 표현된다. "나의 마음을 주님께 드립니다. 자발적으로 신실하게"(*Cor meum tibi offero Domine prompte et sincere*).

---

6) "John Calvin," *DCS*, 327.

칼뱅에게 영성(경건)생활의 핵심은 하나님의 영광을 찬미하는 것과 그리스도와 연합된 삶을 사는 것이었다. 칼뱅은 『제네바 요리문답』에서 참된 경건은 하나님을 주로서 경외하고 두려워하는 것과 아버지로서 사랑하는 것이라고 말한다. 또한 말씀과 성례로 그리스도 안에 신비적으로 연합하는 것을 신앙생활의 목적으로 본다.

> 머리이신 그리스도와 그 구성원이 함께 연합하는 것, 즉 우리의 마음에 그리스도가 거하시는 신비적 연합이 가장 중요한 것이다(『기독교강요』 III.11.10).

칼뱅의 영성에서 말씀 설교와 성례는 가장 중요한 은총의 수단이다. 말씀 설교에 그리스도의 임재가 있고, 세례는 성도를 그리스도의 몸에 연합시키며, 성찬은 성도에게 그리스도의 몸을 먹이는 것이다. 칼뱅은 성도의 경건한 삶이 성장하는 것은 성령에 의해 그리스도와 연합이 깊어지는 점진적 과정으로 보았다.

칼뱅의 영성은 공동체적이다. 성도에게 생명을 부여하고 그의 젖으로 기르는 것은 어머니 같은 교회다(IV.1.1, 4). 개인의 경건은 신앙공동체로부터 힘을 얻고 교정을 받는 것으로 이루어진다. 따라서 예배공동체가 중요한 것이다. 칼뱅이 개인의 회심과 성화를 강조할 때 그것은 개인적 완전에 도달하라는 뜻이 아니고 하나님 사랑과 이웃 사랑을 강조하는 것이었다. 그는 성도가 내면의 영성을 탐구하는 것보다 그리스도의 주권을 실현하는 것을 더 중요하게 생각했다.

칼뱅의 교회론에는 에큐메니컬 영성이 나타난다. 칼뱅은 스트라스부르에서 목회할 때, 마틴 부처와 멜랑히톤과 만나면서 루터교회와 접촉

했다. 그 시기는 로마 가톨릭의 공격에 대응하기 위해 개신교 진영의 연합이 중요했다. "말씀이 순수하게 전파되고 성례가 바르게 집례"되는 것이 교회의 표지(Ⅳ.1.10)라고 하는 칼뱅의 교회론은 루터파의 『아우구스부르크 신앙고백』(1530) 제7항을 그대로 수용한 것이다. 1549년 칼뱅은 취리히의 개혁자 불링거와 함께 스위스 개혁진영을 연합시킨 '취리히 신조'(Consensus Tigrinus)를 만들었다. 그리고 칼뱅은 영국국교회 내부의 종교개혁자들과도 긴밀한 서신을 나누며 교회의 일치를 모색했다. 그는 하나님께서 로마 가톨릭교회를 완전한 파멸에서 구하고 "교회의 흔적"을 남겨 두셨다고 인정했다(Ⅳ.2.11). 그러나 칼뱅의 에큐메니컬 영성은 시대적 한계로 인해 빛을 볼 수 없었다.

칼뱅의 영성은 사회개혁적이었다. 칼뱅은 성도의 소명은 하나님의 청지기직을 수행하는 것이라고 이해했다. 기독교인은 세상에 적극적으로 참여해서 그곳에 하나님의 주권과 영광이 드러나게 해야 한다. 그러나 모든 직업이 거룩한 것이 아니기에 직업 선택에서 신앙적 결단이 따른다.

> 우리는 하나님께서 우리에게 주신 모든 것의 청지기다. 그로 인해 우리는 우리의 이웃을 섬길 수 있고, 우리의 청지기 됨의 이유를 설명하도록 요구받는다. 게다가 사랑의 법의 시험을 통과한 것만이 올바른 청지기직이다(『기독교강요』 Ⅲ.7.5).

칼뱅은 제네바에서 정부의 복지제도와는 별도로 비제도적 복지기구를 세웠고, 교회의 집사 직무를 통해 재정의 모금과 관리, 실제적이고 물질적인 봉사를 감당하게 했다. 빈민구제의 임무는 국가의 사업일 뿐만 아니라

신앙의 영성에 속한 일이었다.[7]

칼뱅의 영성에는 하나님 주권이 중요한 비중을 차지한다. 칼뱅은 예정론과 선택교리를 가르쳤는데, 그 목적은 인간의 구원이 하나님의 주권에 속해 있는 것이기 때문에 완전히 의존할 수 있고 확신할 수 있다는 것이다. 따라서 예정론과 선택론을 과도하게 해석해서 운명론으로 끌고 가는 것은 바람직하지 않다.

칼뱅은 학자의 영성이 있었다. 『기독교강요』(1559)는 학생들에게 성경의 진리를 가르치기 위한 지침서로 고안되었다. 그는 주석을 썼고 광범위한 소논문들을 출판했다. 그는 또한 예배의 개혁에도 큰 공헌을 했다.

2) 개혁주의 영성

개혁주의 영성은 스위스 취리히의 츠빙글리와 불링거, 제네바의 칼뱅과 그의 후계자들의 신학사상과 개혁에 기원을 둔 종교개혁 전통의 영성이다. 그리고 영국의 청교도, 스코틀랜드 장로교회, 네덜란드 칼뱅주의 그리고 미국의 조나단 에드워즈, 뉴잉글랜드 청교도주의, 구 프린스턴 학파, 머서스버그 신학(Mercersburg theology, 19세기 중반 감성주의 부흥운동에 반대하며 일어난 독일계 미국인들의 신학) 등을 포괄한다. 고전적 개혁주의 저자들도 칼뱅처럼 '영성'보다는 '경건'이라는 말을 선호했다.

개혁주의는 말씀과 성례를 통해 성도와 그리스도가 연합하는 것을 신비로 이해한다. 하지만 개혁 전통에서 성례 신학과 실행은 다양하다. 후기 개혁 전통은 성찬에서 회개와 믿음의 필요성을 강조하면서 성찬 집행

---

7) Elsie Anne McKee, 『개혁교회 전통과 디아코니아』, 류태선, 정병준 옮김(서울 : 한국장로교출판사, 2000), 101-105.

의 횟수를 줄였다.

개혁주의는 성화와 성례의 순수성을 보호하기 위해 교회의 권징(치리)을 중요하게 여겼다. 그것이 장로교 치리제도를 발전시켰다. 개혁 전통은 엄격한 성수주일, 일상의 경건, 의무적 가정예배를 강조했는데, 종종 율법주의로 경도되는 약점이 발생했다.

개혁주의 영성은 전인격적이고 교육적인 측면을 강조한다. 하나님과 이웃을 사랑하고 섬기는 것과 함께 경건한 지식을 양육하는 것을 강조하기 때문에 교리 공부, 성경과 영적 서적 읽기, 영적 일기 쓰기, 편지 쓰기 등 교육적 특성이 강하다.

최근 개혁주의 영성은 관상기도와 같은 다른 기독교 영성 전통들에 의해 영향을 받는다. 에큐메니컬 교육, 문화적 다양성, 기독교 운동의 세계적 확대, 영성에 있어서 시대적 관심은 개혁주의 영성 실행에 영향을 주고 있다.

3. 종교개혁 시대의 영성

영국 성공회의 복음주의 신학자 알리스터 맥그라스(Alister Mcgrath)는 종교개혁을 가능하게 했던 영성의 근거를 연구했다. 그의 책 『종교개혁 시대의 영성』[8]이 적시한 종교개혁 영성의 특징을 소개하면서 종교개혁 영성의 결론을 맺는다.

첫째, 성경 연구가 영성의 토대가 된다. 종교개혁자들은 성경을 주석

---

8) Alister Mcgrath, 『종교개혁 시대의 영성』, 박규태 옮김(서울 : 좋은씨앗, 2005).

하고 강해설교를 하면서 성경 신학을 발전시켰다. 그러나 전통을 무시한 것은 아니다. 성경에 비춰 전통을 개혁하고 갱신하려고 노력했다. 또한 로마 가톨릭교회와 정교회의 영성 전통도 성경에 합치되면 기쁘게 선용했다.

둘째, 인간의 "정체성, 순전성, 완성"은 하나님을 아는 지식 안에서 완성된다고 보았다. 하나님을 아는 지식과 나를 아는 지식은 밀접하게 연결되어 있다(『기독교강요』 I.1.1). 하나님을 아는 지식은 말씀과 예배를 통해 이루어지고 그것은 나를 변화시킨다. 영성은 하나님을 아는 지식을 나 자신과 삶의 모든 영역에 적용하며 사는 것이다.

셋째, 모든 기독교인의 성직과 소명을 확언했다. 종교개혁은 중세의 모든 영적 우월관계를 폐지했다. 성도의 소명은 세상 밖에 있는 것이 아니라 세상 속에 있다. 따라서 전문직업, 노동, 경제와 문화를 신앙과 통합시켜 청지기직을 수행하는 영성이 제공되었다.

넷째, 성경과 초대교회로 돌아가 복음의 순수성을 회복했다. 원천을 잃어버린 문명과 종교는 미래를 개혁할 수 없다. 종교개혁 영성은 원천을 회복함으로써 창조적이고 동시대를 비판하는 정신을 길렀다.

다섯째, 루터의 십자가 신학은 종교개혁 영성의 핵심이었다. 죄인으로 선고받고 하나님의 용서로 새 생명을 얻는 경험에서 영성이 나온다는 것을 알려 준다. 또한 십자가 신학은 그리스도와 함께 고난받는 것이 소망임을 알려 준다.

여섯째, 신앙으로 구원의 확실성을 발견하는 기초를 세웠다. 16세기는 불안과 의심이 가득찬 시대였다. 오스만제국의 군대는 유럽의 문턱까지 침략했고, 대규모 전염병이 발생했으며, 종교전쟁의 불안이 가중되었다. 이런 환경에서 종교개혁자들은 신앙으로 불안과 의심을 이겨 낼 것을 강조했다. 루터는 신앙의 본질을 하나님의 인격에 대한 신뢰, 하나님의 약속을 믿고 자신을 완전히 맡기는 것, 그리스도에게 연합되는 것으로 이해했다. 신앙은 이해가 아니라 의지, 신뢰, 헌신의 행위다.

일곱째, 종교개혁 영성은 도시적 현상이었고 세상을 긍정하는 영성이었다. 그것은 개인의 신앙을 강조했지만 강력한 공동체적 영성이었다. 개혁자들은 도시에서 정치권력과 마주하면서 종교를 개혁했다. 재세례파는 하나님을 찾기 위해 도시에서 도피했고 물질과 학문을 거부했다. 주류 종교개혁자들은 도시의 죄성에 부정적이지만 하나님의 뜻에 맞게 세상을 고치려고 했다.

여덟째, 노동의 동기와 본질을 영적으로 이해했다. 중세에서 노동은 지위가 낮은 사람이 보수를 위해 하는 역할이었다. 그러나 종교개혁자들은 노동을 하나님을 영화롭게 하는 것, 공동의 선에 이바지하는 것, 인간의 창조성이 표현되는 통로라고 생각했다.

아홉째, 은혜의 가치를 재발견했다. 중세에서 은혜는 성사를 통해 인간 영혼에 전달되는 초자연적이고 기계적인 선물이었다. 종교개혁자들은 은혜를 살아 계신 성령의 선물로 이해했다. 또한 하나님의 은혜로 믿음을 통해 죄 용서를 받았다는 확신이 있었기에, 중세 성례전의 죄 용서 기능에서 벗어날 수 있었다.

열째, 종교개혁 영성은 기독교 훈련의 의미를 재구성했다. 은혜로 구원받은 후에 신앙훈련은 삶의 모든 부분에서 하나님을 향한 헌신을 깊게 만드는 것이었다. 신앙훈련은 지성적, 도덕적 정결을 제공한다. 루터파는 영주와 제후들의 도움을 받아 독일에서 안정되게 살아남았다. 그러나 16~17세기에 프랑스의 위그노를 비롯하여, 로마 가톨릭 통치 아래 스코틀랜드와 잉글랜드, 가톨릭 종교개혁에 시달리던 헝가리와 독일 남부 지역, 스페인 치하의 네덜란드에서 개혁파가 살아남을 수 있었던 원동력은 강한 영성훈련이었다.

맥그라스의 책에서 언급되지 않은 성공회와 재세례파의 영성을 간단히 언급할 필요가 있다. 16세기 영국 성공회의 영성은 예배가 중심이었다. 1549년 에드워드 4세 때에 성공회 종교개혁의 목표는 잘못된 예배를 제거하고, 국민들이 성경적 교리가 스며든 공적 예배를 드리도록 하는 것이었다. 그것은 말씀을 듣고, 성례 집행이 보이고, 말하고, 찬송하고, 성찬을 받는 데 온 회중이 참여하도록 계획된 것이었다. 캔터베리 대주교 토마스 크랜머(Thomas Cranmer)가 쓴 『공동기도서』(*The Book of Common Prayer*, 1549)는 성공회 영성을 형성하는 중심 역할을 했다. 그것은 수도원 예배 의식에서 채용한 조도(早禱)와 만도(晚禱)를 편집한 것으로 매일 성경공부와 기도를 포함했다. 그것은 회중예배, 개인 경건, 가족 기도회에서 사용되었다. 성공회는 개신교의 교리에 가톨릭의 예전을 결합했고, 종교개혁 전통과 예전 전통을 둘 다 공유했다.[9]

재세례파 공동체는 유아세례를 반대했고, 국가가 신앙의 문제에 개입하는 것을 반대했다. 그들은 신앙고백을 할 수 있는 조건으로 성인 세례를 베풀었고, 예수 그리스도의 삶을 따르는 희생적 제자직을 강조했다. 예수님의 산상수훈에 따라 새로운 신앙공동체를 세우려고 했다. 단순성, 평등주의, 그리고 국가와 종교의 분리에 대한 신념은 16세기에는 독특한 원리였다. 오늘날 이러한 원리는 현대 영성에서 중요한 가치를 지니고 있다.

---

9) "Anglican Spirituality," *DCS*, 266.

4. 가톨릭의 개혁 영성

1) 이냐시오 로욜라와 예수회

이냐시오 로욜라(Ignatius of Loyola, 1491-1556)는 스페인의 귀족 가문 출생으로 왕궁의 기사가 되었다. 1521년 5월 프랑스 군대와 맞선 팜플로나 전투에서 다리에 중상을 입고, 뼈를 잘라 내는 수술을 받았다. 그는 재활병원에서 오래 머물면서 작센의 루돌프의 『그리스도의 생애』와 야코부스 데 보라지네가 쓴 성인전 『황금 전설』을 읽고 회심을 체험했다. 그는 프란체스코와 도미니코처럼 살고 싶은 거룩한 열망을 느꼈다. 세속 영광을 상상할 때 영적 황폐함이 찾아오고, 예루살렘으로 가는 고난을 생각할 때 영적 위로가 찾아오는 경험을 했다. 그리고 아기 예수를 안고 있는 성모의 모습을 환시하고 오랫동안 위안을 받았다.[10] 그는 1522년 3월부터 1년간 만레사에서 지냈다. 거기서 삼위일체 하나님에 대한 신비체험, 그리스도의 인성에 대한 환시를 여러 차례 경험했고, 8~9월에 『영신수련』을 쓰기 시작했다. 아무것도 지니지 않은 채 1523년 3월 예루살렘으로 성지순례를 떠났고, 순례 중 여러 차례 주님의 환시를 경험했다. 순례를 마친 이냐시오는 1524년 2월 바르셀로나와 알칼라에서 2년간 어린 학생들과 함께 라틴어 문법과 교양을 배우면서 영신수련을 통해 사람들의 영적 문제를 상담했으나 종교재판에 시달렸다. 1527년 7월 살라망카로 갔으나 거기서도 구금되어 종교재판을 받았다. 학력이 없다는 이유로 4년간 더 공부하기 전에는 신학적인 것을 가르치지 못하게 금지되었다. 이냐

---

10) Ignatius of Loyola, 『로욜라의 성 이냐시오 자서전』, 예수회 한국관구 번역(서울 : 도서출판 이냐시오영성연구소, 2014), 42-43.

시오는 1528년 초 파리로 가서 구호소에서 지내며 몽퇴기학원에서 공부했다. 1533년 철학 학위를 마치고 도미니코회에서 신학을 배웠다. 이냐시오는 1534년 8월 15일 7명의 동지와 함께 몽마르트의 한 작은 성당에서 예루살렘 순례를 서약했는데, 이것이 예수회의 출발이었다. 그는 성지 순례의 약속을 지키기 위해 1535년 말부터 이탈리아의 베네치아에 머물렀다. 1537년 그의 동지 9명이 베네치아로 모였고 그는 사제서품을 받았다. 그러나 오스만제국과 베네치아의 전쟁으로 예루살렘 성지순례의 길이 막혔다. 이냐시오와 일행은 1538년 로마로 갔다. 이냐시오는 그곳에서 영신수련을 지도했고, 제자들이 늘어 갔다. 그는 교황 바오로 3세의 호의를 얻어 로마에서 교리학원, 재활원, 고아원을 개설했다. 1539년 이냐시오는 동료들을 규합해서 예수회를 창립했고, 1540년 교황의 허락을 받았다. 1539년 봄에 작성된 예수회 회헌에는 훈련, 자기 부인, 교황과 상급자에 대한 순명, "하나님의 더 큰 영광을 위해"를 강조한다. 예수회의 임무는 말씀의 봉사, 영신수련, 자선사업, 어린이와 무교육자 교육을 통한 신앙 전파였다.[11] 1541년 그는 예수회 총장에 임명되었다. 교황 바오로 3세는 1545년 말 트리엔트 공의회를 개최하여 가톨릭교회의 쇄신과 부흥을 시도했고, 프로테스탄트에 대한 대대적인 반격을 시작했다. 교황은 이냐시오와 예수회원을 적극적으로 기용했다. 예수회는 유명한 가톨릭 선교사들을 배출했다. 인도와 일본에서 활동한 프란치스코 하비에르(1506-1552), 중국선교사 마테오 리치(1552-1610), 인도 선교사 로베르토 데 노빌리(Roberto de Nobili, 1577-1656)는 대표적 인물이다. 예수회는 선교 현지 문화를 존중하는 토착화 선교를 한 것으로 유명하고, 선교의 수

---

11) "예수회 기본법 초안(1939)," Ibid., 156.

단으로 교육을 강조했다.

이냐시오 로욜라는 자신의 관상 체험과 그리스도를 향한 헌신의 경험을 통해 영성을 유지하고 발전시키는 독특한 이해를 발전시켰고『영신수련』(Spiritual Exercise)을 저술했다. 토마스 아 켐피스의『그리스도를 본받아』와『영신수련』의 구조에는 유사성이 있다. 이 책은 영적 지도를 위해 저술되었고 분량은 많지 않지만 20년(1522-1541)의 긴 세월을 통해 완성되었다.

『영신수련』은 명상과 관상을 구분한다. 명상은 기억력, 이해력, 의지를 적극적으로 사용하지만, 관상은 상상력을 사용하는 데 강조점을 둔다. 완전한 관상은 상상력, 이미지, 생각이 멈추고 전적으로 수동적인 상태로 경험하는 '주부적 관상'인 반면, 상상력이라는 능동적 준비단계를 통해 얻은 관상은 불완전 관상 혹은 '습득적 관상'이라고 한다. 이냐시오는 '불완전 관상'을 통해 누구든지 관상기도를 경험하는 가능성을 열어 놓았다. 상상은 논리적이지 않지만 탁월한 통찰력으로 의미를 전해 주는 기능이 있다.[12] 상상력은 성경의 이야기 안에서 지성이 아닌 마음으로 주님의 현존과 만나고, 깊은 일체감을 얻게 한다. 영신수련은 사목자와 수사뿐만 아니라 평신도를 위해 기획되었고 일상 생활 속에서 관상(활동 중의 관상)을 가능하게 했다.

『영신수련』은 전통적인 영성의 "세 단계의 길"인 정화–조명–연합의 순서를 따라 약 4주간의 명상과 지도로 구성된다. 수련자가 생애를 통해 하나님을 바라보고 영적 식별을 하는 내면적 성향을 형성하는 것이 목적이다. 그러기 위해 영적 체험을 하고, 삶의 방향과 분별력을 얻게 하며, 매

---

12) 유해룡,『하나님 체험과 영성수련』, 123-124.

일 영성 지도자를 만나고, 4~5시간 기도하며, 미사에 참석하고 침묵한다. 영성 지도자는 개인에 따라 프로그램을 탄력 있게 조정할 수 있다. 영신수련의 '원리와 기초'는 다음과 같다.

> 사람은 하나님을 찬미하고 경외하고 섬기고, 그렇게 함으로써 자기의 영혼을 구하기 위해 창조되었다. 지음을 받았다. 그 외에 이 땅에 있는 다른 모든 것들은 다 사람을 위하여, 즉 사람이 창조된 목적을 달성하는 데 도움이 되게 하려고 창조되었다. 따라서 사람은 사물이 그의 목적을 위해 그에게 도움이 되는 만큼 그것을 사용하고, 그것이 그에게 방해가 되면 그만큼 배척해야 한다.
> 그러므로 만약 피조물이 우리의 자유에 맡겨졌고, 금지되지 않는다면, 우리는 모든 피조물에 대해 중용을 유지해야 한다. 즉 우리는 병보다 건강을, 가난보다 부를, 불명예보다 명예를, 단명보다 장수를 더 원하지 말아야 하고, 모든 다른 것에서도 마찬가지다. 우리의 유일한 욕망과 선택은 우리가 창조된 목적으로 우리를 더 이끄는 것이어야 한다(『영신수련』 I.23).[13]

첫째 주는 정화의 길에 해당한다. '양심 성찰'을 통해 원죄, 사회악, 개인의 죄성을 명상하고, 죄에 대해 슬퍼하고 참회하며, 하나님의 사랑과 예수 그리스도를 통한 죄 용서를 깨닫고 받아들이도록 한다. 『영신수련』은 얼마나 크고 많은 죄과가 있는지 검토하도록 조직적이고 구체적으로 구성되었다. 예를 들면 "내가 살았던 곳과 집을 보고", "내가 다른 사람들과 가

---

13) "The Spiritual Exercises," in *Ignatius of Loyola : Spiritual Excercises and Selected Works*, ed. George E. Ganss, S. J. (NY : Paulist Press, 1991), 130.

졌던 관계", "내가 종사했던 일"을 살피게 한다(『영신수련』 I .49).

둘째 주와 셋째 주는 조명의 길에 해당한다. 둘째 주에는 수련자가 렉시오 디비나를 통해 상상력을 발휘해서 예수 그리스도의 생애를 관상하고, 주님이 오신 목적과 나를 향한 소명을 발견하고 헌신하고 선택하게 한다. 수련자가 자기의 태도와 성향을 살피고 그것을 예수님의 것으로 바꾸어 주님을 따르게 한다. 여기서 '영적 식별의 규범'을 알려 주어 바른 선택을 하도록 한다.

셋째 주는 그리스도의 고난과 십자가를 경험하는 단계다. 예수 그리스도의 예루살렘 입성 장면, 최후의 만찬 장면, 최후의 만찬에서 겟세마네 동산까지의 사적, 빌라도의 법정과 십자가와 주님의 몸이 십자가에서 내려지는 장면을 관상해서 예수님의 죽음에 참여한다. 주님의 고난에 대해 공감하고 연민을 심화시켜 영육 간에 그리스도와 연합하는 것이 목적이다. 예수님의 고난을 받아들이고 그 삶에 참여하겠다는 결단에 이를 때 진정한 제자의 삶이 확인된다. 수련자가 관상에서 받은 위안, 황폐, 슬픔, 내적 성향과 유혹을 "이성의 추리를 사용"해서 마음으로 대화한다.[14]

넷째 주는 연합의 길에 해당한다. 여기서는 돌아가신 주님의 영혼이 저승에 내려가셔서 한 활동과 부활하신 그리스도를 관상한다. 그리고 주님의 신성을 체험하고, 부활의 승리를 미리 맛봄으로써 현재의 소망과 영적인 양식을 공급받게 한다.

이냐시오의 영신수련은 세 가지 독특한 방법을 사용했다. 첫째, 렉시오 디비나를 통해 상상력을 발휘해서 성경에 등장하는 광경을 재구성하

---

14) 정한채 번역 · 주해, 『로욜라의 聖이냐시오 靈神修練』(서울 : 도서출판 이냐시오영성연구소, 2011), 109, 112.

고, 이 과정에서 마음의 움직임에 참여하고 그것을 체험하게 하는 것이다. 확고한 틀이 있으나 자유를 부여하고 예수를 따르게 한다. 둘째, 날마다 자기 양심을 성찰하게 한다. 셋째, '영적 식별의 규범'으로 영성 지도에 독특한 공헌을 했다. 그것은 기독교인이 결정을 내릴 때 사용했던 고대의 지혜들을 추출한 것이다.

> 영혼이 창조주 하나님에 대한 사랑으로 타오르고, 그 결과 지상의 어떠한 피조물 그 자체를 사랑할 수 없고, 그 모든 것들을 창조주 안에서 사랑하게 될 때를 위안이라 한다. 또한, 자신의 죄를 슬퍼하거나, 우리 주 그리스도의 수난 때문에 또는 주님을 섬김과 찬미에서 질서가 바르게 서 있는 다른 것 때문이든 간에 주님께 대한 사랑이 동기가 되어 눈물을 흘릴 때이다. 끝으로 창조주 주님 안에 잠겨 있고 평온하면서 희망, 믿음과 사랑이 모두가 증가하며, 그리고 천상의 것과 자기 영혼 구원으로 초대하고 이끌어 가는 내적 기쁨을 나는 위안이라 한다(『영신수련』 316).

> 영적 황폐에 대하여, …… 영혼의 어둠 그 안에서의 혼란, 저속하고 지상적인 것에 대한 동요, 여러 가지 충동과 유혹으로 인한 불안, 희망도 없고, 사랑도 없이 불신으로 몰아가며, 모든 게으름, 미지근함, 슬픔 그리고 창조주 주님에게서 떨어져 나간 것처럼 스스로 알게 될 때이다(『영신수련』 317).[15]

식별의 규범에서, 기독교인이 하나님의 부재를 느끼는 영적 황폐(desolation)의 상태에서 어떤 결정을 하는 것은 지혜롭지 않다. 영적 황

---

15) Ibid., 167-168.

폐, 그 자체가 나쁘다고 할 수는 없지만, 영적으로 확신할 수 있는 안정된 정서적 토양이 아니기 때문이다. 그리고 영적 위로(consolation)를 경험한 상태에서 결정할 때라도 그것이 진정 하나님으로부터 온 위로인지 시험해야 한다. 우리는 스스로 속기 쉽고 합리주의에 넘어가기 쉬우므로 분별과 결정은 성경의 조명과 성령의 증언을 의지해야 한다.[16]

2) 아빌라의 성녀 테레사

아빌라의 테레사(Teresa of Avila, 1515-1582)는 스페인 카스티야(Castilla) 아빌라에서 태어난 신비가이고 수도원 개혁자다. 19세에 카르멜 수도원에 입회했다. 1538~1539년 중병에 걸렸고, 1554년에 회심한 후 영성생활을 시작했다. 여러 번 환시를 보고 신비로운 음성을 들었다. 1559년 그리스도가 창으로 자신의 가슴을 찌르는 환시를 보았다. 카르멜 수도회의 영성의 특징은 고행과 쉬지 않는 관상기도 사이에서 섬세한 균형을 유지하면서 하나님과의 연합을 추구하는 것이다.[17]

테레사는 초기 카르멜회의 엄격한 규율(1209)로 돌아가려는 개혁 의지를 갖고, 1562년 아빌라에 맨발의 카르멜회, 성 요셉 수도원을 세웠다. 1567년 제2의 수도원을 세울 때 십자가의 요한을 만나 그를 개혁에 참여시켰다. 1568년에 맨발의 카르멜 남자 수도회가 설립되었다. 1580년 교황청은 '맨발의 카르멜회'를 독립 수도회로 인정했다. 1582년 테레사는 그라나다에서 새로운 수도원을 세우다가 10월에 세상을 떠났다. 성 테레사의 글은 영성 문학의 고전이 되었다. 테레사는 1622년 시성되었고,

---

16) "Ignatian Spirituality," *DCS*, 520 ; "Consolation and Desolation," *DCS*, 369 ; "Discernment," *DCS*, 405.

17) "Carmelite Spirituality," *DCS*, 335.

1970년 여성 최초로 가톨릭교회의 교회 학자로 선포되었다.

테레사는 『완덕의 길』(The Way of Perfection, 1565-1566)에서 카르멜회의 수녀들에게 상호 사랑, 초연(detachment), 겸손 세 가지 덕을 강조했다. 그리고 그리스도와의 연합을 이루는 관상기도는 덕을 실천함으로 성취되는 것이 아니라 하나님의 예외적이고 소수에게 주는 은총이라고 가르친다. 관상은 신비적 즐거움이 아니기 때문에 관상가들은 활동가보다 더 고통스럽다. 끝으로 주기도문에 대해 자신이 관상한 것을 기록했다.[18]

그녀의 가장 중요한 책은 『영혼의 성』(The Interior Castle, 1577)이다. 이 책은 기도를 통한 영성의 발전을 설명하는 지침서로서 자신의 영적 경험에 근거해서 더 세분화된 '상승 모델'을 적용했다. 테레사는 자신의 영혼을 7개의 궁방(宮房)을 가진 아름다운 성으로 표현한다. 하나님의 형상으로 창조된 영혼의 아름다움을 그렇게 표현한 것이다. 그 성의 깊은 중심의 방에 왕의 거처가 있는데 이것은 하나님께서 영혼의 중심에서 거처하신다는 것의 상징이다. 테레사는 기도를 통해 영혼의 성 안으로 깊이 들어가는 것을 영적 성장으로 이해한다.

1~3궁방에서는 자연적 영혼의 능력을 사용하는 묵상기도를 통해 정화가 일어난다. 1궁방은 대죄를 짓는 영혼이 썩은 물에 뿌리를 내리고 있는 곳이다.[19] 왕의 궁실에서 나오는 빛이 비치지 않는 곳이다. 이곳에서는 죄에 대해 숙고하고 겸손한 자기 인식을 하는 것이 가장 급한 일이다. 2궁방에 모인 영혼은 열심히 기도하고 능동적인 사랑을 한다. 영혼의 능력인 이성과 기억과 의지는 영혼이 하나님을 향하도록 돕는다. 하지만 사

---

18) "Introduction" in Theresa of Avilla, The Way of Perfection, tr. and ed. E. Allison Peers (Grand Rapids, MI : Christian Classics Ethereal Library, 1995), 6-8.

19) Theresa of Avilla, 『영혼의 성』, 최민순 옮김(서울 : 바오로딸, 1970), 31.

탄은 무수한 상상의 장애물로 이것을 방해한다. 여기서 주님의 도움과 결단이 필요하다. 테레사는 기도를 중단하면 영혼이 조금씩 죽는다고 경고한다. 3궁방에 온 영혼은 대부분 선한 사람들이다. 그러나 영적 성장에 오히려 위험한 곳이다. 테레사는 "근본적 이기심의 뿌리"가 남은 채 "경건하고 우아한 태도로 교묘히" 가려진 상태의 위험을 폭로한다.[20] 테레사는 하나님이 주시는 3궁방의 만족에 머무르지 말고, 완덕을 향해 떠나라고 한다.

4궁방에서는 묵상과 인식 활동이 유지되면서 영혼은 주부적 관상기도로 넘어간다. 그러나 관상기도로 넘어가는 시간은 주님이 결정한다.[21] 이제 영혼은 하나님과 직접 접촉한다. 영혼은 침묵 속에서 하나님의 임재 의식을 갖게 되고 말할 수 없는 황홀경을 체험한다. 테레사는 묵상기도와 관상기도의 차이를 사람의 힘으로 끌어 올리는 물과 생수 구멍에서 솟아 나오는 물의 차이로 설명한다.[22]

5궁방에서는 기억과 상상 등 모든 내적 기능이 하나님께 사로잡혀 영혼과 주님의 연합이 일어난다. 누에가 자라서 고치를 만들고 고치 안에서 누에가 죽고 얼마 후 하얀 예쁜 나비가 나오는 장면이 설명된다. "누에는 생명을 얻게 되는 영혼"이다. 누에고치의 "집은 바로 그리스도"다. 그 안에서 "자기 사랑, 자기 의지, 세속적인 것에 대한 애착"을 다 포기하고 새 영혼으로 "탈바꿈"하여 나비로 태어난다.[23] 나비는 하나님과의 완전한 연합을 열망하면서도 다시 과거로 돌아가지 못하기 때문에 고독을 느낀다. 하지만 영혼은 하나님의 것임을 확인한다. 테레사는 5궁방에 들어가는 영

---

20) Ruth Burrows, 『영혼의 성 탐구』, 오방식 옮김(서울 : 은성출판사, 2014), 57, 59.
21) Theresa of Avilla, 『영혼의 성』, 74.
22) Ibid., 84-85.
23) Ibid., 114-116.

혼은 소수라고 말한다.

　6궁방은 영적 약혼의 단계다. 6궁방에 들어온 영혼은 죄를 씻어 내면서 겪는 감각의 정화, 영혼의 황폐, 하나님께 버림받았다는 느낌으로 고통을 겪는다.[24] 이 고통은 십자가의 요한이 말하는 '어둔 밤'(dark nights)과 유사하다. 그러나 영혼은 그리스도를 만나 황홀경 속에서 "감미롭기 짝이 없는 상처"를 받는다. "하나님이 화살을 뽑아 내실 때 그 폐부마저 함께 뽑히는 느낌"의 "격렬한 사랑을 느낀다".[25] 하지만 그 고통은 영혼의 기쁨과 고요와 함께 어울린다.

　7궁방은 영적 결혼의 단계다. 영혼은 삼위일체를 본다. 삼위가 다 영혼과 사귀고 말씀하신다. 테레사는 영적 약혼은 두 촛불이 합칠 때 하나가 되지만 다시 떼어 놓을 수 있고, 영적 결혼은 강에 떨어지는 빗물처럼 절대로 분리될 수 없는 것으로 비유한다.[26] 영혼과 예수님의 결혼은 "변형시키는 연합"이다.[27] 영혼은 기쁨에 넘쳐 죽는다. 완전히 자아가 상실되어 말할 수 있는 것이 없다. 나를 잊게 되고, 괴로움을 많이 당하겠다는 욕망이 일어나고, 박해하는 사람을 더 사랑하고 싶어지고, 주님을 섬기려는 욕망이 크게 올라온다. 테레사는 7궁방에 도달한 사람도 십자가를 져야 한다고 말한다. 하지만 그것이 불안하거나 평화를 잃지 않고 잠시 물결이 있다가 사라지는 것 같은데, 주님의 현존이 그것을 잊게 하신다고 말한다. 영적 연합에 도달한 사람은 마리아의 관상적 삶과 마르다의 봉사의 삶이 함께 가는 조화로운 영성이 나온다고 본다.

---

24) Ibid., 147-148.
25) Ibid., 154-155.
26) Ibid., 257.
27) Ruth Burrows, 『영혼의 성 탐구』, 183, 184.

마르다와 마리아는 나란히 같이 가야 합니다. 그래야만 주님을 잘 모시고 항상 당신 곁에 있을 수 있습니다. 당신께 푸대접을 안 해 드리고 잡수실 것을 바칠 수 있습니다. 그 언니의 도움이 없었던들 마리아가 어떻게 주님의 곁에 줄곧 있었겠습니까? 주님이 잡수시는 떡은 우리가 모든 방법을 다 써서 사람들을 당신께 이끌어 올리는 것입니다. 그들이 구원을 받아 영원토록 주님을 찬미하게 말입니다.[28]

어떤 것도 당신을 놀라게 하거나 불안하게 할 수 없습니다. 모든 것은 사라지지만 하느님은 영원합니다. 인내는 모든 것을 가능하게 합니다. 하느님을 소유한 사람은 아무것도 부족하지 않습니다. 저는 하느님만으로 충분합니다. (아빌라의 테레사의 기도)

3) 십자가의 요한

십자가의 요한(John of the Cross, 1542-1591)은 스페인의 아빌라에서 태어났다. 그는 3세에 아버지를 잃고 남동생과 어머니와 극빈한 삶을 살았다. 1551년 메디나로 이주한 후, 요한은 빈민 어린이를 위한 학교에서 고아들과 함께 기초교육을 받았다. 수녀원에서 복사(服事)로 일했고, 더 자라서는 병원에서 일하면서 예수회가 설립한 학교에서 4년간 교육을 받았다. 21세가 되던 1563년 카르멜회에 들어가 마티아스의 요한이라는 이름을 사용했다. 그리고 살라망카 대학에서 신학과 철학을 공부했으며, 1567년 사제서품을 받았다. 그후 메디아에서 두 번째 카르멜 개혁 수녀

---

28) Theresa of Avilla, 『영혼의 성』, 279.

원을 설립하고 있었던 아빌라의 테레사를 만났다. 그녀는 요한을 설득해서 개혁에 동참시켰다. 1568년 요한은 맨발의 카르멜회에 가입했고, 자기의 이름을 십자가의 요한으로 바꿨다. 요한은 1571년에 서품을 준비하는 수사들의 공부 수도회를 설립했고, 1572~1577년 아빌라의 테레사의 수녀원에서 영성 지도를 했다. 그 시기에 요한은 십자가에 달린 예수 그리스도에 대한 환시를 보았고, 그것을 그림으로 남겼다.

1577년 12월 2일 밤, 수도원 개혁을 반대하던 수사들은 요한을 납치해서 톨레도의 수도원에 감금했다. 그는 감옥에서 '어둔 밤'을 체험했고 유명한 시 "영적 찬가"(Spiritual Canticle)를 포함한 여러 편의 시를 기록했다. 그는 자기 노트를 갖고 8개월 만에 감옥을 탈출했다. 톨레도에서의 감금생활은 그가 남은 생애를 신비적이고 영적인 시와 깊은 영적 회고록을 쓰는 데 양분이 되었다.

1578년 요한은 깔바리오 수도원의 원장으로 임명받았다. 1579~1582년 안달루시아에서 대학 학장, 수도원 원장, 관구장 대리로서 수사와 주민의 영성을 지도했다. 1580년 요한은 맨발의 카르멜회의 회헌을 작성했다. 그리고 1582년 그라나다로 가서 수도원 원장직을 맡았다. 1585년 요한은 리스본 맨발의 카르멜회 총장 겸 안달루시아 교구 사목으로 활동했다. 1590년 모든 지도력에서 물러났으며 1591년 12월에 죽었다. 그는 1726년 시성되었고, 교회의 박사로 선포되었다. 20세기에 그는 다시 한 번 더 1926년 교회 학자로, 1993년 스페인 언어권의 모든 시인의 수호성인으로 선포되었다.

십자가의 요한은 스콜라주의 신학과 카르멜 수도 전통으로 훈련받은 엘리트 학자였다. 자신의 하나님 체험과 어둔 밤 체험에 근거해서 중요한 영성 작품을 남겼다. 그는 특별히 영적 상승 모델을 사용했다. 그의 작품 중 『카르멜의 산길』(Ascent of Mt. Carmel, 추정 1580-1585년경), 『어둔 밤』(Dark Night of the Soul, 1584-1585), 『영적 찬가』(Spiritual Canticle, 1578), 『사랑의 산 불꽃』(Living Flame of Love, 1585-1586년경)은 영성 문학의 고전이다.

십자가의 요한은 1578년 혹은 1579년쯤에 '어둔 밤'이라는 8개의 시구로 구성된 시를 썼다. 그것을 주석한 것이 『어둔 밤』과 『카르멜의 산길』이다. 두 책은 연결해서 읽어야 하는데, 전자는 영혼이 하나님과 연합하는 과정에서 '능동적인 밤'을 다루고, 후자는 '수동적인 밤'을 다룬다. 두 권의 책은 각각 감각에 대한 정화와 영에 대한 정화를 다룬다. 그 내용을 아래의 〈표 11〉로 정리했다.[29]

〈표 11〉 영혼의 네 가지 어둔 밤

감각의 능동적인 밤	· 죄와 집착, 죄성이 있는 즐거움과 자기중심적인 만족을 포기하는 과정이다. · 무질서한 감각을 빼앗기는 훈련이기에 '밤'으로 표현된다. · 인간 편에서 의도적으로 노력하는 과정이기에 '능동적인 밤'이다.
영혼의 능동적인 밤	· 이미지와 추상을 버리고, 감각의 위로를 구하는 습성을 억제한다. · 내적 침묵으로 들어간다. · 합리주의에 물든 지성, 과거의 잘못된 감각을 재생하는 기억과 감각적이고 영적인 애착에 집착하는 의지를 정화한다. · 지성에서 믿음으로, 기억에서 소망으로, 의지에서 사랑으로 전환한다. · 영 안에 물든 죄를 끊어야 하기에 영혼의 밤이 감각의 밤보다 더 고통스럽다.

---

29) 참고 : 유해룡, 『하나님 체험과 영성수련』, 186-193 ; "John of the Cross," DCS, 547-548, John of the Cross, 『어둔 밤』, 최민순 옮김(서울 : 바오로딸, 1973).

감각의 수동적인 밤	· 감각의 욕구와 맛에 길든 감성을 정화하기 위해 우리 영혼을 깊고 집요한 무미건조 상태에 두시는 과정이다. · 기도와 삶에 즐거움과 위로가 없고, 공포를 느끼고, 기도가 되지 않는다. · 영혼은 탐식, 음욕, 탐욕, 슬픔, 분노, 나태, 교만, 허영을 발견한다. · 하나님 존경, 순종, 이웃 사랑, 덕, 마귀와 세상(육신)을 이길 능력을 얻는다. · 정화에서 조명으로, 묵상에서 불완전 관상으로, 수덕에서 신비로 나아간다.
영혼의 수동적인 밤	· 영성이 영적 결혼으로 들어가는 단계다. · 영혼은 기도할 때 무력감, 철두철미한 영의 가난, 하나님의 부재, 버림받은 느낌, 공허, 어둠을 더 크게 경험한다. · 감성과 영성이 모두 지각이나 맛을 완전히 벗어 버리고 순수한 믿음으로 어둠 속을 걸어가야 한다. · 고통이 오는 원인은 1) 관상의 빛과 지혜 앞에서 어둡고 불결한 영혼이 견디지 못하기 때문이다. 2) 영혼이 변형되기 위해 더 큰 정화가 필요하기 때문이다. · 이 밤은 영혼 자신도 모르는 것까지 씻어 준다. · 또 사랑을 받고 주는 능력을 크게 만든다.

영혼의 어둔 밤은 하나님과 영혼의 연합을 방해하는 죄를 정화하는 하나님의 활동이 일어나는 시기다. 이때는 영적 위로를 맛보기도 하고, 하나님의 부재를 경험하는 영적 황폐를 느끼기도 한다. 위로를 경험하는 것은 하나님께서 수련자를 격려하는 과정이다. 그리고 황폐를 경험할 때도 실패가 아니라 수련자의 마음에 깊이 숨겨진 죄성을 드러내고 정화해서 하나님께로 이끄시는 과정이다.[30] 따라서 그리스도와 연합된 것을 의심치 말아야 하며(고전 6 : 17), "그리스도 예수 안에 있는 하나님의 사랑"에서 우리를 끊을 것이 없다(롬 8 : 31-32)는 믿음을 가져야 한다. 영혼의 어둔 밤은 하나님의 부재가 아니라 우리를 하나님께로 더 가깝게 이끄시는 하나님의 선물이다.

---

30) "Dark Nights," *DCS*, 389.

이제 두 권의 주석을 탄생시킨 시 "어둔 밤"의 내용을 읽어 보자.

어둔 밤

1. 어느 어두운 밤에
　 사랑에 타 할딱이며
　 좋을씨고, 행운이여
　 알 이 없이 나왔노라
　 내 집은 이미 고요해지고
2. 변장한 몸, 캄캄한 속을
　 비밀 층대로 든든하이
　 좋을씨고, 행운이여
　 캄캄한 속을 꼭꼭 숨어
　 내 집은 이미 고요해지고
3. 상서로운 야밤중에
　 날 볼이 없는 은밀한 속에
　 빛도 없이 길잡이 없이
　 나도 아무것 못 보았노라
　 마음에 속타는 불빛밖엔
4. 한낮 빛보다 더 탄탄히
　 그 빛이 날 인도했어라
　 내 가장 아는 그분께서
　 날 기다리시는 그곳으로
　 아무도 보이지 않는 그쪽으로

5. 아, 밤이여 길잡이여

　　새벽도곤 한결 좋은 아, 밤이여

　　괴하는 이와 괴받는 이를

　　님과 한 몸 되어버린 괴이는 이를

　　한데 아우른 아하, 밤이여

6. 꽃스런 내 가슴 안

　　오로지 님 위해 지켜온 그 안에

　　거기 당신이 잠드셨을 때

　　나는 당신을 고여드리고

　　잣나무도 부채런 듯 바람을 일고

7. 바람은 성 머리에서 불어오고

　　나는 님의 머리채 흩어드릴 제

　　고요한 당신의 손으로

　　자리게 내 목을 안아주시니

　　일체 나의 감각은 끊어졌어라

8. 하릴없이 나를 잊고

　　님께 얼굴 기대이니

　　온갖 것 없고 나도 몰라라

　　백합화 떨기진 속에

　　내 시름 던져두고.

　　　　　　　　　　　　　　　최민순 옮김[31]

---

31) John of the Cross, 『어둔 밤』, 8-9.

십자가의 요한은 『어둔 밤』에서 이 시의 셋째 노래의 첫 줄까지만 주석하고 미완성으로 끝낸다. 첫째 노래 첫 줄, "어느 어둔 밤"은 관상의 시작을 알린다. 이 밤에는 감각의 욕망과 맛을 정화한다. 음욕과 모독의 영이 상상력을 강하게 움직여 큰 고통이 따른다. 그러나 영혼 안에서 하나님을 향한 강력한 사랑이 불타서 할딱인다. "좋을씨고, 행운이여"는 일곱 가지 대죄가 정화되는 영적 유익으로 인해 영혼이 즐거워하는 모습이다. "알 이 없이 나왔노라", 이 말은 영혼이 감각의 욕과 맛의 굴종 상태에서 벗어나 원수 사탄의 방해를 받지 않는 자유를 얻었음을 나타낸다. "내 집은 이미 고요해지고"는 감각의 욕망이 고요해지고 영혼이 다음 단계로 나아가는 상태다.

둘째 노래는 관상의 불로 영혼의 불순물이 정화되는 어둔 밤에 대한 것이다. 관상 중 영혼은 슬픔과 고통을 경험한다. 첫째, 영혼은 하나님의 빛 앞에서 견딜 수 없고 영혼을 바로잡는 호된 힘의 무게와 누름을 경험한다. 둘째, 인간적 요소가 신적 요소를 만나면서 영혼은 난도질된다. 셋째, 초월자 앞에서 빈곤과 비참을 통감한다. 하나님의 부재와 버림받은 느낌이 생기고 기도조차 통하지 않게 된다. 그러나 인내와 믿음으로 영혼의 정화를 견뎌야 한다. 모든 작용과 활동이 멎게 되면 오히려 영혼은 자신과 원수로부터 해방된다. 영혼은 깜깜한 어둠 속에서 옷을 갈아입고 자기를 얻게 된다. 비록 어둠 속이지만 하나님은 영혼을 안전하게 보호해 주시기에 든든하게 간다. "변장한 몸"은 신부가 신랑을 만나기 위해 갈아입는 옷이고 원수를 피하는 방법이기도 하다. 영혼은 믿음의 하얀 속옷, 소망의 푸른 저고리, 사랑의 붉은 겉옷을 입고 "비밀 층대"를 올라간다. 관상은 비밀스럽게 영혼과 하나님을 연합하게 하는 사다리 역할을 하기에 "비밀 층대"라고 표현했다. 십자가의 요한은 『어둔 밤』에서 사다리의 열 층계를 설명한다. 마지막 열째 층에서 영혼이 온전히 하나님을 닮게 된다. 사랑의 연합으로 인해 "좋을씨고, 행운이여"라고 노래한다. 부정신학 전통에서 영혼은 감각이 아니라 하나님이 주신 관상을 통해 은밀하게 수동적 신비 속에 연합되기 때문에 악마의 방해로부터 안전하다. 그리고 영혼은 감성과 영성이 모두 고요함을 얻고 조명의 길로 나아간다.

셋째 노래는 조명에 관한 것이다. 관상은 하나님의 인도를 받으며 방해물이 없는 "상서로운(복된) 야밤"이다. 영혼은 아무것도 보지 못하지만, 오직 사랑의 조명만이 불타고 있어서 마음을 인도해 사랑의 님을 찾게 한다.

중세의 신비사상은 십자가의 요한이 주장하는 '영혼의 어둔 밤' 사상에서 절정에 이르렀다. 그렇다면 니싸의 그레고리오에서 시작해서 디오니시오스에 이른 교부들의 '거룩한 어둠'과 십자가의 요한이 말하는 '영혼의 어둔 밤'은 어떤 유사성과 차이가 있는가? 요한이 디오니시오스의 영향을 받은 것은 분명하다. 그러나 앤드루 라우스는 양자의 차이를 다음과 같이 설명한다. 교부들의 사상은 성서해석에 근거한 이론적이고 객관적인 측면이 강하고, 중세 신비주의에는 영혼의 지적 측면과 정감적 신비주의가 강하다고 말한다. 그리고 교부들의 '거룩한 어둠'은 영혼과 창조주의 근본적 차이가 커서 그것을 초월하는 것이 '어둠'이지만, 십자가의 요한은 죄성으로 인해 영혼이 느끼는 '괴롭고 아프고 캄캄함'을 표현하는 것이다. 그래서 교부들에게 "정화된 사랑만이 '거룩한 어둠' 속으로 들어가는 것이라면, 십자가의 성 요한에게 있어서 영혼은 '어둔 밤' 속에서 정화해 주시는 사랑을 경험하는 것이다".[32] 십자가의 요한의 영성은 서방교회의 깊은 고뇌였던 죄성의 문제를 끌어안고 있는 것이다.

---

32) Andrew Louth, 『서양 신비사상의 기원』, 261-268.

# 10
근대의 영성

제10장
근대의 영성

　17세기 유럽의 종교 진영에서 개신교회는 정통주의가 강화되었다. 독일의 30년 전쟁(1618-1648)은 세속화를 촉진했다. 베스트팔렌조약(1648) 이후 계몽주의 시대로 돌입하면서 인간의 이성이 진리와 가치의 판단 근거가 되었고, 종교적 권위는 힘을 상실했다. 영국에서 엘리자베스 1세의 통치(1558-1603)가 끝나고 가톨릭 군주들이 집권하면서 청교도혁명(1642-1660)이 일어났고, 왕정복고와 명예혁명이 뒤를 이었다.
　제10장에서는 17세기 영국의 청교도 영성과 퀘이커 영성, 독일의 경건주의 영성을 살펴본다. 그리고 18세기 감리교의 영성과 영미권에서 부흥운동과 함께 성장한 복음주의 영성을 살펴본다. 16세기 가톨릭 신비주의 영성은 스페인에서 꽃을 피웠지만, 17세기 가톨릭 신비주의 영성의 중심지는 프랑스였다. 프랑스 영성은 가톨릭교회 안에 영성운동을 부활시켰다.

1. 청교도

1) 청교도혁명

청교도(puritan)라는 용어는 1560년대 영국에서 엘리자베스의 온건한 종교개혁 정책에 만족하지 못하고 철저하게 가톨릭 요소를 제거하고 종교개혁 전통을 수립하려고 했던 개신교도를 뜻한다. 청교도들은 국교회를 정화하려는 목표를 가지고 의회를 장악해서 가톨릭 군주 찰스 1세와 찰스 2세의 왕당파와 세 차례의 내전(1642-1646, 1646-1648, 1649-1651)을 치르고 승리했다. 청교도들은 영연방(1649-1653)을 세웠고, 올리버 크롬웰을 호국경(1653-1658)으로 삼았다. 잉글랜드 내전(1642-1651)과 영연방 시기에 일어난 변화를 청교도혁명(1642-1660)이라고 한다. 크롬웰의 사망으로 영연방은 무너졌고, 1660년 왕정이 부활했다.

청교도들은 1642년에 주교제도를 폐지하고, 1643년에 웨스트민스터 총회를 소집해서 『웨스트민스터 신조』(1647)와 『대소요리문답서』(1647)를 만들었다. 하지만 혁명이 실패하고 나서 1662년부터 청교도는 비국교도가 되었다가 1688년 명예혁명 이듬해 관용법이 통과되어 신앙의 자유를 얻었다.

2) 구성

영국 청교도들은 다양한 사람들로 구성되었다. 리처드 백스터 같은 아일랜드 장로교인, 존 오웬과 같은 회중주의자, 존 스미스와 같은 침례교 뿌리를 가진 분리주의자, 조지 폭스의 퀘이커 운동을 따르는 급진주의자를 포함했다. 미국 청교도들은 더 다양했다. 영국국교회의 분리주의자와 비분리주의자를 다 포함했다. 신학적으로는 성경에 대한 복종, 그리스도와의 친교, 이성의 복종 그리고 신비적 연합을 강조하는 네 가지 유형의 청교도들이 있었다.

3) 신학

청교도 영성은 하나님의 주권과 하나님의 사랑을 강조한다. 그들은 하나님의 주권을 이중예정론으로 연결했는데「웨스트민스터 신조」(1646)에서 잘 나타난다.

> 세계의 기초가 조성되기 전에 하나님께서 그의 영원하고 불변하는 목적과 자기 뜻의 비밀한 의도와 선한 기쁨에 따라, 생명으로 예정된 일부의 인류를 그리스도 안에서 영원히 계속될 영광으로 선택한 것은 단지 그의 값없는 은혜와 사랑에서 나온 것이며, 결코 신앙이나 선행, 혹은 그중 하나의 견인이나 피조물 안에 있는 다른 어떤 것에 대한 예견이 그가 그렇게 하도록 움직인 조건이나 원인이 아니다. 따라서 모든 공로가 그의 영광스러운 은혜를 찬양하는 데 돌려져야 한다(3.5).

청교도들은 이중예정론의 관점에서 회개한 기독교인이 하나님의 사랑을 어떻게 확신할 수 있는지 질문했고, 그 답을 언약신학(Covenant theology)에서 찾았다. 언약신학이란 성경에서 하나님과 그 백성 사이의 관계를 이해하기 위해 언약의 중요성을 소중하게 여기는 성경해석법이다. 그에 따르면 하나님은 언약의 끈 안에서 인간에게 친밀한 사랑의 관계로 들어오신다. 그래서 청교도들은 언약공동체를 중요하게 강조했다.

청교도들은 하나님께서 사람을 어떻게 인도하시는지 살펴보기 위해 자신들의 중생체험을 정밀하게 분석했다. 그래서 구원의 서정(*ordo salutis*)을 예정-선택-소명-중생-신앙(회심)-칭의-양자-성화-견인-영화의 순서로 구분했다. 이것은 시간적 순서가 아니라 논리적 순서이며, 성령의 은혜의 한계를 정하기보다 풍요로움을 체험하려는 의도가 있었다.

청교도 영성은 그리스도와 성도의 연합을 강조했다. 청교도 설교자들은 예수를 신부와의 연합을 기다리는 신랑으로 표현하고, 성도는 영혼의 배우자인 그리스도를 뜨겁게 사랑하라고 설교했다. 그리고 중세 베르나르의 '신부 신비주의' 저서를 인용했고, 아가서 주석과 설교를 많이 출판했다. 한편으로 따뜻한 인격적 정서적 신학을 강조하면서, 다른 한편으로는 이중예정론의 세부 과정을 설명하는 엄격한 논리를 갖고 있었다.

4) 경건생활

청교도 영성은 모든 것을 그리스도의 주권 아래 두면서 경건생활 방식을 발전시켰다. 청교도 예배는 강해설교와 시편 찬양이 핵심이었다. 세례와 성찬은 성도를 친밀한 신앙공동체 안에 연합시키는 언약의 보증으로 강조되었다. 그러나 청교도 영성의 특징은 가정의 경건생활이었다. 가정에서 시작해서 세상 속 자신의 삶 전체를 성화시키려고 의도했다. 그들은 매일 정기적으로 개인 기도와 가정예배를 드렸다. 이것은 수도원의 일상 시간과 비교할 수 있다. 아침기도, 식사기도, 저녁 독서와 가족 교리 공부, 저녁기도가 있었다. 주일에는 예배 전 가족 교리 공부, 점심식사 중 설교에 대해 복습했고, 기도와 독서로 하루를 보냈다.

그렇지만 그들이 현실을 무시하는 도피주의자나 금욕주의자는 아니었다. 일반적으로 큰 기쁨을 가지고 일상 생활에 참여했다. 결혼과 직업에 새로운 존엄성을 부여하는 교육을 했고, 열악한 상황에서도 빈민에게 봉사하려고 했다. 정치와 사회문화와 경제 영역도 하나님의 주권 아래 있다고 보고 적극적으로 참여했다.

청교도 영성은 자기성찰을 강조했다. "만물보다 거짓되고 심히 부패한 것은 마음이라"(렘 17 : 9)라는 말씀을 중시했다. 그들은 일기를 쓰면서 양심을 정밀하게 점검했다.

청교도 영성 성장은 독서와 관련이 있다. 성경과 다양한 경건서적을 읽었다. 청교도 작가들은 영적인 삶을 '여행'과 '전투'로 비유했는데, 존 버니언의 『천로역정』과 존 다우네임(John Downame)의 『기독교인의 전투』가 대표적이다. 청교도들은 영적 훈련 덕분에 박해와 절망의 시절에도 하나님의 무조건적 선택을 의지할 수 있었다.

5) 존 버니언

존 버니언(John Bunyan, 1628-1688)은 영국 베드퍼드셔 주 엘스토(Elstow)에서 태어났다. 그의 조부는 상인이었고, 부친은 땜장이였다. 그는 16세에 의회파 군대(1644-1647)에 징집되어 3년간 복무했다. 제대 후 결혼하고 세속적 오락에 빠져 살았는데, 그는 어느 날 하늘로부터 "죄를 떠나 천국에 갈 것인가? 죄를 짓고 지옥에 갈 것인가?"라는 음성을 듣게 된다. 그리고 수년간 영적 혼란과 의심으로 인해 내적 투쟁을 경험했고, 루터의 『갈라디아서 주석』을 읽고 내적 평안과 확신을 얻었다. 그는 비국교도 모임의 설교자가 되었다. 1660년 군주제가 회복되면서 비국교도들은 자신의 교회를 사용할 수 없게 되어 성공회 예배당에서 예배를 드려야 했다. 존 버니언은 성공회의 설교자 조건을 어긴 죄로 12년간 감옥생활을 했다. 그는 옥중에서 영적 자서전 『죄인의 괴수에게 넘치는 은혜』(*Grace abounding to the Chief of Sinners*, 1666)를 출판했고, 『천로역정』(*pilgrim's Progress*, 1678)을 저술했다. 그러나 『천로역정』은 출옥 후 6년 후에 출판되었다. 1671년 그가 아직 감옥에 있을 때 베드퍼드 회중(Bedford Meeting)은 그를 설교자로 선출했으며, 1672년 국왕의 관용령으로 석방되고 설교할 권리를 얻었다. 석방 이후 그는 저술과 설교에 전념했다.

그는 『죄인의 괴수에게 넘치는 은혜』에서 성령의 은사와 은혜의 관계를 설명했다. 은사는 다른 사람을 세우는 데 유익하지만, 하나님이 은사를 사용하지 않으면 그것은 교만과 자만심의 해악 때문에 위험해진다. 그는 은사가 곧바로 하나님과 개인적 친밀관계를 의미하는 것이 아니라고 지적했다.

> 그러므로 은사는 참으로 바람직하지만, 주님을 두려워하면서 과도하지 않게 소망해야 한다. 은혜가 풍성하고 은사가 적은 것이 은사가 풍성하고 은혜가 없는 것보다 더 낫다. 성경은 주님께서 은사와 영광을 주신다고 말하지 않고 은혜와 영광을 주신다고 말한다(305).[1]

『천로역정』은 영어 영성 저술 중 가장 큰 대중적 인기를 누렸다. 그는 성경과 민속의 여행 소재를 결합해 기독교인의 생애를 여행으로 비유했다. 천성(天城)으로 여행하는 기독교인은 허영의 광장, 낙심의 구렁텅이, 기쁨의 산 등으로 비유된 시련과 시험을 만나게 된다. 청교도들은 기독교 영성을 세상 및 자신의 욕망과 싸우는 활기차고 도전적인 싸움으로 이해했다. 이러한 상징은 그 후 수백 년 동안 개신교인들의 영성을 불타게 했다. 그는 공동체적인 성화를 강조했고, 영국국교회의 형식주의를 비판했

---

[1] John Bunyan, *Grace abounding to the Chief of Sinners*, ed. David Price (The Religious Tract Society, 1905), https : //www.gutenberg.org/files/654/654-h/654-h.htm.

다. 또한 퀘이커의 성령론이 성경의 이해와 어긋난다고 비판했다. 그의 신학은 복음주의적 성격을 지닌 칼뱅주의였다.

2. 퀘이커

1) 배경

퀘이커(Quaker) 또는 친우회(Society of Friends)는 17세기 중반 영국에서 청교도혁명이라는 종교적, 사회적, 정치적 실험을 하는 중 탄생했다. 이것은 크롬웰의 통치 시기에 일어난 여러 급진적 종교단체 중 하나다. 이 운동의 지도자 조지 폭스(George Fox, 1624-1691)는 청교도와 비국교도 사이에서 진리를 탐구했으나 어느 쪽에서도 만족을 얻지 못했다. 그는 1646~1647년에 일련의 종교적 빛을 경험했고, 진정한 종교는 "모든 인간 안에 있는 그리스도의 거룩한 빛" 속에 있다고 확신했다.

다른 탐구자들도 마찬가지로 이런 빛을 경험했는데, 처음에는 악에 대처하는 능력이 생겼고, 이어서 내부의 악을 승리하도록 이끌어 주는 경험을 했다. 내적 평화가 찾아왔고, 종종 긴 시간의 내적 전투가 따라오기도 했다. 이들은 비슷한 고통을 경험한 다른 퀘이커 회원들과 깊은 공동체적 동질감을 느끼게 되었다. 퀘이커의 일부는 신앙의 자유를 찾아 미국으로 이민했고, 펜실베이니아 주에 정착했다. 그들은 원주민을 존중하고 정직하게 대했고, 입대하지 않았다. 1689년 영국 의회에서 관용법이 통과되어 모든 비국교도와 퀘이커에게 종교의 자유권이 부여되었다.

2) 예배 영성

퀘이커들은 청교도들의 칼뱅주의 예정론과 원죄론을 부정했다. 하나님은 인간 안에 있는 신성을 향해 직접 말씀하신다고 믿었다. 초기 퀘이커들의 경험은 내적으로 강력했다. 성직자와 예전의 중재가 없어도 그리스도에 대한 빛이 모두에게 가능하며, 성령께서 성경을 통해 사람들을 새로운 진리로 이끈다고 믿었다.

퀘이커의 영성은 "침묵의 영성"과 "실천의 영성"으로 나눠서 살펴볼 수 있다.[2] 퀘이커들은 예배에서는 침묵의 영성으로 모여서 성령의 감동을 기다린다. 누구라도 감동이 있으면 증언할 수 있다. 퀘이커들은 또한 예배에서 집단관상을 실행한다. 이것을 "집단 신비주의"(Group Mysticism)라고 부르기도 한다. 예배의 관상은 개인적인 관상과 다르게 훨씬 강력하게 나타난다. 그들은 하나님의 임재에 자신을 개방하고 이웃을 섬기면서 정념과 무정념의 방식을 모두 사용한다. 퀘이커는 성직자와 성례가 없고 성령의 직접 감동을 추구했기에 초기에 국가와 기성교회로부터 박해를 받았다.

3) 실천적 영성

퀘이커는 성령의 말씀을 듣는 것과 사회정의를 실현하는 것을 분리하지 않는다. 그들은 실천적 영성으로 동료의 어려움을 지원하는 데 적극적이다. 더 나아가 퀘이커의 윤리적 실천은 집합적 증언으로 나타난다. 퀘이커의 실천적 영성은 단순성, 평등, 평화, 정직이 특징이다.

첫째, 퀘이커는 말씀에 단순하게 순종한다. '예'와 '아니오'를 분명하

---

2) 정지석, "퀘이커 영성 연구,"「신학연구」62(2013.6) : 100.

게 말하기 위해 맹세하지 않는다. 초기에 퀘이커들은 법정에서 국가에 대한 충성 서약을 거부해서 투옥되거나 재산이 몰수되는 고통을 받았다. 그들의 단순성은 겉치레 없는 예배와 소박한 삶으로 나타났다. 초기 퀘이커들의 단순한 결혼식은 1681년 영국 법의 인정을 받을 때까지 박해의 원인이 되었다.

둘째, 퀘이커 영성은 평등주의가 강하다. 17세기에 퀘이커는 예배에서 여성과 아이들에게도 동일하게 증언할 기회를 허용했다. 그들은 관리와 평민을 평등하게 대했다. 존 울먼(John Woolman, 1720-1772)은 노예제 폐지를 이끌었던 퀘이커 지도자였다. 그의 『일지』(*Journal*)는 기독교인의 양심을 흔드는 영감의 책이다. 그는 퀘이커 중에서도 사회 구조악의 일부가 된 사람들이 있다고 비판했고, 탐욕과 사치는 다른 사람의 고통의 대가로 이루어진다는 사실을 비판했다. 아래 울먼의 연설은 퀘이커 교인들이 노예제도 반대운동에 나서는 직접적인 동기가 되었다.

> 이 대륙의 많은 노예가 억압당하고 있습니다. 그들의 울부짖음이 지극히 높으신 하나님의 귀에 상달되었습니다. 하나님 심판의 성결함과 확실성이 너무 분명해서 하나님은 우리를 편들어 주실 수 없습니다. 하나님은 무한한 사랑과 선하심으로 시시각각 우리의 지각을 열어서 노예를 향한 우리의 의무를 깨닫게 하십니다. 지체할 시간이 없습니다. 하나님께서 우리에게 요구하시는 것을 알면서도, 일부 사람들의 사적인 이해를 고려하고, 불변의 기초에 서 있지 않은 일부 교우 관계를 배려해서, 다른 특별한 수단으로 그들을 구해 내기를 기다리면서, 우리의 의무를 확고하고 꾸준하게 실행하는 데 태만하다면, 의로우신 하나님께서 이 문제에 대해 무서운 심판으로 응

답하실 것입니다.[3]

퀘이커는 19세기에 노예제도 폐지와 여성의 권리를 옹호하는 운동을 전개했고, 20세기에 평화와 평등, 인권 옹호에 앞장서서 많은 고난을 받았다.

셋째, 퀘이커는 절대 평화주의 영성을 갖고 반전운동에 적극적이다. 퀘이커가 평화주의 영성을 주장하는 근거는 "성경, 제자직 신앙, 영적 체험"이다. 먼저 산상수훈의 평화주의와 원수 사랑의 계명에 순종한다. 그리고 예수 그리스도의 평화의 삶을 본받는다. 마지막으로 하나님의 형상을 지닌 사람을 향한 증오와 폭력은 신앙에 위배된다.[4]

넷째, 퀘이커 영성은 모든 삶의 영역에서 정직을 기준으로 삼는다. 퀘이커들이 신앙생활의 참고서로 삼고 있는『퀘이커의 신앙과 실천』[5]은 정직을 세 가지로 점검한다. 말하고 행하는 모든 일에서 정직한가?, 사업거래, 타인과의 관계, 단체생활에서 성실하고 진실한가?, 책임감과 분별력을 갖고 자신에게 맡겨진 돈과 정보를 사용하는가?[6] 퀘이커는 정직하기 위해 상업 행위에서 흥정하거나 할인하지 않는다. 그러나 역설적으로 일부 퀘이커 상인들은 대단한 부를 축적했다. 제1차 세계대전 당시 퀘이커들이 "양심적 병역 거부와 전쟁 참여 거부"를 했을 때, 윌슨 대통령은 그들의 정직성을 신뢰했고 그들을 존중하는 법령을 제정, 실시했다.[7]

---

[3] John Woolman, *The Journal of John Woolman*, ed. Charles Eliot (NY : Houghton Mifflin, 1901, Revisions to the electronic version, 1994), 233-234.
[4] 정지석, "퀘이커 영성연구," 125.
[5] *Quaker Faith and Practice*, https : //qfp.quaker.org.uk/.
[6] 정지석, "퀘이커리즘의 다섯 가지 영성 원리 (2),"「기독교사상」(2012.12) : 249.
[7] Ibid., 248-249.

3. 경건주의

17세기 독일은 30년 종교전쟁으로 인구가 감소하고, 거지와 부랑자가 급증했으며, 도덕적으로 부패하는 사회적 위기에 직면했다. 주거지와 교육시설도 절대적으로 부족했다. 당시 초기 계몽주의 시대에 합리주의와 경험주의 사조가 유행하면서 종교적 무관심이 증가하기도 했다. 그러나 루터교 정통주의는 생명력 있는 영성을 제공하지 못했다.

독일 경건주의는 교리를 지성으로 승인하는 종교가 아니라 하나님과 인격적으로 만나는 마음의 종교를 추구했다. 그들은 회개와 중생을 체험하고, 살아 있는 신앙으로 교회와 사회를 개혁하려고 했다. 살아 있는 신앙은 그리스도와 개인적으로 친밀한 관계를 맺는 것을 의미한다. 요하네스 아른트(Johannes Arndt, 1555-1621)는 경건주의 운동의 선구자였다. 그는 정통주의자들이 놓친 루터의 두 가지 신학적 특징을 재조명했다. 믿음의 열매로서 이웃 사랑을 실천하는 것과 기독교 신비주의가 지닌 신앙의 생명력이었다.[8] 아른트는 루터의 종교개혁 사상 위에 마카리오스, 클레르보의 베르나르,『독일신학』, 요하네스 타울러와 같은 신비주의 전통을 수용해서 삶과 영성을 개혁하려고 했다. 그의 대표작『참된 기독교』(*Wahres Christentum*, 1605-1610)는 성도와 그리스도의 신비적 연합을 강조했고, 루터의 법정적 칭의보다 그리스도를 본받는 성도의 성화를 강조했다.

독일 경건주의의 창시자 필리프 야콥 슈페너(Philip Jacob Spener, 1635-

---

8) Heiko A Oberman, "Preface," in Johann Arndt, *True Christianity*, tr. Peter Erb (NY : Pualist Press, 1979), xv.

1705)는 스트라스부르 대학에서 루터교 정통주의를 공부했다. 그 후 아른트의 『참된 기독교』와 루이스 베일리와 리처드 박스터 같은 청교도들의 영성 문학작품을 읽었고, 제네바에서 개혁파 신비주의 영향으로 내적 신앙체험을 했다. 프랑크푸르트에서 20년간 목회하면서 경건주의 운동을 일으켰다. 슈페너는 1670년 목사관에서 작은 '경건의 모임'을 갖고 성경 읽기, 기도, 설교와 경건서적에 대한 모임을 시작했다. 그것은 정통주의 루터교회 안에서 소그룹의 경건주의 운동을 전개하는 "교회 안의 작은 교회" 정책이었다. 슈페너는 교회 개혁안을 제시하는 『경건의 열망』(Pia Desideria, 1675)을 출판했다. 그는 이 책에서 6가지 개혁프로그램을 제시했다.[9]

(1) 기독교인들은 설교 외에도 개인적으로나 연구모임을 통해 성경을 철저하게 읽어야 한다.
(2) 교회의 모든 영역에서 평신도들에게 책임 있는 일을 맡긴다.
(3) 신앙과 하나님 지식의 본질은 교리에 갇힌 것이 아니고 실천적인 신앙경험 속에 있다.
(4) 신조 논쟁은 꼭 필요한 것만 해야 하고, 그때도 겸손과 사랑의 정신으로 해야 한다.
(5) 목회자를 신학적으로 잘 교육해야 하며, 논리와 이론에 치우치지 말고, 경건한 책을 읽게 하고, 목양의 활동과 경험을 병행해야 한다.
(6) 설교자의 강단은 교리만 강론해서는 안 되고, 성도들을 내적으로 변화시키고 양육하는 설교를 해야 한다.

---

9) Philip Jacob Spener, *Pia Desideria*, tr. Theodore G. Tappert (Minneapolis : Fortress Press, 1964), 87-122.

슈페너의 경건주의는 중생을 중요시하면서 성화, 그리스도와 합일을 이루는 영적 신비, 그리스도인의 삶의 목표로서의 완전 등을 회복했다.[10]

헤르만 프랑케(Herman Franke, 1663-1727)는 슈페너의 개혁프로그램을 현장에 적용해서 경건주의 운동을 발전시켰다. 그는 뤼벡의 법률가 집안에서 태어나 신학과 히브리어를 공부했다. 1685년 라이프치히 대학에서 '성서 연구모임'을 만들고 원어성경을 주해하는 모임을 시도했다. 슈페너는 이 모임에 참석했다가 프랑케에게 원문 해석과 함께 해석자의 삶에 연결되는 성경 해석을 하라고 조언했는데, 이것은 프랑케의 성경 교육에 중요한 원리가 되었다. 1687년 프랑케는 회심을 경험했다.

> 상당한 두려움 가운데, 정말로 하나님이 계시기를 바라면서 나는 주일 저녁인 오늘 다시 한번 더 무릎을 꿇고 비참한 상태에서 구원을 위해 여전히 알 수도 없고 믿을 수 없는 하나님께 간구했다. 그 후, 주님이신 살아 계신 하나님은 내가 여전히 무릎을 꿇고 있는 가운데 보좌로부터 음성을 들려주셨다. …… 그 후 나의 모든 의심은 손바닥을 뒤집듯이 순식간에 사라졌다. 마음속에서, 예수 그리스도 안에서 하나님의 은혜를 확신하였다. 그리고 나는 하나님을 하나님이자 나의 아버지로 부를 수 있었다. 마음의 모든 슬픔과 불안은 갑자기 사라졌고, 순간적으로 나는 기쁨의 물결에 휩싸였고 그토록 큰 은혜를 베풀어 주신 하나님께 온 마음을 다해 높이며 찬양드렸다.[11]

1691년 프랑케는 라이프치히에서 추방되었다. 이때 슈페너는 베를린

---

10) 이후정, "경건주의자들의 영성," 「기독교사상」 39(1995.8) : 218.
11) Cater Lindberg 편집, 『경건주의 신학과 신학자들』, 이은재 옮김(서울 : CLC, 2009), 217-218.

종교국의 고위직에 임명되어 경건주의 운동을 도울 수 있었다. 1692년 프랑케는 슈페너의 도움으로 할레 대학의 고전어 교수 및 글라우하 교회 담임목사로 부임했다. 그리고 35년간 할레에서 활동했다. 빈민과 아이들을 위한 구제활동을 시작으로 고아원 학교(1695), 빈민과 평민의 자녀를 위한 독일어 학교, 우수한 학생을 위한 라틴어 학교, 관리와 공무원 양성을 위한 관리자 학교, 여학교, 교사 양성학교를 차례로 설립했다. 출판사와 서점을 세웠고, 독일 최초로 칼슈타인 성서공회를 설립했다. 프랑케는 할레 대학에서 실천 중심으로 신학교육을 개선했으며 회심, 성경 연구, 신앙 실천을 강조했다.

프랑케는 유럽 전역에서 온 젊은이들을 교육하고 현장 훈련을 시킨 후 돌려보냈고, 그 결과 경건주의 영성이 확장되었다. 그는 또한 1709년 경건주의 훈련을 받은 선교사를 파송해서 인도 트랑크바르에 덴마크-할레 선교기지를 세웠다. 진젠도르프(N. L. Zinzendorf, 1700-1760)는 모라비아 형제단을 자기 영지(헤른후트)로 받아들여 세계 선교운동의 지평을 확장했다.

경건주의 영성은 목회와 설교의 질을 높였고, 평신도 교육과 성경 연구를 자극했다. 그리고 선교와 사회봉사의 지평을 넓혔다. 경건주의는 칭의와 성화, 믿음과 실천, 학문과 경건의 일치가 중요하다는 것을 보여 주었다.

4. 복음주의

18세기는 계몽주의 시대이며 이성의 시대였다. 이성을 신뢰하는 힘 앞에서 교회의 가르침과 예배는 활력을 크게 상실했다. 이신론(理神論) 신학은 합리주의에 굴복했다. 도시와 상업의 발달은 세속화를 앞당겼고, 산업혁명은 많은 사람을 실업과 가난으로 몰아넣었다. 특히, 영국은 무질서했고 작은 범죄에도 처벌이 냉혹했다.

복음주의(Evangelicalism)는 1730년대 이후 영국과 그 식민지들 안에서 부흥운동과 각성운동을 통해 성장한 "지속적인 신념과 태도"를 동반하는 "개신교 대중운동"이다.[12] 복음주의 운동은 다양한 신학 전통과 방향성을 포괄하는 대단히 복잡한 종교현상이다. 복음주의 운동을 일으킨 초기 지도자는 영국의 웨슬리 형제(John Wesley 1703-1791, Charles Wesley 1707-1788), 조지 휘트필드(George Whitefield, 1714-1770)와 미국의 조나단 에드워즈(Jonathan Edwards, 1703-1758)다.

에드워즈는 예일 대학을 졸업하고 1727년 매사추세츠 주 노샘프턴에서 목사가 되었다. 그는 미국 1차 대각성운동에 크게 이바지했고, 1757년 뉴저지 대학(후에 프린스턴 대학)의 학장으로 선출된 후 이듬해 죽었다. 그의 시대는 부흥을 반대하는 이성주의자와 부흥을 왜곡하는 열광주의자가 대립하고 있었다. 에드워즈의 역할은 이성주의자에게는 부흥의 중요성을 변증하고, 열광주의자에게는 이성의 중요성을 설명하는 것이었다. 에드워즈는 신앙의 정서적 요소를 옹호하면서 감정주의의 위험성을 경계했다. 에드워즈의 『신앙정서론』(Religious Affections, 1746)은 부흥운동에서 나타나는 신앙적 정서에 대해 영적 식별을 하려는 시도였다. 그는 성령의 역사로 확신할 수 없는 정서 12가지를 제시했고, 또한 성령의 역사로 확신

---

[12] David W. Bebbington, *Evangelicalism in Modern Britain : A History from 1730s to the 1980s* (London : Unwin Hyman, 1989 : Reprint Routledge, 1995), 1.

할 수 있는 12가지 특징을 아래와 같이 제시했다.[13]

(1) 성령의 내주 : 정서가 "우리의 마음에 영적이고 초자연적이고 거룩한 영향력과 작용"할 때 (2) 하나님의 하나님 되심에 대한 인식 : "하나님의 초월적 아름다움 그 자체를 우리 자신 혹은 우리의 유익과 관계없이" 기뻐하고 사랑할 때 (3) 하나님의 아름다우심에 대한 인식 : "신앙 정서의 근거가 하나님의 도덕적 아름다우심을 사랑하는 것"일 때 (4) 하나님을 아는 지식 : "영적으로 하나님에 대한 지식을 바르게 깨닫는 마음이 동반"할 때 (5) 진리에 대한 깊은 확신 : "하나님의 현실성과 확실성에 대해 합리적이고 영적인 확신이 동반"할 때 (6) 참된 겸손 : "성령의 특별한 감화로 초자연적인 원리가 심어지고 작용해서" "신앙의 겸손"이 있을 때 (7) 성품의 변화 : "본성의 변화"가 일어날 때 (8) 그리스도의 성품을 닮아 감 : "양처럼 순하고 비둘기같이 순결한 그리스도의 성품과 기질"을 닮을 때 (9) 하나님을 경외 : "부드러운 마음과 사랑의 기질이 동반"할 때 (10) 신앙의 균형 : "성화의 결과"로 "아름다운 균형과 조화"가 일어날 때 (11) 하나님을 향한 갈망 : "신앙 정서가 높아질수록, 영적 기능이 자라서 영적 욕구와 영혼의 갈망이 커질 때" (12) 행위로 나타나는 신앙 : "신앙 정서가 신앙훈련으로 열매"를 맺을 때

에드워즈는 신앙에서 지성과 정서(affection)의 역할을 함께 강조했다. 'affection'은 단순 감정이 아니고 감정과 의지가 결합한 행동의 원천이다. 지성의 역할은 하나님의 속성을 이해하는 것이고, 정서의 역할은 하나님

---

13) Jonathan Edwards, *The Religious Affections* (Pennsylvania : The Banner of Truth Trust, 1996), 124, 165, 179, 192, 217, 237, 266, 272, 285, 292, 303, 308.

을 체험하게 한다. 지성과 정서는 서로를 견제해서 신앙의 조화와 균형을 이루게 한다. 그는 하나님 경험에서 생겨난 감각을 성향이라고 불렀는데, 인간은 죄로 인해 하나님께로 돌아가는 도덕적 성향을 상실했기 때문에 인간이 신앙을 결단하는 것은 인간의 의지가 아니라 하나님의 은총으로 되는 것이라고 했다.

베빙톤(David Bebbington)에 의하면 복음주의는 다양성에도 불구하고 ① 성경주의(biblicism) – 성경에 대한 특별한 관심, ② 십자가 중심주의(crucicentrism) – 그리스도의 대속 희생에 대한 강조, ③ 회심주의(conversionism) – 삶이 변화되어야 한다는 믿음, ④ 활동주의(activism) – 복음을 증언하기 위한 노력 등 네 가지의 공통 신념과 특징이 있다.[14] 성경주의, 십자가 중심주의, 회심주의는 복음주의자들의 설교 내용이지만, 활동주의는 복음주의자들의 삶의 특징이었다. 복음주의자들은 사회개혁과 선교에 열정적으로 헌신했다. 18~19세기는 복음주의자들에 의해 세계 선교가 이루어졌다.

복음주의 영성은 하나님의 은총과 자비에 대한 의식, 성경에서 하나님의 음성을 찾는 기대, 복음 전파가 하나님을 기쁘게 한다는 인식이 있었다. 또 복음주의 영성에는 감정 표현의 자유가 있었는데 찬송가 복음송에 잘 나타나 있다. 미국은 1차 대각성을 통해 흩어진 여러 주가 통합된 의식을 가질 수 있었고, 그 힘으로 독립전쟁을 치렀다. 전쟁의 후유증으로 어려운 시기에는 2차 대각성운동을 경험했다. 그리고 남북전쟁과 서부 개척 시기에 무디의 부흥운동(1873-1899)을 경험했다.

---

14) David W. Bebbington, Ibid., 3.

제1차 운동 1735-1755		제2차 운동 1800-1840	제3차 운동 1850-1900
	독립전쟁 1775-1783		서부 개척 시대 1850-1890 남북전쟁 1861-1865

존 뉴턴(John Newton, 1725-1807)은 본래 노예 상인이었으나 회심한 후에 성공회 신부가 되었다. 그는 다른 복음주의자들과 마찬가지로 일찍 일어나서 기도하고 성경을 읽었으며, 가족예배를 드리고 기도 모임을 했다. 영국 성공회 복음주의 운동의 지도자였던 윌리엄 윌버포스(William Wilberforce, 1759-1833)는 영국 의회에서 노예 무역제도를 폐지하는 데 앞장섰다. 영국 성공회 선교회의 총무였던 헨리 벤(Henry Venn, 1796-1873)은 선교회의 재정 위기로 인해 선교지 교회들이 선교회의 지도력과 재정으로부터 빨리 독립해서 자치(self-governing), 자립(self-supporting), 자전(self-propagating)하는 교회가 되어야 한다는 삼자 원리(Three-self principle)를 세웠다. 그는 또한 성공회에서 최초의 아프리카 흑인 감독이 탄생하도록 지원했다.

5. 감리교

1730년대 영국의 옥스퍼드 대학에서 존 웨슬리와 찰스 웨슬리 형제가 주도한 '홀리클럽'은 '메서디스트'(Methodist)라는 별명을 얻었다. 그들이 종교적 관습에 열정적이어서 '방법론자'라고 조롱했던 별명이 훗날 감리교회의 명칭이 된 것이다. 이들은 성찬과 성경공부 모임에 자주 참여하고, 서로 선행을 격려하고, 규칙적으로 감옥을 방문하여 전도했다. 또한 가난한 사람 특히 노동자 계층에 봉사했다. 이러한 균형 잡힌 방법론적인 영성이 이 운동의 특징이 되었다.

존 웨슬리가 감리교 운동에서 '속회'(classes)를 만든 이유는 자금을 모으기 위한 것이었다. 이 운동의 회원들은 모임을 '은혜의 수단'으로 보았다. 감리교 영성의 기본체계는 『대연회록』(Large Minutes)에서 표현되었는데 개인적이고 집단적인 기도, 성경 읽기와 묵상, 빈번한 성찬, 금요일의 금식 그리고 영적 회심이었다.

감리교회는 찬송의 영성을 발전시켰다. 찬송은 개인 기도회와 공적 예배에 지속적인 영향을 끼쳤다. 존 웨슬리는 독일 경건주의와 모라비안 찬송 33개를 영어로 번역하여 영국 교회에 소개했다. 첫 찬송집은 『시편 찬송가 모음집』(1737)이다. 찰스 웨슬리는 1738년 회심한 이후 9,000여 편의 찬송시를 창작했다.[15] 웨슬리 형제는 3개의 곡조집과 64권의 찬송집을 발간했다. 존 웨슬리가 편집하고 동생 찰스 웨슬리가 작곡한 많은 찬송이 실린 『감리교인을 위한 찬송가 선곡』(1780)은 '실험적이고 실천적인 경건의 작은 몸'이라고 묘사된다. 존 웨슬리는 이 찬송가의 서문의 마지막 단락에서 다음과 같이 말한다.

나는 진정으로 경건한 모든 독자에게 경건의 정신을 기르거나 촉진하며, 믿음을 확인하고 희망을 살려 내며, 하나님과 사람에 대한 사랑을 점화하고 키울 수 있는 수단으로 이 책을 권하고 싶습니다. 이렇게 시(詩)가 경건의 시녀로서 그 자리를 지킬 때, 그것은 초라하게 말라 죽는 화환이 아니라 시

---

15) 김용화, "독일 경건주의 신앙을 통해 본 웨슬리 회심찬송," 「성경과 신학」 93(2020) : 141.

들지 않는 면류관을 얻게 될 것입니다.[16]

존 웨슬리는 "성령이 친히 우리의 영과 더불어 우리가 하나님의 자녀인 것을 증언하시나니"(롬 8 : 16)라는 말씀을 좋아했다. 그는 하나님에 대한 지식은 성령이 주시는 하나님 실재에 대한 체험을 포함한다고 생각했다. 그리고 바른 체험적 신앙을 옹호했다. 성령의 현존 없는 상태에서 주장하는 정통 교리는 위험할 수 있다. 그에게 체험은 단순히 감각이 아니라 감각에 해석이 더해진 것이다. 타락할 때 잃어버린 영적인 감수성은 성령의 역사로 중생을 통해 새롭게 획득된다. 그 하나님 체험은 주관적인 것이 아니라 신앙공동체인 교회 안에서 검증되어야 한다. 체험적 신앙은 자기 변형을 포함한다. 체험을 통해 하나님의 사랑이 정신과 마음에 새겨진다. 그 결과 체험적 신앙은 사회적 실천으로 열매 맺는다.[17]

웨슬리의 가르침 중 자주 논쟁을 일으킨 것은 '선행적 은총'(prevenient grace)과 '완전 성화론'이다. 웨슬리는 성령께서 전적으로 타락한 인간을 위해 선행적 은총을 베풀어서 믿음으로 하나님께 반응할 수 있게 되었다고 생각했다. 그래서 유아세례를 옹호했다. 그리고 여전히 깨닫지 못하는 인간에게 '깨닫게 하는 은총'(convincing grace)을 주시고, '칭의와 중생의 은총'(justifying and regenerating grace)을 주신다고 보았다. 끝으로 '성화의 은총'(sanctifying grace)은 인간의 온전한 구원을 이루게 한다.

웨슬리는 동서방 교부들의 영성 고전을 많이 읽었다. 그는 시리아의 에

---

16) John Wesley, *A Collection of Hymns, for the Use of the People Called Methodists* (London : Wesleyan-Methodist Book-Room, 1889).
17) Theodore Runyon, "웨슬리 신학의 독특한 공헌-바른 종교체험," 이후정 옮김, 「기독교사상」 44(2000.2) : 153, 159-163.

프렘과 이집트의 마카리오스를 높게 평가했다. 그러한 작품들은 '기독교인의 완전'을 추구하는 확신을 주었다. 웨슬리는 루터와 칼뱅의 전적 타락의 교리는 율법 폐기론의 위험이 있다고 우려했고, 하나님의 절대적 은혜와 인간의 부분적 협력이 결합된 차원의 완전을 주장했다.[18] 웨슬리는 『그리스도인의 완전에 대한 해설』(1777)을 썼다. 이곳에서 '그리스도인의 완전'에 대해 3가지 견해를 제시했다. 이것은 펠라기우스적 완전을 뜻하는 것이 아니고 인간의 약함과 죄성을 전제로 한 상대적 완전, 혹은 목표로서의 완전을 의미했다.

(1) 하나님께 생애 전체를 헌신하는 "의도의 순수성"이다. 그것은 "생애 전부를 하나님께 바치든지 아니면 악마에게 바치든지 그 중간은 없다는 것을 철저하게 확신하는 것"이다.
(2) "그리스도가 품으셨던 마음 전부를 가짐으로, 모든 것에서 그리스도께서 행하신 대로 하는 상태다."
(3) 마음을 다하여 하나님을 사랑하고 이웃을 내 몸과 같이 사랑하는 것이다.[19]

6. 프랑스

17세기는 인류 사상사의 격변기였다. 데카르트(1596-1650)의 이성주

---

18) 배덕만, "개신교 영성에 대한 역사적 개관 : 신비주의를 중심으로," 「한국교회사학회지」 30(2011) : 348-349.
19) John Wesley, *A Plain Account of Christian Perfection* (Wesleyan Heritage Publication, 1998), 1-2.

의 철학, 갈릴레이(1564-1642)의 태양 중심 지동설, 뉴턴(1643-1727)의 만류 인력의 법칙, 스피노자(1632-1677)의 범신론은 전통적 기독교 세계관에 큰 회의를 가져왔다. 16세기 말 로마 가톨릭교회는 프로테스탄트 종교개혁의 확장을 막기 위해 3차에 걸친 트리엔트 공의회(1545-1563)를 개최했고, 모든 가톨릭 군주에게 공의회 교령을 즉각 이행할 것을 강요했다. 그에 따라 프랑스에서는 위그노 대학살과 8차례의 가톨릭-위그노 전쟁(1562-1598)이 일어났다. 나바르 앙리는 낭트칙령(1598)을 발표해 위그노의 종교적 자유를 인정했으나, 87년이 지나 예수회가 주도한 퐁텐블로 칙령(1685)으로 낭트칙령은 폐지되었고, 위그노 박해가 다시 시작되었다. 17세기 프랑스에서는 절대왕정의 후원을 받으며 인문주의 운동과 가톨릭 종교개혁 사상이 적극적으로 나타났다. 많은 사람이 교회가 제공하는 영성과 교리에 만족하지 못했다. 이러한 시대를 배경으로 프랑스 영성학파가 출현했다. 그 외에도 로렌스 형제, 로마 가톨릭교회가 정죄한 얀센주의와 정적주의 영성이 나타났다. 17세기는 프랑스 신비주의의 황금시대였다.

1) 피에르 드 베륄

프랑스 영성학파의 창시자로 알려진 피에르 드 베륄(Pierre de Bérulle, 1575-1629)은 귀족 가문 출신으로 클레르몽과 소르본느 대학에서 공부하고 1599년 사제가 되었다. 그는 나바르 앙리 4세에 의해 궁정신부로 임명되었는데 아마도 그가 속한 반-위그노 동맹을 회유하려는 왕의 뜻이었을 것이다. 베륄은 1604년 아카리 부인(Madame Acarie)이 프랑스에 카르멜 수도원을 설립하는 일을 도왔다. 베륄의 영적 지도를 받은 빈센치오 드 폴(Vincent de Paul, 1581-1660)은 훗날 '라자로회'와 '사랑의 딸회'를 설립했다. 베륄은 이탈리아 오라토리오회로부터 영감을 받아 1611년에 수도서원 없이 설교, 교육, 사제 규범의 개선에 종사하는 사제 생활단 '프랑스 오라토리오회'를 설립했다. 오라토리오회는 기도생활과 사제직을 개혁하는 데 힘썼고, 예수회의 모델을 따라 학교를 발전시켰다. 오라토리오회는 프랑스에서 가톨릭교회와 영성 학파의 발전을 주도했다. 저명한 철학자 데카르트와 말브랑슈(Nicolas Malebranche)는 오라토리오회 학교에서 교육을 받은 사람들이었다.

예수회의 암살 시도에 시달렸던 앙리 4세는 결국 1610년에 암살되었다. 루이 13세는 9살에 왕위에 올랐고, 16세가 된 1617년에 친정 체제를 구축했다. 그는 1624년 추기경 리슐리외(Richelieu)를 수상에 임명했고, 귀족과 위그노 세력을 탄압했다. 이런 정치적 소용돌이 속에서 베륄은 1627년에 추기경에 올랐으나 리슐리외의 반 교황청 정책에 반대해서 궁정신부 자리에서 해임되었다.

베륄은 위그노 신학자들과 신학 논쟁을 하면서 성경과 교부들을 공부했다. 그 결과 베륄의 영성에는 아우구스티누스의 삼위일체론과 위-디오니시오스의 신비주의가 나타났다. 베륄은 발출(exitus)과 복귀(reditus)라는 신플라톤주의 개념을 그리스도의 구속 사역에 적용했다. 성육신하신 말씀을 통해 우리를 향한 하나님의 발출이 발생하고, 우리는 성령의 신화 사역을 통해 신-인(God-Man) 안에 참여함으로써 삼위일체의 내적 생명으로 복귀한다.[20] 삼위일체, 기독론, 성찬(교회론) 셋은 서로 연결된 "사랑의 끈"을 형성한다. "이 사랑의 끈은 아들과 그의 신비(성찬)를 통해 우리

---

20) Pierre de Bérulle, "Discourse on the State and Grandeurs of Jesus," *Bérulle and the French School*, ed. W. M. Thomson and tr. L. M. Glendon (NY : Paulist Press, 1989), 32.

를 아들과 연합시키고, 아들을 통해 성부와 우리를 연합시킨다"(제6강).[21] 성찬을 통해 삼위일체 하나님의 내적 사랑과 외적 활동에 참여한다는 베륄의 영성신학은 아주 창조적이고 종합적이다. 베륄은 예수의 신성과 인성을 함께 관상하면서 예수의 신성은 인간적 상태를 통해 드러난다고 강조한다. 이는 정교회의 '이콘'신학 혹은 요한복음의 신학과 흡사하다.[22] 베륄은 예수의 인간적 상태, 수태부터 수난까지의 인성을 성모 마리아와 관련지어서 관상했다. 그는 또한 막달라 마리아가 예수의 십자가 수난 중 도망치지 않았고 예수의 부활을 첫 번째로 증언한 것을 칭찬하며 "사도 중 사도"라고 칭찬했다. 베륄은 예수 그리스도의 신성과 인성을 통해 하나님의 영광을 찬미하면서 동시에 하나님의 비하를 관상하는데, 이것은 초월과 내재를 동시에 붙잡은 영성의 통전성을 보여 준다.

2) 프랑수아 드 살

드 살 혹은 프랑수아 살레시오(Francis de Sales, 1567-1622)는 로마 가톨릭의 주교, 영성 지도자, 저자다. 훗날 그의 이름을 딴 살레시오 수도회가 생겼다. 그는 프랑스 지역 사보이 공국의 귀족 가문에 태어나 프랑스 예수회 학교에서 교육을 받았다. 그의 부친은 장남인 그를 교양 있는 귀족으로 만들려고 했다. 그러나 드 살은 1568년 예정론 문제로 고민하다 병이 들었고, 자신을 하나님의 자비에 맡기기로 하고 독신을 결심했다. 1588년 이탈리아 파두아에서 법을 공부하면서 틈틈이 신학을 공부했고 24세에 시민법과 교회법으로 박사학위를 받았다. 1593년 드 살은 사제서

---

21) Ibid., 140.
22) "French School of Spirituality," *NWDCS*, 315.

품을 받았다. 당시 사보이 공국 8개 주는 칼뱅주의를 수용했는데, 사보이 공작 샤를 엠마누엘이 그중 제네바 호수 남부 샤블레(Chablais)를 재탈환했다. 드 살은 1594년 샤블레 선교사로 자원에서 5년간 생명을 걸고 가톨릭 부흥에 힘썼다. 1597년 그가 교황의 위임을 받고 제네바를 방문해서 78세의 칼뱅주의 개혁자 테오도르 베자(1519-1605)와 네 차례의 비밀회담과 한 차례의 공개회담을 하면서 테오도르 베자를 가톨릭으로 회유한 사건은 유명하다.[23] 드 살은 제네바 보좌주교(1599) 및 제네바 주교(1602)로서 20년간 활동했지만, 칼뱅주의 도시인 제네바에 거주하지는 못했다.

드 살은 정기적으로 설교하고, 학교를 세워 예비자를 교육했고, 수도회를 개혁했다. 그는 프랑스어권의 가톨릭 영적 지도자들에게 큰 영향을 끼쳤다. 남작 미망인 요안나 드 샹탈(Joanna de Chantal)과 함께 성 마리아 방문 수도회를 설립했다. 그는 1665년에 시성되었고, 1877년 교회의 박사로 선포되었다.

드 살은 26권의 저술을 남겼는데, 그중 『신심 생활 입문』(Introduction to the Decout Life, 초판 1608, 개정판 1619)과 『신애론』(On Loving God, 1616)이 가장 유명하다. 당시 가톨릭은 트리엔트 공의회 교령에 따라 수도원과 사제들의 동정성의 가치와 교육의 질을 높이는 데 집중했다. 하지만 드 살은 평신도들의 영적 열망에 응답하는 데 공헌했다. 『신심 생활 입문』은 영적 지도를 하며 주고받았던 서신을 편집해서 만들었다. 1부 3장 "모든 소명과 직업에 적합한 신심"에서 그는 일반인들이 생활과 가정에서 신심생활을 할 수 있다고 주장한다. 2부 1장 "기도의 필요성"에서 그는

---

[23] "Saint Francis de Sale," in *The Saint Francis de Sale Collection, 15 Books*, ed. Catholic Way Publishing (Catholic Way Publishing, 2015), 14.

평신도들이 하루 1시간씩 기도에 할애하고, 아침 일찍 시간을 내어 하나님을 섬기고, 유혹을 피하고, 자선하는 방법을 생각하라고 제안한다. 2부 14장 "성찬에 대해, 참여하는 방법"에서 그는 라틴어를 모르는 교인들에게 미사에 참여하는 방법과 의미를 설명했다.[24]

『신애론』은 발전된 영성생활을 희망하는 사람들을 위해 기록되었다. 드 살은 관상 전통을 존중했지만, 신비적이고 수동적인 관상보다 고요한 마음의 내면에서 하나님과 사랑의 관계를 적극적으로 추구하는 능동성을 강조했다.

> 드 살의 영성은 하나님의 마음과 인간의 마음이 결합해 있는 세상을 이루는 것이었다. 인간은 하나님을 사랑하기 위해 하나님의 사랑으로 창조되었고, 하나님의 사랑으로 복귀하려는 열망을 부여받은 존재다. 인간의 중심인 마음에서 그러한 하나님을 향한 방향성이 발견된다. 삼위일체 하나님의 내재적 코이노니아도 상호 사랑인 것처럼, 인간의 마음은 하나님의 마음의 박자에 반응하게 되도록 창조되었다. 그러나 인간의 마음이 타락으로 손상된 상태로는 하나님의 마음의 박자에 응답하지 못한다. 십자가에 달리신 예수님의 마음은 인간의 마음과 하나님 마음 사이의 중재자가 된다. …… 영적 생활은 점진적으로 마음과 마음을 교환해 가는 과정이고, 모든 상황의 모든 사람에게 개방된 것이다. 하나님께서 교회의 모든 곳에서 경건한 개인들을 길러 내어서 갱신된 기독교 사회라는 빵을 발효시킨다.[25]

---

24) 도요한, "성 프란시스코 드 살 영성의 평신도적 측면," *Catholic Theology and Thought* 45 (2003.9) : 91-94.

25) "Salesian Spirituality," *NWDCS*, 559-560.

3) 로렌스 형제

로렌스 형제(Brother Lawrence, 1614-1691)로 알려진 니꼴라 에르망(Nicholas Herman)은 탁월한 평신도 영성가다. 그의 어린 시절은 알려진 바 없고 독일 30년 전쟁 중 프랑스 병사로 복무하다가 다쳤다. 38세에 파리의 맨발의 카르멜 수도회에 들어갔다. 처음에 그는 좌절과 분노 가운데 일했으나 알 수 없는 이유로 그의 영성은 변화되었다. 로렌스의 영성은 평안과 자기 포기의 복종과 단순성이 특징이다. 그에게 영성은 방법이나 프로그램의 문제가 아니고 지속적인 연습이다. 그는 50년간 부엌일과 샌들을 제작하는 힘들고 비천한 일상에서 하나님의 임재를 연습하고 기도하며 하나님과의 연합을 추구했다. 그는 영성생활에서 '기억'이 가장 거룩하고 필요한 것이라고 생각했다. 기억은 하나님 안에서 기뻐하고 하나님과 거룩한 동행에 익숙해지도록 한다. 그가 죽은 후에 발견된 서신과 대화록을 모아『하나님의 임재 연습』(*The Practice of the Presence of God*, 1693)이 출판되었다.

> 그는 기도 시간을 다른 시간과 특별히 다르게 생각하는 것이야말로 중대한 잘못이라고 생각했다. 경건의 시간에 드리는 우리의 기도가 우리를 그분과 연합하게 한다면, 평범한 일상 속에서 만나는 다른 모든 활동도 우리를 그분과 하나되게 해야만 한다.[26]

하나님은 우리를 속이지 않으실 것이다. 하나님 앞에서 일할 때 지극히 작은 일이라도 절대 귀찮아하거나 소홀하게 대하지 말라. 그분은 우리가 하

---

26) Brother Lawrence,『하나님의 임재 연습』, 윤종석 옮김(서울 : 두란노, 2018), 41.

는 일의 규모에 감동하지 않으시고 그것을 사랑으로 행했는지를 보신다. 또한 하나님과 동행하는 삶을 한 번 실패했다고 해서 결코 낙심에 빠져서는 안 된다. 계속 꾸준히 연습해 나가면 그 수고가 헛되지 않아 마침내 아름다운 습관이 될 것이며, 그때 가서는 특별한 의식 없이도 범사에 하나님과 하나되어 행할 것이다."[27]

4) 얀센주의와 정적주의

17세기 초 벨기에 루뱅 대학교의 교수이자 이퍼르(Ypres)의 주교인 코르넬리우스 얀센(Cornelius Jansen, 1585-1638)은 아우구스티누스의 은총론과 예정론을 부활시켰다. 그의 이름을 딴 얀센주의는 하나님의 초월성과 인간의 무가치성을 극단적으로 대비시켰다. 그 결과 하나님의 은총이 인간의 죄성을 용서할 수 있다는 희망을 품게 했다. 다른 한편, 얀센주의는 하나님 앞에서 행위를 무시하는 정적주의의 수동성을 극복하기 위해 엄격한 금욕주의를 추구하게 된다. 예수회는 얀센주의를 가톨릭에 전파된 칼뱅주의의 변형으로 보고 탄압했다. 그러나 얀센은 로마 가톨릭의 신비주의와 경건주의적 성경 해석으로 프로테스탄트를 물리칠 수 있다고 생각했던 로마 가톨릭 신학자였다. 1642년 교황청은 얀센의 유작 『아우구스티누스』(1640)를 금서로 규정했다. 1643년 소르본느 대학의 앙투안 아르노(Antoine Arnauld)는 얀센을 옹호하는 글을 발표하면서 프랑스에 얀센주의 논쟁을 일으켰다.[28] 교황은 얀센주의를 이단으로 규정한 교서(1653)를 발표했다.

---

27) Ibid., 42.
28) 이영림, "프랑스 얀센주의 : 신학에서 정치로," 「서양사론」 67(2000) : 157.

생-시랑(Saint-Cyran, 1581-1643)은 루뱅에서 얀센의 친구이며 후원자였다. 생-시랑은 1633~1636년 베르샤유 근처 포르루아얄의 시토 수녀원에서 얀센주의 수녀들의 영적 지도를 맡았고, 그곳을 얀센주의의 거점으로 발전시켰다. 그는 정치적으로 리슐리외 수상과 대립했고, 1638~1642년 투옥되었다. 프랑스에서 고위 법관과 세속 사제의 상당수가 얀센주의를 지지했는데, 정치적으로 국왕 임명자들과 예수회에 대한 정치적 반발에서 기인한 것이었다.[29]

프랑스의 철학자이며 수학자였던 블레이즈 파스칼(Blaise Pascal, 1623-1662)은 대표적인 얀센주의자였다. 1646년 파스칼은 아버지를 치료하는 의사를 통해 얀센주의 서적을 읽고 회심을 체험했다. 1651년 그의 여동생은 포트-루아얄 수녀원으로 들어갔다. 1654년 11월 23일 파스칼은 강력한 종교적 체험을 한 후 "주의 말씀을 잊지 아니하리이다 아멘"(시 119 : 16)이라는 글귀를 꿰맨 옷을 입었다. 그는 『시골 벗에게 보내는 편지』(1657)에서 얀센주의를 변호했고, 예수회의 도덕적 방종을 비판했다. 특히 목적을 위해 살인도 용납하는 예수회의 결의론(Casuistry)에 대한 분노를 유머로 풍자했다. 이 책은 파스칼 사후에 출판된 『팡세』(*Pensées*, 1670)와 함께 프랑스 근대 문학에 큰 영향을 끼쳤다. 1661년 예수회와의 공개 논쟁 와중에 포트-루아얄 학교는 강제 폐쇄되었다.

프랑스에서 발달한 정적주의는 몰리노스(Miguel de Molinos, 1628-1696)와 프랑수아 페늘롱(Francois Fénelon, 1651-1715) 등이 주장한 사상이다. 몰리노스는 17세기 후반에 활동한 스페인 출신 신비가로서 『영적지침서』(*Spiritual Guide*)를 남겼다. 그의 사상은 1687년에 68개 항목

---

29) Ibid., 167.

으로 정죄되었다. 몰리노스의 신비사상의 핵심은 하나님이 인간의 영혼에 좌정하기 위해 인간이 '정적', '수동성', '고요', '자기 무화'(無化)의 자세를 가져야 한다는 것이다.[30]

> 그대 영혼이 하나님의 센터, 거처, 왕국임을 알아야 한다. 그래서 결국 주권자 왕이 영혼의 보좌에 좌정하시기 위해서 영혼을 깨끗하게 하고, 고요하게 하고, 비어 있게 하고, 평화롭게 하는 고통을 겪어야 한다. 죄와 허물에서 깨끗하고, 두려움 없이 고요하고, 애정과 욕망과 생각을 비우고, 시험과 환란 중 평화로움이다.[31]

그는 주부적 관상기도 중 영혼에 일어나는 모든 것을 하나님께 수동적으로 맡겨야 완덕과 합일에 도달한다고 말한다. 영혼의 정적(靜寂)은 하나님의 활동에 대해 완전한 개방과 수용성을 뜻한다. 정적주의의 문제는 하나님과의 "합일" 목표가 성급해서 "중간 과정을 생략"한 것이다.[32] 아빌라의 테레사와 십자가의 요한도 관상기도의 수동성을 강조했다. 그러나 그들은 성사, 교회, 삼위일체와 그리스도의 수난과 부활이라는 근거 위에서 신비주의를 추구했으나 몰리누스에게는 그것이 없다.

귀용 부인(Jeanne Guyon, 1648-1717)은 프랑스 귀족 집에서 태어났다. 하지만 어머니의 사랑을 받지 못하고 2세 반부터 12세까지 여러 수녀원에서 자랐다. 정신적으로 외로움과 허무감, 교만과 허영심이 컸다. 18살에

---

30) 송선진, "몰리노스의 영성신학 : 영혼 중심에서의 하나님 체험과 신화," 「신학과 세계」 96 (2019.9) : 53.

31) Miguel de Molinos, *The Spiritual Guide* (Glasgow : John Thomson, 1885), 3.

32) 전영준, "프랑수아 페늘롱의 신비사상," *Catholic Theology and Thought* 63 (2009.6), 305.

22살 많은 남편과 결혼했는데, 남편은 정신적으로 시어머니에게서 독립하지 못한 사람이었다. 결혼 초기에 그녀는 두어 차례 자살을 시도했다. 20세가 되어 회심을 체험하고 신비생활을 시작했다. 5년간 영적 생활의 평안이 있었다. 그러나 그 후 7년간(1673-1680) 그녀가 "신비적 죽음"이라고 명명한 하나님 부재, 지적, 도덕적, 영적 황폐를 경험했다. 1680년 그녀는 라 꽁브 신부의 도움으로 하나님 부재의 상태에서 벗어났다. 그리고 신비 상태에서 경험한 것을 사람들과 나누고, 질병을 치유하는 활동을 시작했다. 그리고 루이 14세의 부인 맹뜨몽과 궁정 가정교사 페늘롱과 영적 교제를 하게 된다.

귀용 부인의 신비체험은 아주 강렬하게 나타났다. 합일 상태에서 매우 깊은 신비경에 빠졌고, 침묵 상태에서 다른 사람과 영적 소통을 할 수 있었다. 영적 고통을 가진 사람을 만나면 자신의 몸으로 고통을 느끼고 대화로 치유했다. 자신의 의지와 관계없이 강한 충동에 이끌려 자동 필사를 했는데 1682~1685년 사이에 『내적 기도에 이르는 짧고 쉬운 길』, 『격류』, 『아가서 강해』, 『사사기 강해』, 『요한계시록 강해』를 저술했다. 그리고 이미지와 표상으로 시작한 묵상이 사라지고 직관으로 그리스도의 실재를 느끼고 연합하는 체험을 했다.[33] 귀용 부인은 내적 수동적 관상으로 자아가 완전히 죽는 무사성(無私性)에 도달해야 순수한 사랑과 순수한 믿음에 이르고, 하나님과 합일을 이루고 완덕에 이를 수 있다고 주장했다.

1693~1694년에 모(Meaux) 교구장 보쉬에 주교(J.-B. Bossuet, 1627-

---

33) 김성민, "17세기 프랑스 신비주의와 J.—M. 드 귀용의 신비체험에 대한 분석심리학적 고찰," 「신학과 실천」 18(2009) : 263-266.

1704)는 귀용 부인을 정적주의자라는 혐의로 심문했고, 1695년 12월에 체포했다. 그녀는 1696~1703년 바스티유 감옥에 투옥되었고, 말년에 석방되어 자유를 찾았다. 보쉬에가 귀용 부인을 정죄한 죄목은 다음과 같다. 첫째, 수동적이고 순수 직관에 도달하는 기도만 중요하게 여기고 일반 기도와 청원 기도를 무시한다. 둘째, 예수의 성육신과 부활에 몰두할 수 없게 한다. 셋째, 인식과 생각을 무시해서 이성을 파괴한다. 넷째, 신과의 순수사랑에 도달하기 위해 모든 행위를 포기하게 한다. 다섯째, 신의 주입 관상에 도달하면 그것을 기적으로 여기고 자기 행동에 책임을 지지 않는다.

추기경 페늘롱은 『내적 삶에 관한 성인의 금언』(1697)을 써서 귀용 부인을 변호하려고 했다. 그러나 1699년 교황청은 페늘롱을 정치적으로 단죄했다.[34] 페늘롱의 사상은 독일 경건주의자, 영국의 퀘이커, 존 웨슬리에게 많은 영향을 주었다. 토머스 머튼은 루이 14세와 보쉬에가 페늘롱의 영성을 두려워하고 그의 영성 안에서 정적주의를 찾으려고 한 것은 페늘롱이 가르친 "수동성, 비활동성, 초연함"이 절대왕정에 도움이 되는 "능동적 영성에 대한 일종의 항의였기 때문"이라고 평가했다.[35] 또한 페늘롱은 귀용 부인이 신학적 문제점과 영적 체험의 순수성을 구분해서 볼 수 있었지만, 보쉬에는 영적 체험이 없어서 신비체험 전통을 이해하지 못했다고 평가한다.[36] 신학자들의 인식론적이고 논리적인 주장과 신비영성가들의 존

---

34) 페늘롱에 대해서는 다음의 자료를 참조하라. 차영선, "정적주의에 관한 보쉬에와 페늘롱의 논쟁 : 내적 삶에 관한 성인의 금언," 「한국프랑스학논집」 88(2014.11) : 169-195. 전영준, "프랑수아 페늘롱의 신비사상," *Catholic Theology and Thought 63* (2009.6) : 274-312.
35) Thomas Merton, 『토머스 머튼의 단상 : 통회하는 한 방관자의 생각』, 김해경 옮김(서울 : 바오로딸, 2013), 501.
36) Thomas Merton, "Reflections on the Character and Genius of Fénelon" in *Fénelon Letters*, tr. John McEwen (London : Marvill Press, 1964), 10-11.

재론적인 체험은 늘 간격 차가 크다. 영적 체험은 신학적 준거가 필요하지만, 영적 전투를 치른 사람의 경험 없이 영성신학은 성립되지 않는다. 이 부분이 신학과 경험이 지평 융합을 해야 하는 이유다.

11
20세기의 영성

제11장
20세기의 영성

　20세기는 인간에 대한 낙관주의와 합리적이라고 이해되었던 근대적 세계관이 무너지는 시기였다. 홀로코스트와 원자폭탄의 경험은 인간의 이성과 과학기술이 얼마나 불안한 것인지 경험하게 했다. 식민지의 독립, 여성과 흑인의 인권해방, 커뮤니케이션과 신기술의 발달로 점점 개방화되는 사회는 철저하게 다원화된 세계를 만들었다. 20세기의 영성은 급변하는 세계에서 사람들이 경험하는 다양성을 반영했다. 쉘드레이크는 20세기의 영성은 신비적인 접근과 예언적, 정치적 접근이 뚜렷하게 나타났다고 하면서 "예언적–비평적 유형"으로 설명했다.[1] 제11장에서는 20세기의 예언적–비평적 특성을 잘 드러내는 본회퍼, 토머스 머튼, 해방신학, 페미니

---

1) Philip Sheldrake, 『미래로 열린 영성의 역사』, 276.

스트 운동, 마틴 루터 킹, 에큐메니컬 운동, 오순절 운동의 영성을 살핀다.

1. 본회퍼

디트리히 본회퍼(Dietrich Bonhoeffer, 1906-1945)는 독일 루터교 신학자, 고백교회 지도자로서 반나치 운동에 가담하여 히틀러 정권에 저항하다가 처형당한 정치적 순교자다. 그는 1906년 독일의 브레슬라우(Breslau)에서 정신과 의사이며, 베를린 대학의 교수를 지낸 칼 본회퍼와 어머니 파울라의 8남매 중 여섯째로 태어났다.

본회퍼는 튀빙겐 대학에서 공부했고, 1927년 21세의 나이에 베를린 대학에서 『성도의 교제』로 신학박사 학위를 취득했다. 1930년, 그는 교수자격 논문으로 『행동과 존재』를 썼다. 그는 여기서 새로운 '신학 방법론'을 제시했다. 철학이 인식론을 순수행동과 존재론으로 구분한 것처럼, 신학도 계시를 행위와 존재로 구분하는 것을 비판하고 이를 종합했다. 하나님의 계시는 과거의 사건이 아니라 선포를 통해 교회공동체 안에서 늘 일어난다. 따라서 교회는 행동과 존재의 종합으로서 계시의 현재성이 된다. 따라서 교회는 "공동체로 존재하는 그리스도"라고 주장했다.[2]

본회퍼는 뉴욕 유니온 신학교에서 미국의 사회복음 운동과 흑인들의 영성생활과 사회문제를 윤리적 관점에서 연구했다. 그리고 동료 장 라세르(Jan Lasserre)와 우정을 쌓으며 평화윤리사상을 받아들였다. 그 이후로 본회퍼의 신학은 이론보다는 현실의 문제를 다루었고 '아래로부터'의 관

---

2) Dietrich Bonhoeffer, 『행위와 존재』, 김재진, 정지련 옮김(서울 : 대한기독교서회, 2010), 131-133.

점을 사용했다. 1931년 그는 베를린 대학 신학부 강사로 취임했고, 목사 안수를 받았다. 1932/33 겨울학기에 창세기 1~3장을 강의했는데 이것이 『창조와 타락』으로 출판되었다. 본회퍼는 이 책에서 신학적 인간학을 탐구했는데, 훗날 『윤리학』을 저술하는 기초가 되었다. 1933년 여름학기에 그는 『그리스도론』을 강의했다. 본회퍼는 루터교 신학자답게 늘 낮고 편재하는 기독론을 주장했다. 그리스도의 몸인 교회는 그리스도의 인성을 따라 이 땅에서 낮아지고 부활하는 삶으로 그리스도의 현실성을 나타내야 한다. 그는 교회의 대리자 역할을 강조했다.

한편 1933년 1월 히틀러가 수상이 되자, 본회퍼는 2월 1일 라디오 강연을 통해 "히틀러의 정치 원리는 하나님을 부정하고 지도자를 우상화할 위험이 있다."라고 경고했다. 1933년 7월 히틀러는 루드비히 뮐러를 제국의 주교로 임명하고 독일 국가사회주의 안으로 모든 교회를 통합시키려 했다. 9월에 마틴 니뮐러 목사를 중심으로 7,000명의 목사가 "목사 긴급 동맹"을 결성하고, 유대인을 교회의 공식 지위에서 배제하라는 국가의 '아리안 조항'에 반대했다. 이것이 고백교회의 출발이었다.

본회퍼는 1933년 10월~1935년 4월까지 런던에서 독일인 교회 두 곳에서 목회했다. 그는 고백교회의 상황을 에큐메니컬 운동의 관심사로 만들었다. 1934년 3월 나치 정부는 프로이센의 목사훈련소를 폐쇄했다. 1934년 여름 고백교회는 '바르멘 선언'을 발표하고 제국교회와의 결별을 선언했다. 1935년 6월 영국에서 귀국한 본회퍼는 23명의 학생과 함께 핑켄발데(Finkenwalde)의 '형제의 집'에서 공동생활을 하면서 고백교회 목사 후보생 교육을 시작했다. 그리고 1935/36 겨울학기 베를린 대학교에 출강했다. 이 시기 본회퍼는 그리스도의 제자직을 강의했고, 그것은 『나를 따르라(값비싼 제자직)』로 출판되었다. 이 책은 값비싼 은혜와 제자직의 의미가 무엇인지 강조했다.

> 값싼 은혜는 우리 교회의 철천지원수다. …… 값싼 은혜란 참회가 없는 사죄요, 교회의 치리가 없는 세례요, 죄의 고백이 없는 성만찬이요, 개인적 참회가 없는 사죄다. 값싼 은혜란 뒤따름이 없는 은혜요, 십자가가 없는 은혜요, 인간이 되시고 살아 계시는 예수 그리스도가 없는 은혜다. 값비싼 은혜란 밭에 숨긴 보물과 같다. 이를 발견한 사람은 집으로 돌아가 가진 모든 것을 팔아 기쁨으로 이를 산다. …… 값비싼 은혜란 그리스도의 통치다. 이를 위해 사람들은 죄를 짓게 하는 눈을 뽑아 버린다. 값비싼 은혜란 예수 그리스도의 부름이다. 이를 위해 제자들은 그물을 버리고, 그분을 따른다.[3]

> 예수의 부름이 들리자마자, 부름을 받은 자는 조금도 주저하지 않고 순종한다. 제자의 응답은 예수에 대한 언어적 신앙고백이 아니라 순종 행위다. …… 오직 믿는 자만이 순종하고, 오직 순종하는 자만이 믿는다. …… 만약 단순한 순종이 원칙적으로 제거된다면, 예수의 부름의 값비싼 은혜는 다시금 값싼 자기 칭의(稱義)의 은혜로 변질된다.[4]

핑켄발데의 형제의 집에서 본회퍼는 신학생들과 함께 유사 수도원생활을 했다. 본회퍼는 그 경험을 성찰해서 『신도의 공동생활』을 기록했다. 신도가 공동생활을 해야 하는 이유는 세 가지다.

---

[3] Dietrich Bonhoeffer, 『나를 따르라 : 그리스도인의 제자직』, 손규태, 이신건 옮김(서울 : 대한기독교서회, 2010), 33, 35-36.
[4] Ibid., 52, 62, 87.

첫째, 그리스도인은 자신의 구원과 의를 자신에게서 찾지 않고, 오직 예수 그리스도에게서만 찾으려는 사람이다. …… 하나님은 우리가 그분의 살아 계신 말씀을 형제의 증언에서, 즉 사람의 입에서 찾기를 원하신다. 따라서 그리스도인은 하나님의 말씀을 들려주는 다른 그리스도인을 필요로 한다.

둘째, 그리스도인은 오직 예수 그리스도를 통해서만 다른 사람에게 나아갈 수 있다. 사람들 사이에는 항상 다툼이 있다. 그러나 사도 바울은 예수 그리스도에 대해 "그는 우리의 평화"(엡 2 : 14)라고 말한다. …… 그리스도는 하나님과 형제에게 나아가는 길을 열어 주셨다.

셋째, 하나님의 아들이 육을 받아들이셨을 때, 그는 은혜로 인해 진실로 그리고 신체적으로 우리의 존재와 본질, 아니 우리 자신을 받아들였다. …… 따라서 성서는 우리를 그리스도의 몸으로 부른다.[5]

본회퍼는 교회공동체 안에서 성경을 바르게 정기적으로 읽고, 예배에서 시편을 사용하고, 성찬 전에 죄를 고백하도록 강조했다. 이러한 원리를 신학생들의 공동생활에 적용했다.

1936년 8월 베를린 대학의 강사직이 박탈되고, 9월 형제의 집이 폐쇄되고, 27명의 목사와 신학생이 체포되었다. 본회퍼는 그 후 2년간 독일 동부의 마을 곳곳을 다니면서 교회를 섬기는 학생들을 보살피며 강의했다. 1939년 베를린에서 추방당한 본회퍼는 7월에 군대 징집을 염려하며, 뉴욕 유니온 신학교의 초청을 받아들였다. 그러나 2주 만에 그것을 후회하고, 라인홀드 니버에게 편지를 남기고 귀국했다.

---

5) Dietrich Bonhoeffer, 『신도의 공동생활 : 성서의 기도서』, 정지련, 손규태 옮김(서울 : 대한기독교서회, 2010), 25-28.

제가 미국에 온 것이 실수라는 결론을 얻었습니다. 나는 조국의 역사 안에서 동포들과 함께 어려운 시기를 살아가야 합니다. 제가 이 시련의 시기를 내 민족과 함께 보내지 않으면 전후 독일에서 그리스도인의 삶을 재건하는 데 저는 참여할 권리가 없습니다. …… 독일의 그리스도인들은 몸서리나는 양자택일을 해야 할 것입니다. 기독교 문명이 살아남기 위해 조국의 패전을 바라던가, 자국의 승리를 바라면서 우리의 문명을 파괴하든가 둘 중 하나입니다. 저는 어떤 선택을 해야 하는지 알고 있습니다. 그러나 안전한 가운데서 그런 선택을 할 수는 없습니다.[6]

1940년, 고국에 돌아온 본회퍼에 대해 비밀경찰의 압박은 더 심해졌다. 본회퍼의 매부 한스 폰 도나니(Hans von Dohnanyi)는 방첩대 내부의 지하 저항 활동에 본회퍼를 가입시켰다. 그들은 본회퍼의 에큐메니컬 접촉을 통해 국내의 저항운동을 연합국에 알리고, 전후 협상에서 이점을 얻으려고 했다. 본회퍼는 합법적 정보활동으로 위장하고 노르웨이, 스웨덴, 덴마크, 스위스를 방문했다. 1942년 5월, 그는 성공회 조지 벨 주교를 통해 영국 외무성 장관에게 접촉 의사를 타진했으나, 영국은 독일 내부 저항 세력의 의사를 전부 무시했다.

본회퍼는 1940~1943년 4월 체포될 때까지 『윤리학』을 저술했다. 그는 교회와 사회를 이분하는 위험을 지적했다. 이런 사상은 정의와 불의에 대한 책임을 회피하게 만드는 것이기 때문이었다. 『윤리학』에 기록되는 내용은 대부분 히틀러 치하에서 벌어지고 있는 전쟁의 광기와 파괴와 살

---

6) Eberhard Bethge, *Dietrich Bonhoeffer : Eine Biographie*, 736 ; 재인용 https://en.wikipedia.org/wiki/Dietrich_Bonhoeffer#cite_note-32.

육에 관련된 상황에서의 기독교인의 증언이다.

본회퍼는 게슈타포에 의해 체포되어 2년 후 1945년 4월 9일에 처형되었다. 베르게(Eberhard Berge)는 본회퍼의 서신을 모아『옥중서간』(1951)을 출판했다. 본회퍼는 신학계에 등장하지 않았던 새로운 사상을 제시함으로 세상을 놀라게 했다. 그가 주장하는 "종교 없는 기독교"란 세상과 교감하지 못하는 기존 종교를 향한 예언자적 활동 무대이며, 하나님께 값비싼 헌신을 요구하는 것이다.[7] 그는 "성인이 된 시대"를 살아가는 인간은 세상에서 마치 "하나님 없이 하나님 앞에서", "세속 속의 거룩성"을 갖고 살아야 한다고 하면서 인간의 자율성을 찬성했다. 그는 인간의 성숙함은 자신이 저지른 죄에서 도피하여 하나님께 구원을 요청하는 것이 아니라, 책임 있는 존재가 되는 법을 배우는 것이라고 강조했다. 또한 교회의 제자직은 "타자를 위한 존재"가 되는 것으로 이해했다.

> 하나님과 우리의 관계는 "종교적으로" 생각할 수 있는 최고의, 최강의, 최선의 본질이 아니고 – 그것은 진정한 초월이 아니다 – 예수의 존재에 참여하는 가운데 주어지는 "타자를 위한 존재"에서 드러나는 새로운 삶이다. 초월적인 것은 무한하고 도달할 수 없는 과제가 아니라 각자에게 주어진 도달 가능한 이웃이다.[8]

---

7) Philip Sheldrake,『미래로 열린 영성의 역사』, 283.
8) Dietrich Bonhoeffer,『저항과 복종 : 옥중서간』, 손규태, 정지련 옮김(서울 : 대한기독교서회, 2010), 711.

2. 토머스 머튼

토머스 머튼(Thomas Merton, 1915-1968)은 20세기 가장 탁월한 로마 가톨릭 영성가이며 영성 작가다. 그는 뉴질랜드인 오웬 머튼과 미국인 루스 젠킨스 사이에서 태어났다. 오웬은 성공회 교인이었고, 루스는 퀘이커였는데, 두 사람은 미술 학도로 파리에서 만나 결혼했다. 그들은 피레네 근처 프라데 산악지대에서 살았는데, 제1차 세계대전을 피해 토머스 머튼이 태어난 1915년에 미국으로 갔다. 머튼이 6세가 되었을 때 어머니 루스가 위암으로 세상을 떠났다. 한동안 외조부의 보살핌을 받던 머튼은 10세에 오웬과 함께 프랑스의 생탕토냉(Saint-Antonin)에 살았고, 13세에 영국에서 공부를 시작했다. 오웬은 그림을 그리며 많은 곳을 떠돌아다녔고 어린 머튼은 홀로 자랐다. 오웬은 머튼이 15세일 때 뇌종양으로 죽었다. 다행히 외할아버지는 머튼과 그의 동생 존 폴이 대학을 졸업할 때까지 공부할 수 있도록 경제적 뒷받침을 해 주었다. 1933년 18세의 머튼은 케임브리지 대학에 입학해서 현대어를 공부했다. 머튼은 방탕한 생활로 인해 사귀던 여인이 아기를 가지자, 대학을 떠나 미국으로 돌아왔다. 머튼은 1935년에 뉴욕의 컬럼비아 대학에서 영문학으로 다시 공부를 시작했다. 대공황 직후 학생들 사이에 유행했던 공산주의에 잠시 관심을 갖고 참여했으나 곧 흥미를 잃었다. 1936년에 외할아버지의 장례를 치른 머튼은 이듬해 2월에 에티엔 질송(Étienne Gilson)이 쓴 『중세철학의 정신』을 읽고 '하나님의 존재'에 대해 깊이 생각하게 되었고 가톨릭교회와 가까워졌다. 그 후 헉슬리(Aldous Huxley)의 『목적과 수단』을 읽고 신비주의의 수덕의 의미를 배웠다. 머튼은 1938년 11월에 세례를 받고 개종했다. 1939년 2월에 석사학위를 받고 박사과정에 진학했다. 그때부터 머튼은 사제가 되고픈 소명을 느끼기 시작했다. 1940년 9월 머튼은 성 보나벤투라 대학의 영어 강사직을 얻은 후부터 술, 담배와 모든 오락을 끊고 기도와 영성생활에 몰두했다. 1941년 8~11월 머튼은 할렘가의 "우정의 집"에서 흑인 빈민가 아이들을 가르치는 봉사를 하면서 자기의 소명을 재검토하던 중 12월에 관상수도회인 트라피스회(개혁파 시토회)의 입회를 허락받게 되었다. 1968년에 아시아를 방문하던 중 감전으로 이른 죽음을 맞을 때까지 켄터키 주 겟세마네 수도원의 수사(루이스 신부)로 살았다.

머튼은 관상생활을 사랑했다. 하지만 수도원 측은 머튼의 학문과 시적 재능을 알고 성인들에 대해 글을 쓰고 번역하라는 임무를 부여했다. 머튼은 은수자로서 독서생활을 하며 십자가의 요한, 아빌라의 테레사, 줄리안의 저서에 깊이 심취했고, 수도원 운동 역사의 전문가가 되었다.

머튼은 1944~1946년에 자서전 『칠층산』(*The Seven Storey Mountain*, 1948)을 저술했다. '칠층산'은 단테의 『신곡』에 등장하는 연옥의 칠층 정죄산을 의미한다. 이것은 칠죄종(교만, 인색, 시기, 분노, 음욕, 탐욕, 나태)과 대칭되는데, "하나님의 사랑의 불"로만 태울 수 있는 정화 과정을 나타낸다.[9] 이 책은 마치 아우구스티누스의 『고백록』을 연상시킨다. 수도사 토머스 머튼은 자신의 과거의 삶을 깊이 있게 통찰하면서 인간의 본질적 죄성과 반항과 한계를 보여 준다.

> 나는 지금 탈저되어 누워 있고 내 영혼은 죄로 썩어 있다. 그런데도 나는 죽든지 살든지 개의치 않았다. 이 세상에서 인간에게 일어날 수 있는 가장 나쁜 일은 모든 현실 감각을 상실하는 것이다. 나에게 일어났던 가장 나쁜 일

---

9) Thomas Merton, 『칠층산』, 270.

은 죽음이 위협하는 자리에서조차 지독한 냉담과 무관심으로 내 죄를 끝까지 완결지었다는 것이다.[10]

31세(1946)의 젊은 수도사가 쓴 자서전이 사람들을 매혹한 이유가 무엇일까? 당시 사람들은 제2차 세계대전과 서구 문명의 붕괴로 혼란 속에 빠져 있었다. 머튼은 자기의 회심 과정을 보여 줌으로써 현대 문명의 영적 무가치를 폭로했고, 접근 가능한 수도원주의 영성과 성인 됨의 의미를 제시했다. 머튼은 현대 문명, 세계대전, 백인 문화에 대해 다음과 같이 말한다.

지성은 욕정의 목적과 목표에 의해 항상 눈이 멀고 악용당한다. 그리고 흔히 공평무사하고 객관적이라고 내세우는 증거는 사실 이해관계와 선전으로 가득차 있다. 우리는 어이없게도 자아 기만증에 걸렸고 더군다나 우리 자신의 절대적 무류성(無謬性)을 맹신한다. …… 이 경우 해결책은 은총뿐이다. 그것은 은총에 순응하는 은총이다.[11]

인류 한 사람 한 사람이 각자의 영혼으로 만들어 낸 그림이 바로 세계의 모습이 되었다는 것을 일반 대중은 깨닫지 못하고 있었다. 지성과 의지를 죄와 지옥 그 자체에 강간당하는 치욕을 불러들인 장본인은 바로 우리였다.[12]

백인 문화가 썩어 버린 협잡이고, 속이 텅 빈 가짜며, 허무의 그림자라는 것

---

10) Ibid., 222.
11) Ibid., 428-429.
12) Ibid., 514.

을 흑인들은 잘 알고 있다. 그런데도 흑인들은 이것을 좋아하고 원하는 척 하며, 얻으려고 애쓰는 저주스러운 운명을 살고 있다. 그 전체가 온통 처참한 음모 같다.[13]

머튼은 수도원에 입회하면서 수도원적 "세상 경멸"을 통해 "세상에 대한 올바른 그리스도교적인 접근"을 시도했다.[14]

내가 세상을 떠나 수도원에 왔을 때 버린 것은 문명사회라는 환경에서 발전시킨 나 자신에 대한 이해였다. 내게 문명사회의 목표로 보였던 것과 나 자신을 동일시하던 것을 버렸다. …… 그것이 내가 수도자가 된 이유다. 하지만 나는 항의가 충분하지 않다는 것을, 어쩌면 무의미할지도 모른다는 것을 안다. 그런데도 그것은 항의와 불복종이 수도생활의 어떤 개념으로까지 확대되어야 하는 이유다.[15]

머튼은 이 땅에서 보이지 않게 혹은 보이게 기도하며 섬기는 성인이 얼마나 중요한지 거듭 강조한다. 성인은 현대인들에게 새로운 인간에 대한 가능성과 소망을 제시한다. 여기서 성인은 수도원적 성인만을 의미하는 것이 아니다.

사실 아담이 타락하지 않았다면 온 인류는 각기 특별하게 하느님의 모습을

---

13) Ibid., 703.
14) 오방식, "추천글 : 천국의 문은 어디에나," 『토머스 머튼의 단상 : 통회하는 한 방관자의 생각』, 김해경 옮김(서울 : 바오로딸, 2013), 12.
15) Thomas Merton, 『토머스 머튼의 단상』, 103-105.

닮아 하느님의 영광과 완전을 현양하고 아울러 영원부터 각자가 받은 특이한 성덕, 곧 상상을 초월한 초자연적 인격을 완성하여 빛날 것이었다.[16]

우리는 그리스도께서 일하시는 방법을 안다. 인간의 눈에는 아무리 불가능해 보일지라도 어느 날 아침 깨어나 보면 성인들로 말미암아 그 전체가 이미 발효되어 있을 것이다.[17]

머튼은 『칠층산』의 곳곳에서 하나님과의 만남은 지성적인 것이 아니라 사랑의 체험이라는 것을 강조하면서 시토회 영성의 특징을 드러낸다.

영혼의 생명은 지식이 아니라 사랑이다. 사랑은 의지, 곧 인간의 최상급 기능이 동원되는 행위요, 이 사랑으로 모든 노력의 최종 목표인 하느님과 정식으로 일치를 이루는 것이다.[18]

머튼의 수도자 초기의 영성은 배타적 로마 가톨릭 중심주의였다. 그러나 그의 영성은 1960년대에 사회참여적, 에큐메니컬적, 종교간 대화의 영성으로 발전한다. 1956~1965년까지의 단상을 모은 『통회하는 한 방관자의 생각』(1965)에는 세상을 향해 활짝 열린 머튼의 영성이 나타난다. 이러한 변화의 기점은 1958년 3월 18일 "세상으로의 귀환으로 알려진 신비체험"이었다.[19] 그는 걸어가는 모든 사람에 대한 일치감과 사랑을 깨달

---

16) Thomas Merton, 『칠층산』, 717.
17) Ibid., 709.
18) Ibid., 399-400.
19) 오방식, "추천글 : 천국의 문은 어디에나," Ibid., 6.

으면서 압도당했다.

> 그것은 마치 격리된 꿈에서, 단념의 세계이자 거룩한 곳으로 생각되는 특별한 세계의 거짓된 자리 고립의 꿈에서 깨어나는 것 같았다. [수도자는] 세상과 격리된 삶을 사는 거룩한 존재라는 환상은 모두 꿈이다. 내 성소(聖召)의 진정성이나 수도원 삶의 진정성을 의심해서가 아니다. 수도원에서 너무나도 쉽게 착각하는, '세상과 격리되어 있다'는 관념 때문이다. …… 다르다는 착각에서 벗어났다는 느낌에 너무도 안심하고 기쁜 나머지 하마터면 큰 소리로 웃음을 터뜨릴 뻔했다.[20]

머튼은 관상은 조용한 물러남의 문제가 아니라 인류의 미래에 대한 공동의 책임이라는 이해를 강조한다. 이 시점에서 머튼에게 나타난 변화는 다음과 같다. 첫째, 관상적 신비주의 전통을 유지하면서 사회정의와 세계평화를 강조하는 예언자 입장의 글을 썼다. 그는 시민 권리 운동을 지지하고, 냉전을 비판했으며, 핵무기를 반대했고, 베트남전쟁 반대 운동에 참여했다. 둘째, 『칠층산』에 나타나는 가톨릭 승리주의와 다른 교파에 대한 배타성이 사라지고 에큐메니컬 관점이 강화되었다. 이것은 제2차 바티칸 공의회의 영향도 크게 작용했다. 셋째, 영성 간 대화, 특히 선불교와 기독교 사이의 대화에 참여했다. 일본의 선불교 스즈키와 달라이 라마와 적극적인 대화를 가졌다. 머튼이 진정한 자아를 찾으려고 했던 영적인 관심사는 20세기의 관심사를 대표하는 것이다.

---

20) Thomas Merton, 『토머스 머튼의 단상』, 283-284.

3. 마틴 루터 킹

마틴 루터 킹(Martin Luther King Jr., 1929-1968)은 미국 침례교 목사이며 인종차별에 항거한 인권운동가다. 1955년 앨라배마 주 몽고메리 버스 보이콧 운동을 승리로 이끌며 전국적으로 알려졌고, 1955~1968년까지 13년간 남부기독교지도자회(SCLC : Sourthern Christian Leadership Conference)의 회장을 맡아서 흑인의 투표권, 차별철폐, 노동권을 요구하는 여러 행진을 이끌었다. 1964년에 노벨 평화상을 받았고, 1968년 4월 4일에 월남전쟁을 반대하는 과정에서 암살되었다.

그는 침례교 목사 미가엘 킹의 아들로 조지아 주 애틀랜타 중산층 흑인 가정에서 태어났다. 그의 외조부도 침례교 목사였다. 미가엘 킹은 1934년 자기 이름을 마틴 루터 킹으로 개명했고, 아들의 이름은 마틴 루터 킹 주니어가 되었다. 킹 주니어는 성장하면서 사회정치적 불평등으로 가득찬 남부의 인종차별과 직면했고, 아버지가 차별에 굴하지 않는 모습을 목격하고 자랐다. 킹은 무어헤드 칼리지에서 사회학을 전공하고, 크로이저(Crozier) 신학교에서 공부했으며(B. Div., 1951), 보스톤 대학교에서 박사학위(Ph. D., 1955)를 받았다.

킹의 영성에 영향을 끼친 배경은 다음과 같다. 첫째, 그는 남부 흑인 침례교 전통에 흐르는 흑인 영성과 예언적 영성을 이어받았다. 둘째, 라우셴부시(Walter Rauschenbusch)의 '사회복음' 운동에 영향을 받았고,[21] 보스턴 대학에서 유행한 '인격주의 철학'에 큰 영향을 받았다. 미국의 사회복음

---

21) Martin Luther King Jr., "Pilgrimage to Nonviolence," in *A Gift of Love : Sermons from Strength to Love and Other Preachings* (Boston : Beacon Press, 2012, First Edition 1963), 152-153.

운동은 죄의 개인적 특징과 구조적 특징을 함께 사고하면서 인간의 영혼과 삶의 통전적 구원을 추구했다. 인격주의는 오직 인격만이 실존하며 가치와 자유의지를 갖는다는 철학이다. 셋째, 그는 라인홀드 니버(Reinhold Neibuhr)의 낙관주의적 기독교 윤리를 깊이 연구했다.[22] 넷째, 그는 간디의 비폭력주의를 시민불복종운동의 방법으로 채택했다. 다섯째, 미국이 하나님의 '선택된 나라'라고 믿는 미국인들의 '시민 종교'와 모든 사람은 평등하다는 미국의 헌법정신을 인권운동의 중요한 근거로 사용했다.[23]

그의 영성의 특징은 다음과 같다. 첫째, 킹은 하나님의 임재를 연습하는 내면적 영성이 있었다. 1955년 그는 앨라배마 주에서 목회를 할 때, 백인에게 자리를 양보하지 않아서 구속된 로사 파크스(Rosa Parks) 사건을 접하고 몽고메리 버스 보이콧 운동을 전개했다. 1956년 1월 어느 날 밤, 킹은 "3일 안에 이 도시를 떠나지 않으면 너의 머리를 날려 버리고, 집을 폭파하겠다."라는 협박전화를 받았다. 그는 공포와 좌절에 빠져 식탁에 엎어져 기도했다. "주님, 저는 옳은 것을 행하려고 노력하다가 지쳤습니다. …… 주님, 저는 약합니다. 비틀거리고 용기를 잃었습니다. 저는 저의 이런 모습을 사람들에게 보이고 싶지 않습니다." 그 순간 킹은 내면의 음성을 들었다. "의를 위해 일어서라. 정의를 위해 일어서라. 하나님이 늘 너의 편이 되실 것이다."[24] 그 이후 킹은 "나는 비전을 보았습니다."라고 말하기 시작했고, 그것은 "나에게 꿈이 있습니다."로 발전하게 되었다.[25]

---

22) Ibid., 154-155.
23) C. Douglas Weaver, "The Spirituality of Martin Luther King Jr.," *Perspective in Religious Studies* 31(1) (Spring 2004) : 56-57.
24) Martin Luther King Jr., "Our God is Able," in *A Gift of Love*, 111.
25) Drew D. Hanson, *The Dream : Martin Luther King Jr. and the Speech that inspired a Nation* (Harper Collins e-Books, 2003), 117-118.

둘째, 킹의 영성은 실천적이었다. 그는 내면의 영성을 사회운동에 적용했고, 인권운동을 영성운동으로 생각했다. 인권운동의 중심기구였던 '남부기독교지도자회의'(SCLC)가 창립되었을 때 그 모토를 "미국인의 영혼을 구하는 것"으로 정했다. 1963년 앨라배마, 버밍햄의 시민불복종운동에서 자원자들은 아래의 10가지 항목에 사인했다. 이것은 영성과 운동의 조화를 보여 준다.

(1) 예수님의 교훈과 삶을 매일 묵상한다. (2) 버밍햄 비폭력운동은 승리를 원하는 것이 아니라 정의와 화해를 추구하는 것을 기억하라. (3) 하나님은 사랑이시니, 사랑의 태도로 걷고 말하라. (4) 모든 사람의 자유를 위해 하나님께 사용되기를 매일 기도하라. (5) 모든 사람의 자유를 위해 개인적 소원을 희생하라. (6) 친구와 적 모두에게 일반적인 예의를 준수하라. (7) 이웃과 세상을 위해 정기적으로 봉사하기를 구하라. (8) 주먹질, 말, 또는 마음의 폭력을 억제하라. (9) 영적, 신체적으로 건강을 유지하도록 노력하라. (10) 운동의 지도지침을 준수하고 시위의 지도자를 따르라.[26]

셋째, 킹의 영성은 예언자적-사회복음주의 영성이었다. 미국 흑인의 기도 전통은 흑인 해방의 동기와 연대를 제공했다. 그는 기도를 중요하게 여겼으나 고난을 피하는 변명으로 이용되는 타계적 영성에는 비판적이었다. 백인 교회 지도자들과 유대교 랍비들은 킹의 시민불복종의 방법을 비난했다. 킹은 『버밍햄 감옥으로부터의 편지』에서 이렇게 답한다.

---

26) Martin Luther King Jr., *Why We Can't Wait*, quoted in "The Spirituality of Martin Luther King Jr.," 62-63.

우리는 독일에서 아돌프 히틀러가 했던 모든 것이 '합법적'이었고, 헝가리에서 헝가리 자유 항쟁가들이 했던 모든 것이 '불법적'이라는 것을 잊지 말아야 한다. 히틀러가 통치하는 독일에서 유대인을 돕고 위로하는 것은 '불법적'이었다. …… 나는 유감스러운 결론에 도달했다. 자유를 향한 흑인들의 큰 발걸음에 가장 큰 방해는 백인들의 의원이나 쿠 클럭스 클렌(K.K.K.)이 아니다. 정의보다 '질서'에 헌신하고, 정의로운 긍정적 평화가 초래할 긴장을 피해 부정적 평화를 선호하며, 늘 목적에는 동의하지만 직접 행동에는 동의할 수 없다고 말하는 백인 온건주의자들이다(1963.4.16).[27]

넷째, 킹은 비폭력과 사랑의 영성을 강조했다. 킹이 1955년 몽고메리 항거에서 대변인 역할을 해 달라고 부탁받았을 때, 제일 먼저 생각한 것은 예수님의 산상수훈과 간디의 비폭력 방법이었다.[28] 이 원리를 인권운동의 안내 등불로 삼았다. 킹은 "억압당하는 사람이 그들의 적을 사랑하는 능력을 발전시킬 때까지 인종 문제에 대한 영원한 해결책은 없다."라고 했다. "인종차별주의는 혐오하되 인종차별주의자는 사랑하라. 이것이 사랑하는 공동체를 창조하는 유일한 길이다."[29] 킹은 죄의식으로 고통받는 백인들이 흑인의 복수를 두려워하는 공포에서 벗어나는 길은 지속적 사랑과 비폭력뿐이라고 파악했다.[30] 사랑과 비폭력은 단순히 전술이 아니라 인간이 되는 본성의 문제였다.

---

27) Clayborne Carson ed., *The Autobiography of Martin Luther King Jr.*, (Warner Books, Second e-Book edition, 2004). Chapter 18 "Letter from Birmingham Jail".
28) Martin Luther King Jr., "Pilgrimage to Nonviolence," 156.
29) Martin Luther King Jr., "Loving Your Enermy," in *A Gift of Love*, 48, 52-53.
30) Martin Luther King Jr., "Antidotes for Fear," in *A Gift of Love*, 120-123.

다섯째, 킹의 영성은 고난을 받아들이는 십자가의 영성이었다. 1957년 1월 연설에서 그는 하나님께 기도했다. "주님, 몽고메리에서 자유를 위한 투쟁의 결과로 아무도 죽지 않게 하소서. …… 그러나 누군가 죽어야 한다면 그 사람이 제가 되게 하소서." 킹은 설교 중 적대자들에게 이렇게 말한다. "고통을 주는 여러분의 능력에 대항해서 우리는 고통을 견디는 능력으로 맞설 것입니다. 여러분의 물리적 힘을 우리는 영혼의 힘으로 대적할 것입니다. 여러분이 원하는 대로 하십시오. 우리는 여러분을 사랑할 것입니다."[31] 1963년 워싱턴 D.C. 연설 "나에게 꿈이 있습니다"에서 그는 부당한 고난은 구속적인 힘이 있다고 말한다.

> 여러분 중에는 자유를 추구하다가 박해의 폭풍에 난타당하고 경찰의 야만성이라는 강풍에 비틀거리는 곳에서 온 사람이 있습니다. 여러분은 창조적 고난의 베테랑입니다. 부당한 고난은 구속의 의미가 있다는 믿음을 가지고 계속 일하십시오.

여섯째, 킹은 사랑의 공동체를 추구하는 영성을 갖고 있었다. 그는 모든 사람에게 부여된 하나님의 형상과 인격주의 철학에 기초해서 인간의 존엄과 가치는 피부색이 아닌 영혼의 자질로 결정되어야 한다고 믿었다. 킹은 흑인들이 "자유로워지려는 용기"(Courage to free)와 "자기 존중"의식을 갖고 노예 의식에서 벗어나라고 강조했다. 이것이 백인들을 거짓된 우월감에서 해방하고 흑인들을 열등감에서 벗어나게 하는 길이었다. 킹은 미국이 형제애로 함께 연대해서 사랑하는 공동체를 이룰 수 있기를 종

---

31) Martin Luther King Jr., "Loving Your Enermy," 53.

말론적으로 희망했다.

> 나에게는 꿈이 있습니다. 언젠가 이 나라가 일어나 '모든 인간은 평등하게 창조되었다'는 것을 자명한 진리로 여기는 그 신조의 참뜻을 실현할 것이라는 꿈입니다.
> 나에게는 꿈이 있습니다. 언젠가는 조지아의 붉은 언덕 위에 노예의 후손들과 노예 주인의 후손들이 형제애의 식탁 앞에 함께 앉을 것이라는 꿈입니다.
> 나에게는 꿈이 있습니다. 불의와 압제의 열기로 찌는 듯한 미시시피 주조차도 언젠가는 자유와 정의의 오아시스로 변모될 것이라는 꿈입니다.
> 나에게는 꿈이 있습니다. 나의 4명의 아이가 언젠가는 그들의 피부색에 의해서가 아니라 그들의 인격의 내용에 의해 평가되는 나라에서 살게 될 것이라는 꿈입니다.
> 오늘 나에게는 꿈이 있습니다. 언젠가는 사악한 인종차별주의자들이 있는 앨라배마 주, 연방정부의 조치를 거부하고 반대하는 발언을 내뱉는 주지사가 있는 앨라배마 주에서, 어린 흑인 소년소녀들이 형제자매로서, 어린 백인 소년소녀들과 손을 잡을 수 있을 것이라는 꿈입니다.
> 오늘 나에게는 꿈이 있습니다. 언젠가는 모든 골짜기가 메워지고 모든 언덕과 산이 낮아지며, 거친 곳은 평평해지고, 굽은 곳은 펴지고, 하나님의 영광이 나타나 모든 육체가 그 영광을 함께 보게 될 것이라는 꿈입니다.[32]

일곱째, 킹의 영성은 반전 평화운동으로 확대되었다. 그는 1967년 4월 뉴욕 리버사이드 교회에서 한 연설(Beyond Vietnam)에서 베트남

---

32) Drew D. Hanson, *The Dream*, 58-60.

전쟁을 반대했다.[33] 전쟁은 가난한 미국인을 더 가난하게 만들고, 흑인과 백인 청년들을 희생시키며, 비폭력운동을 무너뜨렸다고 비판했다. 더 나아가 베트남에 대한 미국의 부당한 정책을 비판했다. 그는 국제적 평화를 이루기 위해 지구적 관점에서 에큐메니컬 헌신이 필요하다고 생각했다. 킹은 1968년 7월 스웨덴 웁살라에서 개최되는 제4차 세계교회협의회(WCC) 총회에서 주제 강연이 예정되었으나 3개월 전에 암살되었다.

1969년, 제임스 콘(James H. Cone, 1936-2018)은 세속적인 블랙파워 운동에 대한 급진적 종교적 반응으로『흑인 신학과 블랙파워』(Black Theology and Black Power)를 출판했고 흑인 신학을 발전시켰다. 흑인 해방신학자들은 노예제도와 흑인의 고난을 분석해서 니그로 영성, 아프리카계-아메리칸 영성과 같은 표현을 만들었다.

4. 해방신학

해방신학은 불공평한 사회, 정치, 경제적 구조로부터 억압된 사람을 해방하는 것을 기독교 신앙의 필수적인 요소로 보고 행동하는 다양한 신학집단을 총칭한다. 해방신학은 계급, 인종, 피부색, 젠더, 환경 등으로 인해 일어나는 사람들의 고통을 다룬다. 한국의 민중신학, 일본의 부라쿠민 신학, 대만의 이야기 신학, 태평양의 코코넛 신학, 태국의 물소 신학, 아프리카와 미국의 흑인 신학, 페미니스트 신학, 환경 생태 신학 등은 크게 해방신학 범주에 속한다. 하지만 여기서는 구스타보 구티에레즈를 중

---

33) Clayborne Carson ed., *The Autobiography of Martin Luther King Jr.*, Chapter 30.

심으로 1960년대부터 1970년대에 일어난 라틴아메리카의 해방신학과 그 영성을 다룬다.

라틴아메리카의 해방신학은 역사적 고난에서 출현했다. 라틴아메리카의 기독교 선교는 1492년 콜럼버스가 도착한 이후, 스페인과 포르투갈의 식민지 확장과 원주민 학살과 더불어 시작되었다. 그 후 지속적인 서유럽과 미국의 경제적 착취와 군사 독재로 라틴아메리카는 가난과 불평등을 벗어나지 못했다. 1968년 메데인 주교회의 이후 라틴아메리카에 '바닥공동체'가 출현했는데, 이들은 공동체를 소생시키고 경제 질서에 문제를 제기하는 성경공부를 통해 가난한 '민중'을 조직했다. 농민들은 글을 배우고 의식화되어 구조적인 문제를 비판적으로 사고하게 되었다. 바닥공동체는 해방신학과 해방 영성을 활성화했다.

해방신학은 가난한 사람의 '상황'(context)에서 출발하여 '성경'(text)을 읽는, 아래로부터의 해석학을 사용했다. 그리고 신학 방법론도 실천에서 성찰로 가는 행동신학(doing theology)을 옹호한다. 부정의 한 구조를 분석하기 위해 마르크스 사회분석 방법론을 사용했고, 역사적 미래에 억압받는 사람의 해방을 약속하는 기독교 복음을 제시했다.

해방신학은 특별히 구약에서 출애굽 사건을 중요한 패러다임으로 사용했다. 모세의 예언자적 지도력에 대한 위임은 히브리 노예들의 고난과 기도에 대해 하나님이 응답하시는 방법이었다. 또한 해방신학은 신약에서 '나사렛 회당선언'(눅 4 : 16-21)과 '양과 염소의 비유'(마 25 : 31-46)를 중요한 성서적 전거(典據)로 사용한다. 예수님은 자신의 메시아 사명을 가난한 사람에게 복음을 선포하고 억압받는 사람을 해방하는 것으로 선포했고, 주변화 된 사람들과 자신을 동일시했다.

보수적 기독교인들은 해방신학이 초월성과 영적 차원 없이 마르크스주의 사회분석을 사용해서 신앙을 이념화하고 세속적 사회혁명을 추구한다고 비판했다. 그리고 성경을 규범으로 삼지 않고 억압받는 사람의 상황을 규범으로 사용한다고 비판한다. 그러나 해방신학은 교회가 기존의 부정한 질서를 축복하고, 기득권을 편들며, 가난한 사람을 소외시켰다는 어두운 사실을 드러냈고, 복음의 사회적 성격을 밝히는 데 공헌했다.

구스타보 구티에레즈(Gustavo Gutiérrez, 1928-)는 페루 출신의 도미니코회 사제이며, 대표적인 해방신학자다. 그는 루뱅과 리용에서 신학을 공부했고, 1959년에 사제서품을 받은 후 리마에서 가톨릭 대학과 빈민가에서 교육과 사목을 겸임했다. 또한 1968년 메데인 라틴아메리카 주교회의에 신학적으로 공헌했다. 이러한 경험을 토대로 『해방신학』(1971)을 출판했다. 구티에레즈는 『해방신학』에서 제시한 해방의 영성을 『우리의 우물에서 생수를 마시련다』(1984)에서 더 깊이 있게 발전시켰다.

"우리의 우물에서 생수를 마시련다." 이 표현은 중세 클레르보의 베르나르가 사용한 말이다. 구티에레즈는 라틴아메리카의 기독교 영성이 서구 기독교의 영성과 다르다는 것을 암시한다. 영성은 가난과 억압에 눌린 사람들의 현장에서 하나님을 경험하고 그 경험을 성경과 전통으로 성찰해서 얻는 것이다. 구티에레즈는 이 책에서 고전적 서구 영성이 지닌 약점, 모든 기독교 영성의 기초가 되는 제자직, 그리고 해방 영성의 5가지 특징을 설명했다.

첫째, 고전적 영성이 지닌 약점 : 구티에레즈는 서구 기독교 영성은 엘리트주의와 개인주의로 축소되었다고 비판했다. 영성을 수도사와 사제 같은 소수 종교집단의 경험으로 제한하면서, 일반 기독교인의 영성 경험을 불완전한 것으로 만들었다. 또한 전통적 기독교 영성의 목표는 내면적으로 개인의 완덕을 추구했기 때문에 사회적이고 활동적인 영성이 열등하

게 취급되었다.³⁴⁾

둘째, 제자직 : 예수 그리스도는 총체적 해방(integral liberation)을 완성하기 위해 세상에 오셨다. 영성은 예수를 따르는 제자직이다. 영성은 주님을 만나서 자유를 얻는 것으로부터 시작되고, "사랑과 생명의 성령을 따라 자유 안에서 행하는 것"³⁵⁾이다. 구티에레즈는 이 책의 부제를 "한 백성의 영적 여정"이라고 했다. 이것은 해방 영성의 공동체성을 강조하기 위함이다.³⁶⁾

셋째, 해방 영성의 5가지 특징 : 첫 번째, 과거의 삶과 결별하고 가난한 민중과 연대하는 회심이다. 두 번째, 사랑을 실천하는 것은 실질적 효과가 있는 행동이어야 한다. 그래서 이웃의 상황과 필요를 분석해야 하며 대가를 바라지 않아야 한다. 세 번째, 주님이 우리 안에 두신 부활 승리와 메시아적 약속의 성취에 대한 기쁨을 누릴 수 있어야 한다. 네 번째, 가난한 사람들과 하나가 되기 위해 필수조건인 영적 가난, 영적 어린아이가 되어야 한다. 다섯 번째, 교회공동체의 성찬을 통해 감사와 희망을 품어야 한다.³⁷⁾

구티에레즈의 영성 연구는 『욥기 : 무고한 자의 고난과 하느님의 말씀』(1986)에서 획기적인 발전을 보였다. 그는 라틴아메리카 민중의 고난이라는 관점에서 욥의 고난을 분석했다. 그리고 사회참여에 관상과 기도가 필수적이라고 강조했다.³⁸⁾ 그의 연구에 의하면, 욥의 친구들은 하나님

---

34) Gustavo Gutiérrez, 『우리의 우물에서 생수를 마시련다』, 김문호 옮김(서울 : 한국신학연구소, 1986), 34-37.
35) Ibid., 61.
36) Ibid., 124-125.
37) Ibid., 132-180.
38) Gustavo Gutiérrez, 『욥기 : 무고한 자의 고난과 하느님의 말씀』, 제3세계신학연구소 번역실 옮김(서울 : 나눔사, 1989), 13.

의 사랑에 대한 경험 없이 "추상적 신학"으로 욥을 정죄했다.[39] 구티에레즈는 인간의 고통에 공감하지 못하는 신학은 인간을 모독하고 하나님 이해를 왜곡한다고 말한다. 욥은 하나님을 관상했다. 그는 안타깝게 하나님을 찾다가, 하나님을 대면해서 두 차례의 음성을 듣는다(욥 38-39장, 40-41장). 욥이 만난 하나님은 정의 가운데 살아 계시는 사랑의 하나님이었다. 구티에레즈는 해방 영성은 편협한 인간의 정의 안에 하나님을 가두는 것이 아니라고 말한다. 하나님은 완전히 자유로운 분이다.[40]

5. 페미니스트 운동

페미니스트 영성은 여성의 경험에 집중할 뿐만 아니라 여성의 온전한 인간적 성취를 방해하는 것에 대해 비판적 자각을 일깨운다. 특히 가부장제를 비판하는 다양한 관계들, 즉 하나님, 타자, 자아, 세계와 여성의 관계성을 다루면서 가부장제로 손상된 여성과 남성의 온전한 인간적 존엄성을 지지하고 창조세계를 보호하는 변화를 옹호한다.[41]

페미니즘이라는 용어는 1882년 프랑스 여성참정권 운동가 위베르틴 오클레르(Hubertine Auclert)에 의해 시작되었다. 페미니즘 제1의 물결(19세기-1950년대)은 1830년대 노예제도 반대에서 기원한다. 여성들은 노예제를 비난하고 노예의 자유를 주장했다. 기성교회는 '여성은 잠잠하고' '남자에게 순종하라'는 성경구절(고전 14 : 34-35, 딤전 2 : 11-13)을 인

---

39) Ibid., 79-80.
40) Ibid., 198.
41) "Feminist Spirituality," *NWDCS*, 298-301의 내용을 요약.

용해서 이들을 정죄했다. 여성들은 노예 억압과 여성 억압이 관련된다는 사실을 깨닫고 남성 중심의 성경 해석에 도전했다. 그 결과로『여성의 성경』(The Women's Bible, 1895-1898)이 출판되었다. 19세기 서구 페미니즘은 여성참정권, 재산소유권, 교육권을 획득했다.

교회는 1960년대에 이르기까지 기독교 페미니즘의 발전을 방해했다. 1960년대 미국에서 흑인 여성의 참정권을 지지하는 여성 시민운동은 인종 문제를 넘어 남녀 간 불평등의 문제를 인식했다. 그 후 페미니즘은 서구만이 아니라 유엔의 '여성의 10년, 1975~1985년'과 같은 행사를 통해 세계화되었다. 페미니즘의 제2의 물결(1960-1980년대)은 여성의 정치적, 경제적 평등을 위한 투쟁을 부흥시켰을 뿐만 아니라 학문적으로 페미니스트 연구를 심화해서 사실상 모든 학문 분야에 영향을 끼쳤다. 페미니스트 학자들은 문화구조로서 여성에 대한 성차 억압을 분석해서 삶의 모든 영역에 미치는 가부장제의 영향을 인식할 수 있었다. 특히 샌드라 슈나이더스, 앤 카(Anne E. Carr), 조앤 콘(Joann Wolski Conn)과 같은 여성 신학자들의 노력으로 기독교 페미니스트 영성은 학문으로 발전되었다.

1970년대에 많은 유형의 페미니즘과 페미니스트 영성이 출현했다. 기독교와 관련해서 세 가지 입장이 있다. 첫째, 여성-중심적 페미니스트들은 기독교는 너무 가부장적이어서 페미니스트 영성에 유해하다고 본다. 둘째, 일부 기독교인들은 첫 번째 입장에 대한 반발로 페미니즘 자체를 부정했다. 셋째, 기독교 페미니스트들은 양쪽 입장을 다 거부했다. 그들은 남녀를 우등과 열등으로 구분하는 이분법과 위계제도를 부정하고 여성의 경험을 중요하게 다루면서 영성을 개선하려고 했다. 특히 이들은 성경과 고대 문헌에서 여성들의 공헌을 회복하고 가부장제를 비판하면서 기독교 신학과 영성과 실행을 재구성하려고 시도했다.

로즈마리 류더(Rosemary Radford Ruther)는 한쪽의 성(a gender)으로 형성된 하나님 이미지를 하나님과 등식화하는 것은 우상숭배라고 주장했다. 하나님과 여성의 친밀한 결합을 가능하게 하는 여성의 경험에 근거한 이미지를 사용할 것을 요청한다(*Sexism and God-Talk*, 1983). 샐리 맥파규(Sallie McFague)는 성경에 나타나는 하나님에 대한 모성적 은유와 창조세계 안의 하나님의 내재성에 관심을 기울였다(*Models of God*, 1987). 엘리자베스 존슨(Elizabeth Johnson)은 거룩한 여성적 지혜를 상징하는 성경의 호크마/소피아를 근거로 신론을 발전시켰다(*She Who Is*, 1992).

남성 하나님뿐만 아니라 여성 하나님의 이미지는 인간의 자의식을 풍요롭게 한다. 이러한 통찰을 가질 때, 교회와 사회에서 여성의 열등한 지위를 당연시하는 가부장제에 반격할 수 있고, 하나님의 형상으로 온전하게 창조된 여성의 존재를 왜곡 없이 성경에서 발견하게 된다.

기독교 페미니스트들은 삼위일체 교리에 대해서 재해석을 시도했다. 삼위 하나님의 상호관계성과 상호의존성은 페미니스트 윤리적 담론에서 중요한 가치다(Patrica Wilson-Kastner, *Faith, Feminism and the Christ*, 1983). 또한 영-육 이원론은 여성의 몸을 평가 절하하는 가부장제와 연결되어 있다. 엘리자베스 몰트만-웬델(Elizabeth Moltmann-Wendell)은 "몸을 벗어난"(disembodied) 기독교의 문제점을 지적하면서 영성에서 몸의 구심성을 재발견할 것을 요구한다(*I Am My Body*, 1994).

끝으로 생태여성학(eco-feminism)의 영성을 살펴보자. 이 용어는 여성학과 생태학의 결합으로 구성되었으며,[42] 프랑소와 드본느(Francoise d'Eaubonne)의 저서 『여성해방인가 아니면 죽음인가』(1974)에서 처음

---

42) 문순홍, "에코페미니즘이란 무엇인가," 「여성과 사회」 6(1995.6) : 316-317.

사용되었다. 그는 자연 파괴와 여성 억압적 가부장제를 연결했다. 인구 과잉과 자원 파괴는 "남성 중심체제"와 연결되어 있고, 생태 위기를 해결할 수 있는 유일한 길은 여성이 남성 권력을 파괴하는 것이라고 이해했다. 생태여성학은 문화와 자연을 이분화하고, 여성과 자연을 연결하는 것을 비판했다. 그것은 여성과 자연을 대상화하고 상품화하는 남성 지배 문화의 산물이라는 점을 직시했다. 생태여성학은 지배적인 남성 중심의 세계관을 근본적으로 재구성하라고 주장한다.

기독교 생태여성학의 영성은 성경에 근거한 하나님의 여성적 이미지와 은유, 창조세계와 인간의 친족적(親族的) 연대에 관심을 둔다. 여기서 지구는 거룩한 선물이며 성례로 이해된다. 모든 창조세계는 하나님으로부터 기원했고, 하나님을 나타내는 계시이다. 기독교 생태여성학의 영성은 하나님 안에서 자연과 인간의 구원을 재발견하고, 여자와 남자의 온전한 하나님 형상의 완성을 재발견했다. 인간은 탐욕과 지배욕에서 해방되는 영적 변화를 요청받는다.

페미니스트 영성의 주요 특징을 정리하면 다음과 같다.

첫째, 하나님의 형상을 남성과 여성으로 표현한다. 기독교 영성사는 대부분 독신 남성에 의해 발전되고 기록되었다. 그래서 여성의 관점으로 보는 변화가 필요하다. 하나님의 이미지가 아버지, 주, 왕과 같은 남성적 은유로만 언급되면, 남성과 여성 모두 온전한 하나님의 형상에서 소외를 경험하게 된다.

둘째, 남성의 은사와 여성의 은사를 모두 중요하게 인정한다. 남성의 경험과 견해를 표준과 규범으로 볼 수 없다.

셋째, 성과 몸에 대해 새롭게 이해한다. 기독교 전통에서 독신 남성 지도자들은 하나님이 창조하신 성에 대해 불균형적인 견해를 갖고 있었다.

그들은 여성을 영성생활의 동반자가 아니라 남성을 유혹해 죄짓게 하는 존재로 이해했다. 그러나 페미니스트 영성의 관점에서 여성의 전 생애는 생명을 탄생하고 양육하는 하나님의 속성과 닮았다.

넷째, 아기를 출생할 때 여성에게 수반되는 감수성, 기다림, 민감성, 고통의 수용을 영적으로 중요하게 평가한다. 이러한 영성은 남성과 여성 모두에게 필요한 것이다. 특히 하나님과의 연합을 경험하는 관상기도에 적절하다. 관상기도는 하나님의 주도성을 향한 인간의 감수성에 의해 야기된다. 그것은 창조적 수동성이다.

다섯째, 생태여성학 영성은 여성과 자연을 억압하고 지배하는 가부장제의 죄성을 지적한다. 그리고 인간 중심의 구원을 넘어서 모든 창조세계의 구원을 강조한다. 전통 신학은 하나님의 구속사의 장이 되는 역사와 시간에 의미를 두지만, 생태여성학 영성은 모든 생명이 함께 나눠야 할 공간과 자연, 생명을 잉태하고 길러 내며 상호 의존성을 지닌 몸을 영성의 근거로 회복시켰다.

6. 에큐메니컬 운동

에큐메니즘으로 알려진 현대의 교회일치운동 혹은 기독교연합운동은 1910년 '에든버러 세계선교사대회'에서 기원했다. 하지만 그 기원은 18~19세기 개신교의 선교단체, 성서공회, 주일학교연합운동, 세계복음주의연맹(1846), YMCA(1844), YWCA(1855), 세계학생기독교연맹(WSCF, 1895), 학생기독교운동에서 기독교인들이 초교파적으로 예배와 영성, 신학과 실천을 교류한 경험에서 발견된다.

20세기 에큐메니컬 영성은 선교운동, 봉사운동, 신학운동 안에서 함께 성장했다. 이 세 가지 운동의 영성은 국제선교협의회(IMC, 1921), 삶과 봉사(1925), 신앙과 직제(1927)라는 국제적 기독교 기구를 조직했다. 1948년에는 '삶과 봉사'와 '신앙과 직제' 두 기구를 통합해서 '세계선교협의회'(WCC)를 창립했다. 1961년 제3차 WCC 뉴델리 총회에서 국제선교협의회가 WCC와 통합을 이뤘고, 동방정교회가 WCC 회원교회로 가입했다.

에큐메니컬 영성의 기초는 공동 성경공부와 공동 기도운동에 있다. 현대 에큐메니컬 운동은 성경에서 "예수님의 기도"(요 17 : 21)가 에큐메니컬 영성의 근거라는 사실을 발견했다.

> 아버지여, 아버지께서 내 안에, 내가 아버지 안에 있는 것같이 그들도 다 하나가 되어 우리 안에 있게 하사 세상으로 아버지께서 나를 보내신 것을 믿게 하옵소서

이 기도는 삼위일체 하나님의 코이노니아가 교회 일치의 본질적 근거가 되고, 교회의 일치와 선교가 떼어 낼 수 없이 연결되어 있다는 것을 가르쳐 주었다. 또한 "그리스도의 화해 사역"(고후 5 : 18-20)이 영성의 근거라는 것을 발견했다.

> 모든 것이 하나님께로서 났으며 그가 그리스도로 말미암아 우리를 자기와 화목하게 하시고 또 우리에게 화목하게 하는 직분을 주셨으니 곧 하나님께서 그리스도 안에 계시사 세상을 자기와 화목하게 하시며 그들의 죄를 그들에게 돌리지 아니하시고 화목하게 하는 말씀을 우리에게 부탁하셨느니라

그러므로 우리가 그리스도를 대신하여 사신이 되어 하나님이 우리를 통하여 너희를 권면하시는 것같이 그리스도를 대신하여 간청하노니 너희는 하나님과 화목하라

하나님은 그리스도 안에서 우리와 세상과 화해하셨다. 그리고 교회를 그리스도를 대신하는 화해의 사신(使臣)으로 세우셨다. 따라서 기독교인들은 자신들의 삶과 교회에서 '화해의 사신'의 임무를 부여받는다.

1908년 미국에서 성공회 사제 스펜스 존스(Spence Jones)와 속죄회 프란시스코회 사제 폴 왓슨(Paul Wattson)은 가톨릭교회를 위해 "일치를 위한 기도 옥타브"(1월 18-25일)를 제안했다. 이 운동은 교황의 지지를 받아 가톨릭교회 전체가 참가하는 운동이 되었다. 1920년 제네바에서 모인 신앙과 직제 준비 대회는 매년 교회 일치를 위한 기도주간을 갖자고 제안했다. 프랑스의 신부 폴 쿠트리에(Paul Couturier)는 교회 일치를 위한 기도회는 그리스도의 뜻을 따라 그리스도가 원하시는 수단으로 해야 한다고 생각했다. 그래서 1935년 에큐메니컬 차원에서 "그리스도인의 일치를 위한 보편적 기도주간"이라는 명칭을 제안했다. 폴 쿠트리에 신부의 노력으로 기도주간 운동은 에큐메니컬 운동으로 발전했다. 1948년 세계교회협의회가 창립된 이후에 "교회 일치를 위한 기도주간"은 전 세계적으로 퍼져나갔다. 1958년 성공회 주교회의는 모든 성공회가 교회 일치 기도주간을 지키도록 결정했다. 1966년 WCC 신앙과 직제위원회와 바티칸 그리스도인일치촉진평의회는 기도주간을 함께 진행하기로 완전한 합의를 했다.[43]

---

43) Geoffrey Wainright, "Ecumenical Spirituality," in *The Study of Spirituality*, eds. C. Jones, G. Wainright & E. Yarnold (Oxford : Oxford University Press, 1986), 541, 545.

가톨릭, 개신교, 성공회, 동방정교회는 여러 가지 모임에서 함께 기도하는 법을 배워 가고 있다. 친숙하지 않은 기도 모델과 형식을 사용하는 기도 모임은 영성의 새로운 풍요를 열었다. 성찬과 직제는 다르지만 에큐메니컬 운동을 지속할 수 있게 하는 것은 기도다.

에큐메니컬 영성의 발전을 위해 프랑스 테제공동체는 큰 공헌을 했다. 이 공동체는 스위스인 개신교 수사 로제 슈츠(Roger Schutz)에 의해 1940년에 설립되었다. 그는 독일의 억압을 받는 유대인들을 숨겨 주었고, 전쟁이 끝난 후에는 독일군 포로를 맞이했다. 차츰 형제들이 모여들면서 이들은 1949년 7명의 수사가 독신, 단순, 소박한 공동체생활을 서약하며 공식적으로 테제공동체가 시작되었다. 그들은 예배, 내적 침묵, 명상, 교회와 세계를 위한 중보를 우선적 성무로 여겼다. 1970년 '청년위원회'를 조직해서 전 세계 청년들에게 에큐메니컬 정신을 함양시켰다.

제2차 바티칸 공의회는 로마 가톨릭교회와 세계 기독교의 에큐메니컬 운동의 영성에 큰 변화를 가져왔다. 그 공의회는 내부적으로 현대화(aggiornamento)를 시도하고, 외부적으로 자신을 개방했다. 공의회의 「일치교령」은 WCC 헌장에서 언급하는 삼위일체론과 기독론을 교회 일치의 기초로 수용했다.

> 일치의 재건을 모든 그리스도인 가운데서 촉진하려는 것이 제2차 바티칸 공의회의 중대한 목적의 하나이다. …… 갈라진 우리 형제들 사이에서도 성령의 은총에 힘입어 일치를 재건하려는 운동이 날로 광범하게 일어나고 있다. …… 이 일치운동에는 삼위일체이신 하느님을 부르고 예수님을 주님이시며 구원자이시라고 고백하는 개인과 공동체가 개별적으로 또 집단적으로

참여하고 있다(「일치교령」 1항).⁴⁴⁾

「일치교령」은 에큐메니컬 운동의 본질은 다른 교파들을 하나로 묶는 것이 아니라 예수 그리스도와 삼위일체 하나님의 영광으로 다가가는 것으로 이해한다.⁴⁵⁾ 「일치교령」은 로마 가톨릭교회와 갈라진 형제들의 관계에 대해 다음과 같이 언급한다.

> 세례 때에 믿음으로 의화 된 그들은 그리스도와 한 몸을 이루고 마땅히 그리스도인이라는 이름을 가지며, 가톨릭교회의 자녀들은 그들을 당연히 주님 안의 형제로 인정한다. 더 나아가서, 교회 자체를 세우고 교회에 생명을 주는 요소나 보화들 가운데에서 어떤 것들, 오히려 탁월한 많은 것들이 가톨릭교회의 눈에 보이는 울타리 밖에도 있을 수 있다. …… 그러므로 이 갈라진 교회들과 공동체들이 비록 결함은 있겠지만 구원의 신비 안에서 결코 무의미하거나 무가치한 것은 아니다(「일치교령」 3항).

공의회 이후에 로마 가톨릭교회는 기독론적 일치와 확대된 교회론을 통해 비가톨릭교회들과 '공동근거'(common ground)를 확인하고 '하나의 에큐메니즘'(one ecumenism)을 추구할 수 있게 되었다.

20세기 교회의 공식적 에큐메니컬 운동 밖에서도 에큐메니즘은 번성했는데, 주로 다음의 세 분야에서 일어났다.⁴⁶⁾ 첫째, 교파들을 가로지르는

---

44) 『제2차 바티칸 공의회 문헌(개정판)』(서울 : 한국천주교중앙협의회, 2002), 363-364.
45) Thomas F. Stransky, "A Basis beyond the Basis," *Ecumenical Review* 37(2) (April 1985) : 217.
46) "Ecumenical Spirituality," *NWDCS*, 264-266.

신학적 수렴이다. 19~20세기 교파선교사들은 선교지에 다양한 교파를 이식했다. 그것은 예전, 신학, 신앙 형태의 차이를 가져와서 선교지의 교회 분열을 초래했다. 이러한 이유로 현지 교회의 신학자들은 교파의 다양성을 넘어서 신학적 수렴을 추구하게 된다. 둘째, 공유하고 있는 예전적 뿌리를 발견하게 되었다. 신학자들은 영성, 예전, 예배의 기원을 연구하면서 모든 예전의 중심에 있는 공유된 유형을 발견했고, 이웃 교회의 영적 경험의 깊이를 새롭게 발견하게 되었다. 오늘날 다양한 세계교파기구(예: 세계개혁교회커뮤니온, 루터교세계연맹, 세계감리교협의회 등) 사이에 신학적 자료 공유와 공동의 예전 개혁은 규범이 되었다. 따라서 전통은 다양해도 영성은 에큐메니컬하다. 셋째, 흑인, 여성, 다양한 해방 영성들에 의해 교단 분열의 정당성이 무너지기 시작했다. 에큐메니컬 영성은 이러한 새로운 통찰을 전통적인 신앙 안에 수용하려고 노력한다. 기존의 교파 전통들은 이러한 21세기의 신앙과 실천의 유형들을 수용하기가 여전히 쉽지 않은 상황이다.

에큐메니컬 영성은 '대화'를 통해 발전한다. 자기 교파에 대한 충성심이 높은 기독교인들은 대화를 반대한다. 그들은 대화가 종교적 진리를 위협하는 타협과 협상이라고 부정적으로 인식한다. 그러나 대화는 더 깊은 진리와 신앙적 통찰로 이끄는 방법이다. 2006년 7월 23일 "가톨릭교회와 루터교세계연맹과 세계감리교협의회의 칭의(의화) 교리에 관한 공동 선언문"이 나올 수 있었던 것도 오랜 대화의 결과다.

20세기 후반부에 들어와서 세계 교회의 통계는 유색 인구가 훨씬 더 많아졌고, 기독교의 중심이 유럽과 북미에서 아시아와 남반구로 이동했다. 이런 상황에서 에큐메니컬 영성은 더 중요한 의미가 있다.

7. 오순절 운동

오순절 영성은 사도행전의 오순절 성령강림에서 경험된 하나님 체험을 성령세례와 성령의 은사를 통해 계속 생동감 있게 유지하려는 영성이다.

20세기 오순절 운동은 신학과 실행에 있어서 미국 흑인 노예의 구전 전통, 18세기 웨슬리의 전통, 19세기의 어빙주의, 19세기 말의 미국의 성결운동으로부터 정서적 열정, 아르미니우스 신학, 성경적 근본주의, 완전성화 등의 요소를 이어받았다.

고전적인 오순절 운동은 1906년 로스앤젤레스 아주사 거리에서 흑인 전도자 윌리엄 시모어(William Seymour, 1870-1922)가 이끈 부흥운동에서 기원한다. 시모어는 흑인 노예 부모에게서 태어났고, 천연두로 왼쪽 눈을 잃었다. 그 시대는 수천 명의 흑인이 한 주 평균 두 차례씩 린치를 당했고, 백인 기독교인들에 의해 흑인에 대한 차별과 잔혹 행위가 당연시되던 때였다. 시모어는 독학으로 읽기와 쓰기를 배웠다. 파함 성경학교(Parham Bible School)는 교실 밖에서 수업을 듣는 조건으로 시모어에게 공부를 허락했다. 시모어는 성경과 신학을 빠르게 습득했다.

시모어의 영적 탁월성은 여러 곳에서 찾을 수 있다. 백인 기독교인들의 지속적인 모욕에도 거룩한 품성을 지켰다. 부흥운동 당시 흑인의 문화와 영성을 예배에 적용했다. 그 운동은 처음부터 에큐메니컬적이었고 남자와 여자, 흑인과 백인, 아시아인과 멕시코인이 모두 평등했다.[47] 초기 오순절 운동의 영성은 이런 혁명성이 있었다. 월터 홀렌위거는 오순절 영성의 초

---

47) Walter Hollenweger, "Pentecostals and the Charismatic Movement," *The Study of Spirituality*, 550.

기 5~10년에 나타난 특징을 다섯 가지로 요약했다.

(1) 미국 흑인의 구전(口傳)을 예배에 사용, (2) 이야기로 전달되는 신학과 증언, (3) 성찰, 기도 및 의사 결정에 최대한의 교인이 참여해서 이루는 화해 공동체, (4) 꿈과 비전을 개인적, 공적 형태의 영성에 포함했고, 꿈을 통한 개인과 집단의 메시지 이해, (5) 몸과 마음을 통합하는 경험을 통해 몸/마음 관계 이해[48]

오순절 운동의 초기 10년의 영성은 향후 역사에서 오순절 운동이 생존할 수 있는 가장 중요한 요소였다.[49] 그러나 제도화된 오순절 교회는 시모어의 영성을 상실했고, 흑인 교단과 백인 교단으로 분열되었으며, 기독교 근본주의와 제휴했다.

초기 오순절 운동에 속한 교인들은 대부분 가난하고 교육을 받지 못해서 기성교회의 멸시를 받았다. 이들도 기성교회가 성령의 능력을 지니지 못했다고 비난했지만, 후에 기성교회에도 성령의 은사가 있다는 것을 인정했다. 오순절 운동은 세계에서 가장 빠르게 성장하는 기독교운동이다.

고전적 오순절 운동은 회심 이후 성령세례를 받아야 하며 그 첫 번째 외적 확증을 방언으로 본다. 그리고 사역과 섬김을 위해 고린도전서 12 : 8~10의 '영적인 은사들'이 주어진다고 한다. 성령세례는 신자에게 한 번 경험되고 전 인격에 총체적인 영향을 끼친다. 성령세례를 받은 신자는 은사를 통해 성령의 능력을 받아 하나님의 일을 하게 된다. 은사는 신

---

48) Ibid., 552.
49) Simon Chan, *Pentecostal Theology and Christian Spiritual Theology* (London : Sheffield Academic Press, 2003), 24.

자의 덕(德)을 함양한다.

오순절 영성은 신자의 예배와 삶에서 은사를 적극적으로 표현한다. 예배에서 방언, 예언, 치유와 같은 은사의 표현이 허용되며, 박수, 두 손 들고 찬양하기, 자발적 동의와 같은 감정 표현의 자유가 허용된다.

1960년대 '은사주의'라고 부르는 신오순절 운동이 나타났다. 이것은 성공회, 로마 가톨릭교회, 루터교, 장로교, 침례교, 감리교를 포함한 기성 교회 안에서 나타나는 오순절 운동의 특징을 지닌 성령운동이다. 은사주의 운동의 성령세례에 대한 이해는 다양하다. 일부는 고전적 오순절 운동과 같이 성령세례를 회심 후에 오는 제2차 체험이라고 본다. 다른 사람들은 성령세례는 성령 충만을 동반한 회심이라고 생각한다. 세 번째 견해는 회심과 성령 충만은 모두 성령세례라고 칭할 수 있다는 것이다. 신학적으로 말해서 둘 다 성령의 같은 활동이지만 동시에 경험될 수도 있고, 연속적으로 경험될 수도 있다는 것이다. 그러나 성령세례의 실제는 성령의 은사 혹은 성령의 열매로 확증할 수 있고, 그중 가장 확실한 것이 사랑이라는 것은 일치한다.[50]

케즈윅 성결운동의 지도자 심슨(A. B. Simpson, 1843-1919)은 예수 그리스도를 구원자, 성화자, 치료자, 재림주라고 전하는 '사중복음'을 설교했다. 그는 초기 오순절 운동에 깊이 관여했으나, 방언이 성령세례의 결정적 증거라는 주장에는 동의하지 않았다. 그 후 오순절 운동은 '오중복음'을 체계화했다.

---

[50] "Pentecostalism," *The Westminster Dictionary of Christian Spirituality*, ed. G. S. Wakefield (Philadelphia : The Westminster Press, 1983), 296-297.

<표 12> 오중복음

예수 그리스도	구원자	성화자	영적 세례자	치료자	재림주
	중생	성결	방언	치유	재림

이처럼 초기 오순절 영성은 '성령세례'와 '성령의 은사'를 강조하면서도 기독론과 구원론에 중심을 두고 성령론을 주변에 두었다.[51] 현대의 오순절 영성은 교회 안에서 그리스도의 현존과 성령의 은사를 통해 역사하는 부활의 그리스도를 강조한다. 이러한 기독론적 특징은 영성을 '개인의 경건주의적 습관'이나 '현상적 능력'으로 강조하는 잘못된 오순절 은사 운동의 위험을 판단하는 데 중요한 기준이 된다. 사중복음 혹은 오중복음이 지닌 장점은 육체와 영혼의 총체적 구원을 강조한다는 것이다. 따라서 오순절 영성은 서구의 영성에 대한 대안으로서 3분의 2 세계에서 크게 환영을 받았다. 초자연세계와 물질을 함께 중요하게 여기면서 질병과 악령으로부터 몸의 치유를 강조하는 오순절 영성은 미국의 흑인 사회, 아프리카, 라틴아메리카, 아시아 지역에서 부흥하고 있다.

오순절 운동을 향한 비판도 있다. 첫째, 번영과 안녕을 영적 생활의 고차원의 단계로 보는 번영신학을 전파하는 것이다. 둘째, 영성에 목마른 미국의 기독교인에게 정서적이고 경험적인 신앙을 제공했지만, 극우 정치이념에 함몰되어 구조개혁을 방해한다는 지적이다. 셋째, 성령세례의 증거로 방언을 주장하는 것에 대한 신학적 비판이다.

오순절 영성은 지역, 계층, 신학적 성향에 따라 아주 다양한 현상을 나

---

51) Steven Jack Land, *Pentecostal Spirituality : A Passion for the Kingdom of God* (Cleveland, Tennessee : CPT Press, 2010), 23.

타낸다. 미국의 중산층 사이에서 퍼진 오순절 운동은 근본주의-세대주의, 정치적 극우 성향을 나타내지만, 보수적이면서 사회참여에 적극적인 유형도 있다.[52] 그러나 미국의 흑인 오순절 영성은 역사적으로 비판적-예언자 영성이 강하다. 남아프리카 오순절 운동은 인종차별 폐지 운동과 깊은 관련이 있다. 남아프리카교회협의회 총무 프란크 치칸(Frank Chikane) 목사는 오순절 교회 소속인데, 인권운동을 하는 과정에서 경찰 신분의 자기 교회 교인에게 고문을 받기도 했다. 라틴아메리카에서 오순절 교회는 구조적 부정의에 대해 강력한 예언자적 증언을 한다. 브라질 오순절 복음주의 교단을 세운 마누엘 드 멜로(Manoel de Mello, 1929-1990)는 축구장에서 공개적인 치유 기적 집회를 개최했던 은사주의자였다. 그러나 그는 다음과 같이 말한다.

> 우리는 백만 명을 회심시키지만, 마귀는 기아, 빈곤, 군사주의, 독재를 통해 천만 명의 회심을 막습니다. 그래서 오순절 교인들은 주중에 자신들의 교회를 학교로 바꾸어야 합니다. 그곳에서 사람들이 노동 기술, 읽기와 쓰기를 배우게 하고, 노동조합은 조합원들을 교육할 수 있게 해야 합니다.[53]

최근 오순절 영성에 대해 많은 신학적 발전이 있었다. 오순절 영성은 성령의 능력과 성화를 함께 붙잡는 신학과 실행이 필요하다. 특히 은사 사역자들에게 종종 나타나는 비윤리성을 제어하는 신학적 장치가 필요하다.

---

52) 참고 : 배덕만, "오순절-은사주의 운동의 새로운 한 모형 : 팻 로벗슨(Pat Robertson)을 중심으로," 「종교와 문화」 11(2005).
53) Walter Hollenweger, "The Critical Tradition of Pentecostalism," *Journal of Pentecostal Theology* 1 (1992) : 12.

오순절 영성이 의존하는 성령의 자유가 전통 신학의 한계를 극복하는 장점이 있지만, 다른 한편 전통 신학이 지켜온 교회의 사도적 전통에 뿌리내리는 작업도 필요하다. 오순절 영성은 성령 사역과 십자가의 길(값비싼 제자직)을 함께 추구해야 한다. 십자가 신학이 없는 번영신학은 현대적 이단이다. 성령의 능력은 예언자적 사명, 제자직의 증언, 하나님 나라의 정의와 깊은 관련을 맺고 있다.

부록

참고문헌

한글 및 번역

김권일. "신비주의자 마이스터 에크하르트." 「신학전망」 173 (2011.6) : 234-257.

김성민. "17세기 프랑스 신비주의와 J.-M. 드 귀용의 신비체험에 대한 분석심리학적 고찰." 「신학과 실천」 18 (2009) : 253-296.

김용화. "독일 경건주의 신앙을 통해 본 웨슬리 회심찬송." 「성경과 신학」 93 (2020) : 125-154.

김정. "초기 시리아 기독교와 금욕주의." 「신학과 실천」 제41호 (2014 가을) : 45-68.

도요한. "성 프란시스코 드 살 영성의 평신도적 측면." *Catholic Theology and Thought* 45 (2003.9) : 76-101.

문순홍. "에코페미니즘이란 무엇인가." 「여성과 사회」 6 (1995.6) : 316-327.

배덕만. "개신교 영성에 대한 역사적 개관 : 신비주의를 중심으로." 「한국교회사학회지」 30 (2011) : 333-373.

_____. "오순절-은사주의 운동의 새로운 한 모형 : 팻 로벗슨(Pat Robertson)을 중심으로." 「종교와 문화」 11 (2005) : 88-110.

본회퍼. 『나를 따르라 : 그리스도인의 제자직』. 손규태, 이신건 옮김. 서울 : 대한기독교서회, 2010.

_____. 『신도의 공동생활 : 성서의 기도서』. 정지련, 손규태 옮김. 서울 : 대한기독교서회, 2010.

_____. 『저항과 복종 : 옥중서간』. 손규태, 정지련 옮김. 서울 : 대한기독교서회, 2010.

_____. 『행위와 존재』. 김재진, 정지련 옮김. 서울 : 대한기독교서회, 2010.

송선진. "몰리노스의 영성신학 : 영혼 중심에서의 하나님 체험과 신화." 「신학과 세계」 96

(2019.9) : 45-84.
심종혁. "마이스터 에크하르트의 신비주의 영성." Catholic Theology and Thought 46 (2003.12) : 7-39.
영성연구회 평상. 『오늘부터 시작하는 영성훈련』. 서울 : 두란노, 2017.
유해룡. "기독교 영성의 뿌리 (4) 보나벤투라의 영성." 「교회교육」 210 (1994.1) : 68-75.
＿＿＿. 『하나님 체험과 영성수련』. 서울 : 장로회신학대학교출판부, 1999.
이부현. "에크하르트의 영혼의 근저에서 탄생." 「신학전망」 180 (2013.3) : 74-105.
이수민 역주. 『마르 에프렘의 낙원의 찬가』. 의정부 : 한님성서연구소, 2010.
이영림. "프랑스 얀센주의 : 신학에서 정치로." 「서양사론」 67 (2000) : 155-179.
이환진. "4세기 시리아 교회의 시인 신학자 에프렘." 「기독교사상」 730 (2019.10) : 87-97.
이후정. "경건주의자들의 영성." 「기독교사상」 39 (1995.8) : 208-223.
전영준. "프랑수아 페늘롱의 신비사상." Catholic Theology and Thought 63 (2009.6) : 274-312.
정지석. "퀘이커 영성연구." 「신학연구」 62 (2013.6) : 98-135.
＿＿＿. "퀘이커리즘의 다섯 가지 영성원리 (2)." 「기독교사상」 (2012.12) : 247-255.
『제2차 바티칸 공의회 문헌(개정판)』. 서울 : 한국천주교중앙협의회, 2002.
차영선. "정적주의에 관한 보쉬에와 페늘롱의 논쟁 : 내적 삶에 관한 성인의 금언." 「한국프랑스학논집」 88 (2014.11) : 169-195.

Augustinus. 『성어거스틴의 고백록』. 성한용 옮김. 서울 : 대한기독교서회, 1990.
Bearnard of Clairvaux. 『하나님의 사랑』. 심이석 옮김. 서울 : 크리스천다이제스트, 1988.
Benedict. 『성 베네딕도 수도 규칙』, 이형주 역주. 왜관 : 분도출판사, 1991.
Burrows, Ruth. 『영혼의 성 탐구』, 오방식 옮김. 서울 : 은성출판사, 2014.
Fontico, Evagrio. 『안티레티코프 : 악한 생각과의 싸움』. 허성식 옮김. 왜관 : 분도출판사, 2015.
George, Capsanis. 『신화(神化)』. 하정훈 옮김. 서울 : 정교회출판사, 2015.
Gutiérrez, Gustavo. 『욥기 : 무고한 자의 고난과 하나님의 말씀』. 제3세계신학연구소

　　　　번역실 옮김. 서울 : 나눔사, 1989.

_____.『우리의 우물에서 생수를 마시련다』. 김문호 옮김. 서울 : 한국신학연구소, 1986.

John of the Cross.『어둔 밤』. 최민순 옮김. 서울 : 바오로의 딸, 1973.

Julian of Narwich.『하나님의 사랑의 계시』, 엄성옥 옮김. 서울 : 은성출판사, 2007.

Kempis, Thomas A.『그리스도를 본받아』, 박문재 옮김. 파주 : CH북스, 2018.

Kraus, H.-J.『시편의 신학』, 신윤수 옮김. 서울 : 비블리카 아카데미아, 2004.

Lawrence, Brother.『하나님의 임재 연습』. 윤종석 옮김. 서울 : 두란노, 2018.

Lindberg, Cater. ed.『경건주의 신학과 신학자들』. 이은재 옮김. 서울 : 기독교문서선
　　　　교회, 2009.

Louth, Andrew.『서양 신비사상의 기원 : 플라톤에서 디오니시우스까지』. 배성옥 옮
　　　　김. 왜관 : 분도출판사, 2001.

Loyola, Ignatius.『로욜라의 성 이냐시오 자서전』, 예수회 한국관구 번역. 서울 : 도서
　　　　출판 이냐시오 영성연구소, 2014.

_____.『靈神修練』, 정한채 번역·주해. 서울 : 도서출판 이냐시오 영성연구소, 2011.

Mcgrath, Alister.『종교개혁 시대의 영성』, 박규태 옮김. 서울 : 좋은 씨앗, 2005.

McKee, Elsie Anne.『개혁교회 전통과 디아코니아』, 류태선, 정병준 옮김. 서울 : 한국
　　　　장로교출판사, 2000.

Merton, Thomas.『칠층산』. 정진석 옮김. 서울 : 바오로딸, 2009.

_____.『토머스 머튼의 단상 : 통회하는 한 방관자의 생각』. 김혜경 옮김. 서울 : 바오
　　　　로딸, 2013.

Meyendorff, Jean.『동방교회의 신비신학자 : 그레고리오스 팔라마스』. 박노양 옮김.
　　　　서울 : 누멘, 2009.

Newbigin, Lessilie.『다원주의 사회에서의 복음』. 홍병룡 옮김. 서울 : IVP, 2007.

Ross, Kennes et al.『에큐메니컬 선교학』. 한국에큐메니컬학회 옮김. 서울 : 대한기독
　　　　교서회, 2018.

Runyon, Theodore. "웨슬리 신학의 독특한 공헌-바른 종교체험." 이후정 옮김.「기독
　　　　교사상」44 (2000.2) : 153-166.

Sheldrake, Philip.『미래로 열린 영성의 역사』. 정병준 옮김. 서울 : 한국장로교출판

사, 2020.

Theresa of Avilla. 『영혼의 성』. 최민순 옮김. 서울 : 바오로딸, 2008.

Uspenski, Leonid A. 『정교회의 이콘신학』, 박노양 옮김. 서울 : 정교회출판사, 2015.

Ware, Kallistos. 『예수 이름의 능력』. 편집부 옮김. 서울 : 정교회출판사, 1985, 2017.

영어

Arndt, Johann. *True Christianity*. Trans. Peter Erb. NY : Pualist Press, 1979.

Athanasius of Alexandria. *The Incarnation of the Word*. In *Nicene and Post Nicene Fathers Series II, Volume 4*. Ed. Philip Sharff. Grand Rapids, MI : Christian Classics Ethereal Library, 2001.

____. *The Life of St. Anthony*. Trans. H. Ellershaw. Philadelphia : Dalcassian Publishing Co., 2017.

Augustine, Aurelius. *Expositions on the Psalms*. Gordon College : Digital Psalms version, 2007.

____. *On Genesis*. Trans. Roland J. Teske, S. J. Washington, D.C. : The Catholic University of America Press, 1991.

Bebbington, David W. *Evangelicalism in Modern Britain : A History from 1730s to the 1980s*. London : Unwin Hyman, 1989 : Reprint Routledge, 1995.

Bernard of Claivaux. *Saint Bernard of Clairvaux : Collection* (8books). Aeterna Press, 2016.

Bonaventure. *The Mind's Road to God*. Catholic Primer's Reference Series, 2005.

Bouyer, Louis. *A History of Christianity III : Orthodox Spirituality and Protestant and Anglican Spirituality*. NY : The Seabury Press, 1969.

Brueggemann, Walter. "The Book of Exodus." In *The New Interpreters' Bible, Vol. 1*. Nashville : Abingdon, 1994.

Bunyan, John. *Grace abounding to the Chief of Sinners*. Ed. David Price. The Religious Tract Society, 1905. https://www.gutenberg.org/files/654/654-h/654-h.htm.

Carson, Clayborne (ed.) *The Autobiography of Martin Luther King Jr.* Warner Books, Second e-Book edition, 2004.

Casiday, A. M. *Evagrius Fontius.* London : Routledge, 2006.

Chan, Simon. *Pentecostal Theology and Christian Spiritual Theology.* London : Sheffield Academic Press, 2003.

Climacus, John. *The Ladder of Divine Ascent.* Trans. C. Luibheid & N. Russel. NY : Paulist Press, 1982.

Daly-Denton, Margaret M. "Water in the Eucharistic Cup : A Feature of the Eucharist in Johannine Trajectories through Early Christianity." *Irish Theological Quarterly* 72(4) (2007) : 356-370.

De Molinos, Miguel. *The Spiritual Guide.* Glasgow : John Thomson, 1885.

De Sale, Francis. *The Saint Francis de Sale Collection* (15 Books). Catholic Way Publishing, 2015.

Edwards, Jonathan. *The Religious Affections.* Pennsylvania : The Banner of Truth Trust, 1996.

French, R. M. (tr.) *The Way of a Pilgrim and the Pilgrim continues His Way.* London : SPCK, 2012.

Gregory of Nazianzen. *On the Holy Spirit.* In *Nicene and Post-Nicene Fathers Series II Volume 7.* Grand Rapids, MI : Christian Classics Ethereal Library, 2001.

____. On Pentecost. In *Nicene and Post-Nicene Fathers Series II Volume 7.* Grand Rapids, MI : Christian Classics Ethereal Library, 2001.

Gregory of Nyssa. *The Life of Moses.* Trans. Abraham J. Malhebre *et al.* NY : Paulist Press, 1978.

Hanson, Drew D. *The Dream : Martin Luther King Jr. and the Speech that inspired a Nation.* Harper Collins e-Books, 2003.

Hollenweger, Walter. "The Critical Tradition of Pentecostalism," *Journal of Pentecostal Theology* 1 (1992) : 7-17.

Homes, Augustine. *A Life of Pleasing God : The Spirituality of The Rules of St Basil*. Kalamazoo, Michigan : Cistercian Publication, 2000.

Holms, Urban T. *A History of Christian Spirituality : An AnalyticalIntroduction*. NY : Seabury, 1980.

Ignatius, *The Epistle of Ignatius to the Ephesians, the Magnesians, the Trallians, the Romans, the Philadelphians, and the Smyrnaeans* in Ante-Nicene Fathers : Volume 1 : The Apostolic Fathers, Justin Martyr, Irenaeus. NY : Christian Literature Publishing Co., 1885.

Irenaeus. *Against Heresies in Ante-Nicene Fathers : Volume 1 : The Apostolic Fathers, Justin Martyr, Irenaeus*. NY : Christian Literature Publishing Co., 1885.

John of Damascus. *Apologia of St. John of Damascus Against Those who Decry Holy Images*. Grand Rapids, MI : Christian Classics Ethereal Library, 2001.

Johnson, L. T. *Religious Experience in Earliest Christianity*. Minneapolis : Fortress Press, 1998.

Jones, Cheslyn. Wainwright, Geoffrey & Yarnold, Edward SJ. (eds.) *The Study of Spirituality*. Oxford : Oxford University Press, 1986.

Kadloubovsky, E. and Palmer, G. E. H. (trs.) *Writings from the Philokalia on Prayer of the Heart*. London : Faber and Faber, 1977.

King Jr., Martin Luther. *A Gift of Love : Sermons from Strength to Love and Other Preachings*. Boston : Beacon Press, 2012, First Edition, 1963.

Land, Steven Jack. *Pentecostal Spirituality : A Passion for the Kingdom of God*. Cleveland, Tennessee : CPT Press, 2010.

Loyola, Ignatius. *Ignatius of Loyola : Spiritual Excercises and Selected Works*. Ed. George E. Ganss SJ. NY : Paulist Press, 1991.

Lull, Timothy F. (ed.) *Martin Luther's Basic Theological Writings*. Minneapolice : Fortress Press, 1989.

Luther, Martin. *Works of Martin Luther, Volume 2*. Books for the Age, 1997.

Maximus the Confessor. "Letter 22." https://www.oca.org/saints/lives/2013/01/21/100249-venerable-maximus-he-confessor.

McGinn, Bernard. *The Foundations of Mysticism : Origins to the Fifteenth Century*. NY : Crossroad, 1992.

Merton, Thomas. "Reflections on the Character and Genius of Fénelon." In *Fénelon Letters*, (tr.) John McEwen. London : Marvill Press, 1964.

Newbigin, Lessilie. *A Faith for This One World?*. London : SCM Press, 1961.

Nikiphoros. *The Philokalia : The Complete Text, Vol. 4*. London : Faber and Faber, 1995.

Palamas, Gregory. *The Triads*. Trans. Nicholas Gendle and ed. John Meyendorff. NY : Paulist Press, 1983.

Pseudo-Dionysius. *The Complete Work*. Trans. Colm Luib Heid. NY : Paulist Press, 1987.

Quaker Faith and Practice : The Book of Christian Discipline of the Yealy Meeting of the Religious Society of Friends (Quaker) in Britain. https://qfp.quaker.org.uk/.

Richardson, C. (ed.) *Early Christian Fathers*. London : SCM Press, 1995.

Sarna, Nahum M. *The JPS Torah Cmmentary Genesis*. Philadelphia : The Jewish Publication Society, 1989.

Schneiders, Sandra M. "Biblical Spirituality." *Interpretation : A Journal of Bible and Theology* 70(4) (2016) : 417-430.

Spener, Philip Jacob. *Pia Desideria*. Trans. Theodore G. Tappert. Minneapolis : Fortress Press, 1964.

Stransky, Thomas F. "A Basis beyond the Basis." *Ecumenical Review* 37(2) (April 1985) : 213-222.

The Teaching of the Twelve Apostles. in *Ante Nicene Fathers Vol. 7*. Grand Rapids, MI : Christian Classics Ethereal Library, 1886.

Theresa of Avilla. *The Way of Perfection*. Trans. and Ed. E. Allison Peers. Grand Rapids. MI : Christian Classics Ethereal Library, 1995.

Thomson, W. M. ed. and Glendon, L.M. tr. *Bérulle and the French School*. NY : Paulist Press, 1989.

Walshe, Maurice O'C. (tr. & ed.) *The Complete Mystical Work of Meister Eckhart*. A Herder & Herder Book, 2009.

Weaver, C. Douglas. "The Spirituality of Martin Luther King Jr.," *Perspective in Religious Studies* 31(1) (Spring 2004) : 55-70.

Wesley, John. *A Collection of Hymns, for the Use of the People Called Methodists*. London : Wesleyan-Methodist Book-Room, 1889.

____. *A Plain Account of Christian Perfection*. Wesleyan Heritage Publication, 1998.

White, Carolinne. (tr.) *The Rule of Benedict*. London : Penguin Books, 2008.

Williams, Rowan. *The Wound of Knowledge : Christian Spirituality from the New Testament to Saint John of the Cross*. London : Darton, Longman & Todd, 1990.

Woolman, John. *The Journal of John Woolman*. Ed. Charles Eliot. NY : Houghton Mifflin, 1901, Revisions to the electronic version, 1994.

사전

Dictionary of Christian Spirituality. Ed. Glen G. Scorgie. Michigan : Zoderban, 2011.

The New Westminster Dictionary of Christian Spirituality. Ed. Philip Sheldrake. Lousville : Westminster John Knox Press, 2005.

The Westminster Dictionary of Christian Spirituality. Ed. G. S. Wakefield. Philadelphia : The Westminster Press, 1983.

찾아보기

가난한 클라라회 164-165
가톨릭 종교개혁 205, 208, 231, 218
감리교 영성 226, 243-246
개혁주의 영성 202-203
경건주의 영성 236-239
계몽주의 23, 27, 226, 236, 239
공동생활 형제회와 자매회 180-184
공의회 123-124, 139, 146-147
    라테란 153
    콘스탄츠 184
    트리엔트 193, 208, 247, 250
    제2차 바티칸 272, 290-291
관상 23, 57-60, 62, 81, 94-95, 98-99, 101, 110-111, 113-114, 136-137, 141, 154, 159-160, 163, 165, 168-169, 173-174, 188, 203, 209, 211, 213-216, 220, 223-224, 249, 251, 255-256, 268, 272, 282-283, 287
    주부적 관상 55, 59, 209, 215, 255
    완전 · 불완전 관상 58-59, 209, 220
    집단관상 233
    일상 생활 속 관상 209
구티에레스, 구스타보 279-283
귀용 255-257
그레고리오 나지안주스 109-110

그레고리오 팔라마스 122, 133, 142, 144-148
그레고리오, 니싸 95
긍정신학 114-115
긍정의 방법(카타파틱) 50, 55-56, 132
기도 20, 23, 33, 35-36, 39, 42-47, 54-60, 69-71, 81, 98-101, 105, 108-109, 113, 129-130, 132-138, 141, 157-159, 163-164, 168 또한 명상, 묵상, 관상을 보라.
뉴턴, 존 243
니코데모스, 아토스 산의 147
단성론 123
도미니코, 구스만 162-163, 207
도미니코회 56, 153, 158, 162-163, 169-170, 208
동방정교회 68, 88, 95, 98, 106, 110, 122, 132, 146-148, 288, 290
드 살, 프란시스 249-251
    『신심 생활 입문』 250
드 샹탈, 요안나 250
드 폴, 빈센치오 247
라틴아메리카 280-282, 296-297
러시아 133, 148
렉시오 디비나 59-60, 158
로렌스 형제 247, 252-253
    『하나님의 임재 연습』 252

로베르토, 몰렘의 158
루터, 마틴 56, 115, 174, 182, 193-199, 204-205, 236, 246
루터교 영성 196-199, 236
르네상스 180, 190
마크리나 108
막시모스 고백자 128, 148
머튼, 토마스 257, 260, 267-272
　『칠층산』 268, 271-272
　『통회하는 한 방관자의 생각』 252, 270-271
명상 57-60, 91, 101, 104, 148, 175, 183, 184, 209-210, 290
모라비아 형제단 239, 244
『무지의 구름』 57, 174
묵상 59, 113, 168-169, 185, 188, 214-215, 244, 256
묵시 91-92, 112, 154
미국 202, 227, 232, 240, 242, 261, 265, 267, 273-275, 277, 279-280, 284, 289, 293-294, 296-297
바르멘 선언 262
바실레이오스 97, 108-110, 139
버니언, 존 230-232
　『천로역정』 230-231
　『죄인의 죄수에게 넘치는 은혜』 230-231
베긴회 154, 161-162, 170, 181
베네딕토 누르시아 111, 155
베네딕토회 57, 71, 153, 155-159, 175
베륄, 피에르 드 247-249
베르나르, 클레르보 61-62, 115, 131, 153, 158-161, 195, 229, 236
베일리 루이스 237

벤, 헨리 243
변형 16-17, 20, 22, 110, 115, 128, 145-146, 157, 169, 176, 185, 195, 216, 220, 245, 253
보나벤투라 166-169
　『하나님을 향한 영혼의 순례』 167-169
보라지네, 야코부스 데 207
　『황금 전설』 207
보쉬에, 주교 256-257
복음주의 영성 57, 65, 239-243
본회퍼, 디트리히 261-266
　『값비싼 제자직』 262-263
　『신도의 공동생활』 263-264
부정신학 101, 110-111, 114-115, 118, 125, 128, 195, 224
부정의 방법(아포파틱) 55-56, 58, 98, 106, 109, 132, 144-146, 169, 173
사막 교부 56, 92, 97, 103-107, 111, 133, 199
새로운 경건 57, 제8장
생태 279, 285-287
성경과 영성 12-13, 15, 제2장, 50, 59-60, 62, 64-66, 70-71, 74-77, 88, 90-91, 96, 99, 100-102, 104-105, 109, 112-115, 124, 127, 132, 135, 137-139, 146, 156, 164, 183, 185, 189, 192, 195-196, 203-206, 209, 211, 213, 227-228, 230-233, 235, 237, 242-244, 248, 264, 280-281, 283-286, 288, 293
성공회 192, 203, 206, 230, 243, 265, 267, 289-290, 295
　『공동기도서』 192, 206
성례 69, 80-81, 100-101, 113, 129, 152, 154,

165, 189, 193, 196-197, 200-203, 205-206
성찬　20, 46-47, 70, 72, 89, 100, 109, 113, 129, 185, 187, 197, 200, 202, 229, 243-244, 248-249, 251, 264, 282, 290
세라핌, 사로프의　167
세례　20, 38, 46-47, 73, 96, 101, 129, 133, 134, 154, 197-198, 200, 206, 229, 263, 291
　　유아세례　206, 245
　　성령세례　293-296
수덕신학　23, 97, 108, 141
수덕주의　91-103
수도규칙　『도미니코 수도규칙』　163
　　　　　『바실레이오스의 수도규칙』　108
　　　　　『베네딕토 수도규칙』　107, 153, 156-158
　　　　　『아우구스티누스 수도규칙』　117, 182
　　　　　『파코미오스 수도규칙』　107
수도회　103-117
순교　77-84, 87-88, 92-94, 102, 104, 139, 153, 261
순례　108, 117, 166, 207
『순례자의 길』　148
쉘드레이크, 필립　16, 260
슈나이더스, 샌드라　15-16, 284
슈츠, 로제　290
슈페너, 필리프 야콥　236-239
스콜라주의　19, 23-24, 153, 162-163, 166-167, 169, 180, 185, 193, 218
시리아 영성　99-101
시메온, 새 신학자　148
시모어, 윌리엄　293

시토회　153, 158-160, 268, 271
신비신학　23, 92, 95, 109, 111-113, 118-119
신비주의　19, 69, 94-95, 100-101, 112-115, 163, 170, 172, 174, 181, 189, 192, 195, 224, 226, 233, 236-237, 247-248, 255, 272
　　신부-신비주의　161, 229
신화　89, 97, 101, 106, 110, 118, 124-132, 137, 140, 145-146, 248
아른트, 요하네스　236
　　『참된 기독교』　236
아리스토텔레스주의　144-145
아리우스주의　94, 97, 109-110, 123, 126, 147
아시아　77-78, 87, 104, 108, 144, 268, 292-293, 296
아우구스티누스, 히포　15, 47, 69, 115-119, 128, 166, 169, 268
　　『고백록』　15, 117, 268
아우구스티누스회　12, 193
아타나시우스　71, 96-97, 105-106, 126
　　『말씀의 성육신』　97
　　『성 안토니의 생애』　97, 105
아프리카　96, 104, 246, 279, 296, 297
아프리카계-아메리칸 영성　279
안토니, 이집트의　97, 103, 105-107
얀센주의　57, 253-254
에드워즈, 조나단　202, 240-241
　　『신앙정서론』　240
에바그리오스, 폰티코스　23, 95, 97-99, 101, 111, 133, 148
　　『안티레티코스』　98-99

에큐메니컬 영성 262, 271-272, 279, 287-292
에크하르트 마이스터 56, 115, 163, 169-174
에프렘, 시리아 99-102
영성 형성 22
영성 15-17
영성신학 23-24
영적 식별 22, 40, 209, 211-212, 240
영적 여정 19, 106, 109-111, 137, 171, 282
　　상승 93-95, 98, 110-111, 114, 118, 124, 135, 141, 155, 166, 168-169, 195, 214, 218
　　세 단계의 길 95, 98, 114, 130, 166-168, 209
　　내면화 35, 58, 92-93, 99, 117-118, 136, 148, 159, 166, 184-185, 187-189, 195, 200, 209, 251, 274, 281
영지주의 37, 41, 64, 86-88, 138
예배 14, 20, 32, 35-36, 47, 69-70, 72-73, 101, 115, 139-141, 165, 196-197, 202-204, 206, 229, 233-234, 287, 292-295
예수 그리스도 13, 16-17, 26, 37-39, 45, 74, 78, 106, 126, 132, 138, 152, 164, 175-176, 206, 211, 235, 238, 249, 263-264, 282, 291, 296
예수기도 132-149
예수회 59, 192, 207-208, 217, 247-248, 253-254
오라토리오회 248
오리게네스 56, 71, 94-95, 97-98, 109-111, 161
오순절 영성 293-298
요아킴, 피오레의 166
요한, 십자가의 213, 216-224

『카르멜의 산길』 219
『어둔 밤』 219, 221, 223
웨슬리, 존 243-246
웨슬리, 찰스 244
위-디오니시오스 56, 95, 111, 113-115, 224
윌리암스, 로완 79
윌버포스, 윌리엄 243
은사 25-77
은사주의 295
이그나티오스, 순교자 78-79
이냐시오, 로욜라 207-213
『영신수련』 207-212
이레니우스 86-90
이콘 123, 131, 138-140, 249
인문주의 145, 180, 190, 199, 247
자기 포기 53, 100, 103, 173, 215, 219, 252, 257
재세례파 영성 199, 205-206
정념(무정념) 55-57, 93, 98-99, 130, 141-142, 144, 146, 148, 233
정적주의 55-56, 247, 253-257
제3수도회 164
제자직 20, 78, 104, 206, 235, 262, 281-282, 298
종교 간 대화 271-272, 292
종교개혁 제9장, 227, 236, 247
주기도문 26, 42-47
줄리안, 노리치의 57, 174-177
『하나님의 사랑의 계시』 175
진젠도르프 239
창조세계 27-28, 41, 44, 52, 64-66, 90, 96, 98, 100, 102, 114, 165-167, 170-172, 175, 283, 286-287

청교도　38, 202, 227-231, 237
체칠리아　78, 81
카르멜회　58, 161-162, 192, 213-214, 217-218, 247, 252
카타리　64, 153, 162-163, 165
카파도키아의 교부들　108
칼뱅, 장　56, 60, 182, 199-202, 246
『기독교 강요』　60, 200-202, 204
칼뱅의 영성　119-202, 232-233, 250, 253
퀘이커 영성　174, 227, 232-235, 257
클라라, 아시시　165
클뤼니회　153
클리마코스, 요한　141
킹, 마틴 루터　57, 83, 273-279
타울러, 요하네스　163, 174, 195, 236
탁발수도회 운동　153, 162-166, 183
테레사, 아빌라의　12, 213-218, 255, 268
『영혼의 성』　214-217
테제공동체　250
토마스 아 켐피스　184, 209
『그리스도를 본받아』　184-190
토마스 아퀴나스　131, 166, 173-174
파스칼, 블레즈　15, 254
파코미오스　107-108
페늘롱　254, 256-257
페르페투아　80-81
페미니스트 영성　283-287
평신도 영성　80, 117, 148, 153-154, 163
폭스, 조지　57, 174, 227, 232
폴리갑, 순교자　78, 80, 87
프란체스코, 아시시의　164-165
프란체스코회　57, 162, 164-166, 169, 184

프랑스 영성　57, 246-258
프랑스　87, 111, 162, 184, 199, 205, 207, 226, 247, 249, 250, 252-255, 267, 283, 289, 290
프랑케, 헤르만　238-239
플라톤주의　18, 92, 115, 125, 140, 145
　신플라톤주의　56, 64, 91-94, 99, 113, 145
　중기플라톤주의　86, 110
피정 운동　24
필로칼리아　147-148
해방 영성　260, 275, 279-283, 285, 292
헤지카즘　141-145, 147-148
호로테, 헤르트　181-182, 184